ALIENAÇÃO PARENTAL

IMPORTÂNCIA DA DETECÇÃO
ASPECTOS LEGAIS E PROCESSUAIS

O GEN | Grupo Editorial Nacional – maior plataforma editorial brasileira no segmento científico, técnico e profissional – publica conteúdos nas áreas de concursos, ciências jurídicas, humanas, exatas, da saúde e sociais aplicadas, além de prover serviços direcionados à educação continuada.

As editoras que integram o GEN, das mais respeitadas no mercado editorial, construíram catálogos inigualáveis, com obras decisivas para a formação acadêmica e o aperfeiçoamento de várias gerações de profissionais e estudantes, tendo se tornado sinônimo de qualidade e seriedade.

A missão do GEN e dos núcleos de conteúdo que o compõem é prover a melhor informação científica e distribuí-la de maneira flexível e conveniente, a preços justos, gerando benefícios e servindo a autores, docentes, livreiros, funcionários, colaboradores e acionistas.

Nosso comportamento ético incondicional e nossa responsabilidade social e ambiental são reforçados pela natureza educacional de nossa atividade e dão sustentabilidade ao crescimento contínuo e à rentabilidade do grupo.

ANA CAROLINA **CARPES MADALENO**
ROLF **MADALENO**

ALIENAÇÃO PARENTAL

IMPORTÂNCIA DA DETECÇÃO
ASPECTOS LEGAIS E PROCESSUAIS

9ª edição, revista, atualizada e reformulada

- Os autores deste livro e a editora empenharam seus melhores esforços para assegurar que as informações e os procedimentos apresentados no texto estejam em acordo com os padrões aceitos à época da publicação, e todos os dados foram atualizados pelos autores até a data de fechamento do livro. Entretanto, tendo em conta a evolução das ciências, as atualizações legislativas, as mudanças regulamentares governamentais e o constante fluxo de novas informações sobre os temas que constam do livro, recomendamos enfaticamente que os leitores consultem sempre outras fontes fidedignas, de modo a se certificarem de que as informações contidas no texto estão corretas e de que não houve alterações nas recomendações ou na legislação regulamentadora.

- Fechamento desta edição: *22.08.2023*

- Os Autores e a editora se empenharam para citar adequadamente e dar o devido crédito a todos os detentores de direitos autorais de qualquer material utilizado neste livro, dispondo-se a possíveis acertos posteriores caso, inadvertida e involuntariamente, a identificação de algum deles tenha sido omitida.

- **Atendimento ao cliente: (11) 5080-0751 | faleconosco@grupogen.com.br**

- Direitos exclusivos para a língua portuguesa
  Copyright © 2024 by
  Editora Forense Ltda.
  Uma editora integrante do GEN | Grupo Editorial Nacional
  Travessa do Ouvidor, 11 – Térreo e 6º andar
  Rio de Janeiro – RJ – 20040-040
  www.grupogen.com.br

- Reservados todos os direitos. É proibida a duplicação ou reprodução deste volume, no todo ou em parte, em quaisquer formas ou por quaisquer meios (eletrônico, mecânico, gravação, fotocópia, distribuição pela Internet ou outros), sem permissão, por escrito, da Editora Forense Ltda.

- Capa: Aurélio Corrêa

- A partir da 7ª edição, esta obra passou a ser intitulada "Alienação parental: importância da detecção: aspectos legais e processuais".

- **CIP – BRASIL. CATALOGAÇÃO NA FONTE.**
  SINDICATO NACIONAL DOS EDITORES DE LIVROS, RJ.

  M151a

  Madaleno, Ana Carolina Carpes

  Alienação parental : importância da detecção, aspectos legais e processuais / Ana Carolina Carpes Madaleno, Rolf Madaleno. - [9. ed.]. - Rio de Janeiro : Forense, 2024.

  Inclui bibliografia
  ISBN 978-65-5964-890-0

  1. Direito de família – Brasil. 2. Síndrome da alienação parental – Brasil. 3. Síndrome da alienação parental – Legislação – Brasil. I. Madaleno, Rolf. II. Título.

  23-85620   CDU: 347.6(81)

  Camila Donis Hartmann – Bibliotecária – CRB-7/6472

Este livro é duplamente dedicado a Guilherme Carpes Madaleno Esteves, primeiro por sua mãe, a coautora, Ana Carolina Carpes Madaleno, e na sequência por seu avô, o coautor, Rolf Madaleno.

SOBRE OS AUTORES

Ana Carolina Carpes Madaleno

Advogada graduada pela PUCRS, professora e palestrante, com formação em Psicologia Transpessoal pela Unipaz-Sul; Constelações Familiares; Constelações Individuais; Constelações Sistêmicas Dinâmicas; e Constelações Estruturais. Idealizadora e consteladora do projeto *Ampliando o olhar – uma visão sistêmica do Judiciário*, realizado desde 2016 nas Varas da Violência Doméstica e Família da Comarca de Novo Hamburgo, RS. Professora convidada da Pós-Graduação em Direito de Família da Faculdade do Ministério Público; UNIFOR, Fortaleza; e CESUSC, Florianópolis. Sócia do Escritório Madaleno Advogados Associados, especializado em Direito de Família e Sucessões. Acadêmica de Psicologia.

Rolf Madaleno

Mestre em Direito Processual Civil pela PUC-RS e advogado com 42 anos de ininterrupta atuação no âmbito do Direito de Família e das Sucessões em Porto Alegre. Professor visitante na pós-graduação das Faculdades de Direito da Ulbra, da UniRitter e da Unisc (localizadas no Rio Grande do Sul), da UnicenP (em Curitiba-PR), do JusPodivm (na Bahia) e da Unit (em Aracaju-SE). Professor convidado na pós-graduação em Direito de Família da Unifor, da UFBA, das Faculdades Borges de Mendonça, do CESUSC (em Florianópolis-SC), da Escola da Magistratura do Estado do Maranhão, da Escola de Direito de Campo Grande-MS; na pós-graduação em Direito de Família da UFRGS; na pós-graduação em Direito de Família e Sucessões da Legale Cursos Jurídicos, da Escola Superior de Advocacia e da Escola Paulista de Direito, Escola de Magistratura de São Paulo (localizadas em São Paulo), Professor convidado na pós-graduação de aprimoramento em alienação parental na PUC/RJ. Membro da AIJUDEFA (Asociación Internacional de Juristas de Derecho de Família). Na Unisinos, foi professor concursado de Direito de Família e Direito das Sucessões. Foi professor de Direito de Família e Sucessões na graduação da PUC-RS, onde continua lecionando na pós-graduação. Palestrante na AASP. Diretor Nacional do IBDFAM e conselheiro da Seccional da OAB-RS (gestão 2010-2012). Foi vice-presidente do IARGS (nos biênios 2004-2006 e 2006-2008), conselheiro e diretor-tesoureiro da OAB-RS (no triênio 1995-1997) e juiz eleitoral efetivo do Tribunal Regional Eleitoral do Rio Grande do Sul, na classe dos juristas. Conselheiro federal da OAB-RS (triênio 2013-2015) e conselheiro estadual da OAB-RS (triênio 2016/2018 e triênio 2022/2024). Diretor-Geral da Escola Superior de Advocacia da OAB/RS. Integra o Conselho Científico Internacional da Revista de Dreptul

Familiei da Romênia, com publicações de artigos de Direito de Família e Sucessões no Brasil e no exterior. Palestrante no Brasil e no exterior. Palestrante no Brasil e no exterior.

NOTA DOS AUTORES À 9.ª EDIÇÃO

No exato momento em que está sendo revisto e atualizado este livro, seguem movimentos que reiteradamente procuram revogar a Lei da Alienação Parental como se o fato social não existisse e dele fossem vítimas os alienadores. Trazem os argumentos mais distintos e controvertidos, na ânsia de extinguir um mecanismo legal que pode e deve ser aperfeiçoado, pois este é o único movimento aceitável em defesa das verdadeiras vítimas dessa nefasta e usual prática da alienação parental ou da obstrução de contato – o nome pouco importa, quando relevante é não deixar que nossos filhos sigam sendo alvejados por pais insanos e egoístas.

Porto Alegre, maio de 2023.

NOTA DOS AUTORES À 7.ª EDIÇÃO

Sem desconhecer a polêmica que sempre existiu acerca de a alienação parental corresponder ao ato de interferir na formação psicológica da criança ou do adolescente com o propósito de que ele repudie um de seus genitores, ou que cause prejuízo ao estabelecimento ou à manutenção de vínculos com o progenitor alienado, existindo várias formas de promover a alienação, de início se convencionou chamar essa maliciosa intervenção de *síndrome de alienação parental*, e assim este livro foi cunhado desde a sua primeira edição, valendo-se da expressão usada por Richard Gardner. Porém, não desconhecem os autores que a síndrome da alienação parental respeita justamente aos efeitos da alienação parental, ou seja, se refere aos sintomas que as vítimas de alienação parental apresentam como resultado dos atos de alienação sofridos, suas sequelas e padecimentos, como não desconhecem que a palavra síndrome, nesse contexto, tem a conotação encontrada no dicionário de: "Derivação: sentido figurado. Conjunto de sinais ou de características que, em associação com uma condição crítica, são passíveis de despertar insegurança e medo", de modo que, a partir desta 7ª e igualmente festejada edição, o livro restará titulado simplesmente como *Alienação Parental*.

Porto Alegre, 2.º semestre de 2020.

NOTA DOS AUTORES À 6.ª EDIÇÃO

Esta 6.ª edição está sendo lançada em um momento extremamente simbólico e significativo, pois a aceitação desta obra é uma clara demonstração da importância da detecção da *alienação parental*, justamente quando se encontra em incompreensível discussão a proposta legislativa de revogação da Lei de Alienação Parental (Lei 12.318/2010), que tantos benefícios tem trazido às vítimas dessa nefasta prática de alienação parental, que é, sim, uma realidade que agora tem nome e identidade, e, no passado, na experiência profissional do segundo autor deste livro, o odioso e cruel exercício da alienação parental ocorria sem que pudesse ser detectada e combatida, como agora pode e tem sido enfrentada. Portanto, negar sua existência e os males que causa nas relações de filiação seria permitir que abominável retrocesso recaísse sobre todos nós.

Porto Alegre, 2.º semestre de 2019.

NOTA DOS AUTORES À 5.ª EDIÇÃO

Com o mesmo ímpeto e alegria das edições anteriores, e para completo regozijo dos autores, em curto espaço de tempo, vem a público a 5.ª edição desta obra atinente à alienação parental, revista e aumentada, agora também abordando a alienação parental do idoso, buscando, assim, manter este livro sempre atualizado.

Porto Alegre, 2.º semestre de 2017.

NOTA DOS AUTORES À 4.ª EDIÇÃO

Com o mesmo ímpeto e alegria das edições anteriores, vem a público a 4.ª edição desta obra atinente à alienação parental, desta feita não somente revista e atualizada, mas, sobremodo, ampliada, com novos e modernos questionamentos que guardam completa sintonia com o conjunto de regras trazido pelo vigente Código de Processo Civil. Além disso, é abordado tema inédito do direito sistêmico e sua pertinente aplicação no âmbito do estudo da alienação parental.

Porto Alegre, 1.º semestre de 2017.

NOTA DOS AUTORES À 3.ª EDIÇÃO

Merece um breve registro a alegria dos autores ao receberem, com a habitual rapidez e sempre agradável surpresa, a solicitação da editora Forense para se proceder à revisão e à atualização deste livro, escrito por pai e filha, desta feita para lançamento de sua 3.ª edição, ficando sempre a expectativa dos autores de prestar alguma contribuição para a compreensão e o combate da perversa Síndrome da Alienação Parental.

Porto Alegre, 1.º semestre de 2015.

NOTA DOS AUTORES À 2.ª EDIÇÃO

A rápida aceitação da 1.ª edição deste livro, escrito em conjunto por pai e filha, que em curto espaço de tempo se esgotou, a par da alegria que trouxe aos autores, avivou mais ainda a importância do seu debate e do eficiente enfrentamento e combate da alienação no cenário jurídico nacional.

O lançamento de sua 2.ª edição mantém, para nós, autores, acesa a esperança de um mundo melhor, quando se é realmente capaz de resguardar pontualmente crianças e adolescentes desta insana prática da alienação parental.

Porto Alegre, 1.º semestre de 2014.

APRESENTAÇÃO

Após o divórcio litigioso de um casal, é comum certo grau de animosidade entre os cônjuges que se distanciam. Porém, por diversos motivos, que vão desde o desejo de vingança, a raiva pelo abandono, a não elaboração correta da perda do par até desvios de conduta ou traços de personalidade que se acentuam com o conflito, esse grau de desentendimento alcança níveis perigosos, atingindo de forma perversa o elo mais frágil: os filhos.

A Alienação Parental é um distúrbio da infância caracterizado pela doutrinação do menor, usualmente por parte do genitor guardião, a fim de alienar o outro progenitor da vida da criança. Essa alienação se inicia com uma campanha que visa denegrir a imagem do pai ou da mãe, geralmente aquele que não possui a guarda, até que o infante possa contribuir espontaneamente com os insultos, que, por sua vez, são injustificados ou exacerbados. O genitor que sofre a alienação passa a ser visto como um estranho, que fará mal a seu filho.

Nessa campanha, o genitor alienante utiliza-se de todos os meios para obstaculizar o direito de convivência e programar o ódio na criança, inclusive com ameaças de abandono ou falsas denúncias de abuso sexual – que são repetidas para o infante até que ele acredite ter realmente vivenciado o fato, as chamadas falsas memórias.

É, portanto, uma forma de abuso emocional que visa à extinção dos vínculos afetivos entre o genitor alienado e sua prole, acarretando consequências nefastas para a vida futura de um ser em pleno desenvolvimento.

Infelizmente, não obstante a legislação brasileira acerca da alienação parental se apresente entre uma das mais modernas e completas, parece haver certa paralisação por parte das autoridades judicantes, que têm impedido o pronto e eficaz combate à nefasta prática da alienação. Por isso, crianças e adolescentes têm crescido como vítimas dessa obsessão de certos adultos em tentar preencher sua pobreza afetiva por meio do abuso emocional de seus filhos menores e indefesos, incapazes de perceber a gravidade das atitudes insanas daqueles que os cercam jurando amor exclusivo e proteção. Essa sociedade, que convive com pais aflitos, sem rumo e orientação, que, ao lado dos filhos, são as vítimas concorrentes da Alienação Parental, espera, portanto, com o advento da Lei 12.318, de 26 de agosto de 2010, uma resposta mais eficaz do Poder Judiciário, no que se refere a um enfrentamento crucial e corajoso dessa trágica alienação, e quer assim confiar no pronto restabelecimento dos necessários e sadios vínculos de amor.

Porto Alegre, 1.º semestre de 2013.

Ana Carolina Carpes Madaleno

Rolf Madaleno

SUMÁRIO

1. **FAMÍLIA** 1

    1.1   Breve histórico acerca da família 1

    1.2   A família brasileira hoje 5

            1.2.1   Família e a Constituição Federal de 1988 6

            1.2.2   Princípios jurídicos regentes da família 9

    1.3   Do poder familiar 11

            1.3.1   Titularidade do poder familiar 12

            1.3.2   Conteúdo e exercício do poder familiar 12

            1.3.3   Suspensão, perda e extinção do poder familiar............................... 13

2. **A PROTEÇÃO DOS FILHOS DE PAIS SEPARADOS** 15

    2.1   Formas voluntárias de dissolução do vínculo ou sociedade conjugais 15

            2.1.1   Dissolução da união estável... 16

    2.2   Da guarda 16

            2.2.1   Espécies de guarda 17

    2.3   Direito de convivência... 19

    2.4   Efeitos do divórcio dos pais sobre os filhos 19

    2.5   Importância das figuras materna e paterna... 21

3. **A (SÍNDROME DA) ALIENAÇÃO PARENTAL**.. 23

    3.1   Considerações gerais.. 23

    3.2   Critérios de identificação... 25

            3.2.1   Elementos que favorecem a alienação parental e a instalação da AP........ 28

    3.3   Estágios da alienação parental.. 28

    3.4   Critérios de diferenciação.. 30

            3.4.1   AP *versus* abuso sexual 30

            3.4.2   AP *versus* mãe usurpadora 36

	3.4.3	AP *versus* ansiedade de separação	36
	3.4.4	AP *versus* alienação parental	37
	3.4.5	AP *versus* lavagem cerebral	37
3.5		Características e condutas do genitor alienante	38
3.6		O que a lei brasileira entende por alienação parental	39
3.7		Consequências nos menores	41
3.8		Pontos discordantes	42
3.9		Estratégias de tratamento	45
3.10		A visão do direito sistêmico e novas abordagens para coibir a alienação parental como um todo	52
3.11		Onze anos da Lei de Alienação Parental	57
	3.11.1	A pandemia mundial de SARS-COVID-19	58
3.12		Síntese conclusiva	62

4. COMENTÁRIOS À LEI DE ALIENAÇÃO PARENTAL E SEUS ASPECTOS PROCESSUAIS ... 65

4.1		Comentários ao art. 1.º – A existência da alienação parental	65
4.2		Comentários ao art. 2.º – Definição de alienação parental	74
4.3		Comentários ao art. 3.º – Dos direitos fundamentais violados	93
4.4		Comentários ao art. 4.º – Do indício leve de alienação e garantias	97
4.5		Comentários ao art. 5.º – Da perícia psicológica ou biopsicossocial	104
4.6		Comentários ao art. 6.º – Da alienação severa e as medidas judiciais	110
4.7		Comentários ao art. 7.º – Da alteração ou atribuição da guarda	116
4.8		Comentários ao art. 8.º – Da mudança de domicílio e da competência	119
4.9		Comentários ao art. 9.º – *Vetado*	122
4.10		Comentários ao art. 10 – *Vetado*	124
4.11		Comentários ao art. 11 – Vigência da lei	127
4.12		A autoalienação parental ou alienação autoinfligida (*self inflicted parental alienation*)	127
4.13		A alienação do idoso	133
4.14		A alienação parental na multiparentalidade	138
	4.14.1	A verdade biológica	138
	4.14.2	A filiação socioafetiva	140
	4.14.3	A pluriparentalidade	142
	4.14.4	O caos da atual pluralidade da filiação nos vínculos de padrastio ou madrastio	144
	4.14.5	A alienação parental na multiparentalidade	146
4.15		A revogação da Lei da Alienação Parental no Brasil e no exterior	152
	4.15.1	Os detratores de Richard Gardner	153
	4.15.2	Sobre o mito da inexistência da síndrome de alienação parental	156

4.15.3	A alienação parental em outros países	158
4.15.4	Uma questão de nomenclatura	160

REFERÊNCIAS BIBLIOGRÁFICAS 165

ANEXO A 171

ANEXO B 177

ANEXO C 179

ANEXO D 183

ANEXO E 185

1

FAMÍLIA

1.1 BREVE HISTÓRICO ACERCA DA FAMÍLIA

Filiação – principal constituição do atual modelo de família – é derivação, procedência, é a relação que une uma pessoa àquelas que a geraram. Até então, a filiação era emanada de um pai e uma mãe unidos pelo fato da procriação e até os casamentos tinham como objetivo primordial a própria procriação; porém, com as novas descobertas e os avanços das técnicas de reprodução assistida, em que há a possibilidade de outras pessoas, estranhas à relação conjugal e afetiva, estarem envolvidas nessa tríade, além da capacidade de terceiros, que não são responsáveis biologicamente pela geração de uma criança, os quais também podem assumir o papel de pai ou mãe, criou-se a distinção entre filiação biológica – quando a criança é oriunda do material genético dos pais – e filiação afetiva – quando, não tendo contribuído geneticamente, os então pais assumem a responsabilidade pela criação da criança.

Assim, e de início, a filiação é o vínculo estabelecido entre um ser e os responsáveis por sua geração; porém, em razão das técnicas de reprodução ou, ainda, do desconhecimento ou ocultação da verdadeira identidade do genitor, esse fato inicial pode não ser juridicamente qualificado, podendo, e com frequência isso acontece, ser discordante a filiação jurídica da biológica.

Sob esse prisma, a filiação pode ser vista por sua configuração natural, jurídica ou afetiva. Já a família calcada no triângulo clássico de pai, mãe e filho, nem sempre foi assim, aliás, sua constante evolução mostra que esta não é a sua única estrutura. Ao longo dos séculos a família sofreu profundas modificações em todos os aspectos, seja na sua finalidade, na sua origem ou na sua composição. Da completa ausência de intervenção, a família passou a receber a atenção do Estado, por ser a sede da formação da pessoa, esteio de sua dignidade e personalidade.

A consanguinidade passou a ser observada apenas nas famílias gregas e romanas, pois nas sociedades mais primitivas predominava a segurança que o grupo oferecia contra os agentes externos. Também deve ser levado em conta o fato de que um maior contato com o grupo familiar se deu a partir do início da agricultura e da fixação do grupo em uma área determinada, abandonando o nomadismo, porquanto o grupo sentia e gozava de maior segurança.

Na lição de Eduardo de Oliveira Leite, a família primitiva era a consanguínea, em que, dominado pelos apetites animais de mera subsistência e reprodução, o homem selvagem mantinha relações entre irmãos, no seio de um determinado grupo.[1]

---

[1] LEITE, Eduardo de Oliveira. *Tratado de direito e família*: Origem e evolução do casamento. Curitiba: Juruá, 1991. p. 23.

Uma evolução dessa forma primitiva seria a chamada família *punaluana* – observada principalmente em tribos havaianas –, na qual há a tendência de divisão em grupos de irmãos que dispõem das suas respectivas esposas e de irmãs com seus respectivos maridos, que juntamente com as crianças nascidas desse casamento grupal formam uma família.

Na Roma antiga, após o homem dominar a ordem jurídica e a propriedade privada, vigorava o modelo de família patriarcal, com a reunião de pessoas sob o poder familiar do ascendente mais velho do sexo masculino, ainda vivo, o *pater familias*. A ele submetiam-se todos os integrantes daquele organismo social: a mulher, os filhos, os netos, bisnetos e seus respectivos bens, inclusive os escravos, além dos clientes – estes, por sua vez, eram principalmente estrangeiros ricos que, ao chegarem a uma nova localidade, não queriam se juntar à plebe e ofereciam-se à proteção de um chefe de família. Essa unidade familiar era denominada *jure proprio* e o seu chefe era diferenciado dos demais familiares como pessoa *sui iuris*, e sua finalidade era, além da proteção dessa família, a sua conservação como unidade política econômica e religiosa, uma vez que a religião da época se baseava em duas classes de deuses: os superiores, ligados aos fenômenos naturais e conhecidos por todos; e os inferiores, domésticos ou deuses *manes*, ou seja, os antepassados da família que eram cultuados. De outro lado, a família chamada *communi jure* era formada pelas pessoas vinculadas ao laço de parentesco civil do pai, ou *agnatio*, sem importar se eram ou não seus descendentes. Havia ainda uma organização mais ampla, a *gens*, em que o nome era o elo entre seus integrantes – os *gentiles*, ou a família gentílica, sendo eles descendentes de um só antepassado comum, geralmente "lendário e imemorável, do qual haviam recebido o nome gentílico, que se sobrepunha ao parentesco sanguíneo".[2]

O aparecimento da *gens* foi um fator que contribuiu para o fim do casamento entre consanguíneos, "à medida que se descobriam as vanta*gens* das uniões entre pessoas não aparentadas".[3] Seria um fator estrutural, uma vez que a influência gentílica, com sua organização, deve ter provocado uma escassez de mulheres disponíveis para o casamento, levando os homens a procurarem parceiras em outras *gens*. É a transição do casamento endogâmico – aquele praticado entre os membros do mesmo grupo – para o exogâmico – realizado entre grupos diferentes.

Outros fatores determinantes do fim da endogamia seriam o ganho genético, aumentando o número de indivíduos mais saudáveis e ágeis, e a diminuição do isolamento, pois os homens não ficariam mais restritos aos seus grupos consanguíneos e teriam a opção de "casar-se fora do grupo ou ser morto fora do grupo".[4]

A *gens* era encontrada tanto em Roma quanto na Grécia antiga sob o nome de *Ghénos*, além de haver também uma análoga à unidade *jure proprio*, onde igualmente havia um grupo social, político, religioso e econômico, com sede na casa do ancestral mais velho, este, dotado de poderes absolutos e sacerdotais, que mantém a unidade das pessoas e seus bens, conserva e transmite a religião doméstica, além de garantir a perpetuação do grupo com a escolha dos casamentos de seus descendentes.

Paralelo idêntico pode ser traçado no antigo Direito alemão, onde eram reconhecidos dois círculos familiares: a unidade familiar sujeita ao poder do patriarca, e, tal como a *gens/Ghéno*, a *Sippe*, comunidade representada pelos sujeitos não subordinados ao patriarca, "e cujos vínculos se manifestavam no serviço das armas e em tempo de guerra, assim como na colonização de

---

[2] GARCEZ, Sergio Matheus. *O novo direito da criança e do adolescente*. Campinas: Alínea, 2008. p. 18.

[3] MORGAN, Lewis H. *A sociedade primitiva*. Apud LEITE, Eduardo de Oliveira. *Tratado de direito e família*: Origem e evolução do casamento. Curitiba: Juruá, 1991. p. 35.

[4] TYLOR, E. B. *Between Marryng-out and beig killed out*. Apud LEITE, Eduardo de Oliveira. Ob. cit., p. 36.

outros povos, no culto e no juramento".[5] A *Sippe* era uma perfeita manifestação de solidariedade, em que o sujeito via satisfeitas suas necessidades materiais e morais, ou seja, encontrava seu devido amparo, como no caso dos órfãos, que eram acolhidos por esta família em sentido amplo.

A família era vista, então, como a coletividade dentro de um lar, a casa, os bens e tudo o que era necessário para o bom funcionamento dessa entidade que não se subordinava a um Estado. Era totalmente voltada ao patrimônio e à continuidade da linhagem, aí se dá o início da valoração da filiação; para fins de sucessão dos bens, onde o primogênito do sexo masculino herda as propriedades do *pater familias*.

Essa concepção romana patriarcal, com o poder absoluto do *pater familias*, começa a ruir no tempo do imperador Constantino, penetrando lentamente uma nova concepção de família, a cristã, com sua unidade conjugal, restringindo a uma unidade familiar compreendida pelo pai, a mãe e os filhos. O Cristianismo passa a dar mais moralidade à sociedade.

A influência exercida pela Igreja – que "tenta humanizar as relações familiares, reprovando os interesses individuais, valorando a noção de conjunto"[6] –, juntamente com os imperadores cristãos, culmina na maior intervenção do Estado na família, e surge a noção de indissolubilidade do matrimônio, do sexo somente para a procriação e perpetuação da espécie, dos ideais ascéticos e do próprio casamento como uma formalidade.

A família passa a ser concebida para a criação dos filhos, cada cônjuge com seu papel, com suas tarefas definidas, sendo o marido o provedor e a esposa a mantenedora do lar, devendo se submeter indistintamente ao cônjuge. Também surge a ideia quase santificada da maternidade, a mãe é o ser que alcançará o paraíso, é a que dá à luz e também a que educa o filho, de igual forma a imagem da criança como pura e inocente é calcada e o amor incondicional materno é criado.

Esta é a primazia do pai que era a base da família até então, ainda que a mãe fosse santificada, nesta família os sentimentos não eram questionados, o que passou a acontecer principalmente após a Revolução Francesa e também com o advento do Iluminismo, quando a Igreja perde sua força, dando lugar à individualidade e à liberdade, nascendo, ainda, o princípio da felicidade individual, retirando da família o seu caráter religioso.

Nesse ínterim, surge a ideia rousseauniana de um rompimento dos laços familiares, quebrando a hierarquia familiar, apregoando a manutenção desse vínculo apenas em relação ao afeto. Ou seja, chegado determinado momento, os filhos podem escolher, livremente, se querem ou não manter vínculos com seus pais, não mais por necessidade, mas por livre escolha consciente.

Brota uma nova concepção de casamento, na qual os cônjuges passam a se escolher, não por convenções, mas por afeto, em que o eixo marido-ascendentes se desloca para o eixo mulher-filhos. A família se restringe, sai da comunidade para a esfera nuclear de pai, mãe e filhos. As crianças passam a ter importância, já não são mais abandonadas como em outras épocas, quando os pais eram pessoas estranhas.

Essa diminuição do núcleo familiar também é forçada pela Revolução Industrial, em que, na visão de César Augusto de Castro Fiúza:

> (...) o casal mediano é obrigado a compartilhar o mesmo leito, o mesmo cubículo conjugal. A indissolubilidade do casamento, talvez mesmo por essa causa, começa a ser posta em xeque. A mulher se vê na contingência de trabalhar para o sustento do lar, assumindo

---

[5] GARCEZ, Sergio Matheus. *O novo direito da criança e do adolescente*. Campinas: Alínea, 2008. p. 18.

[6] LEITE, Eduardo de Oliveira. *Tratado de direito e família*: Origem e evolução do casamento. Curitiba: Juruá, 1991. p. 101.

essa nova postura com orgulho e obstinação. Começa a libertação feminina, fazendo ruir o patriarcalismo.[7]

O Código Civil francês assinala uma reviravolta na instituição familiar, e o Estado passa a vigiar de perto e a intervir na família, inclusive substituindo o patriarcado existente antes, pelo patriarcado do Estado, que se preocupa em fazer as vezes do pai ausente ou do pai que falta com seus deveres, sendo assim, pouco a pouco, a figura quase onipotente do genitor vai perdendo sua força e seu lugar. Napoleão Bonaparte compreendia que o ser humano era uma garantia para o Estado, tanto pela riqueza que produz, quanto pela garantia de poderio militar; portanto, a família era sua maior aliada, devendo investir na sua formação – a começar pela infância.

O século XIX bane as amas de leite (a quem os recém-nascidos da classe burguesa ou da aristocracia eram enviados, retornando ao lar apenas por volta dos 5 ou 6 anos, e por pouco tempo, pois logo após eram levados ao convento – no caso das meninas – ou ao internato – para os meninos) e as rodas dos enjeitados (onde eram colocados os bebês rejeitados), substituem as escolas particulares por escolas públicas e os padres, no ambiente familiar, por médicos. Nessa época, também, aparecem as primeiras sociedades protetoras da infância, diante das precárias condições deixadas pela introdução do progresso tecnológico – em que famílias inteiras trabalhavam horas a fio, em condições de total insalubridade.

O professor igualmente passa a ser uma figura importante, à medida que a escola se torna um meio de formação da criança, uniformizando o ensino, o educador é o condutor, são os seus valores, sua moral que o menor vai absorver e introduzir no lar. Ao longo do século XX continuam as mudanças na estrutura familiar, a começar pelas guerras mundiais, que constataram a completa impotência tanto da Igreja quanto do Estado, estimulando a reflexão em relação às normas reguladoras do comportamento social, uma vez que eram as duas instituições que até então norteavam os destinos da humanidade. Os regimes totalitários também alteraram a forma de pensar o homem, a liberdade de pensar e se expressar desapareceram, bem como a dignidade e as teorias humanistas dos séculos anteriores. A partir de 1945 pode ser observado um reinício da democracia na esfera familiar e o surgimento, na França, da assistência às famílias numerosas, porém, apesar desse esforço dos Estados, persistem as desigualdades fundamentais, gerando uma série de revoltas e revoluções. A essa instabilidade são acrescentados, ainda, os avanços científicos e tecnológicos da época, como a chegada do homem à lua, os voos transatlânticos, entre outros, que deixam o homem atordoado, sem noção de espaço, de tempo ou de limites, suscitando, assim, diversas indagações íntimas; o homem passa a rever, por exemplo, sua posição de cidadão e sua religião. Inicia, desse modo, uma nova ideia de espiritualidade, o homem vê que é dono de seu destino.

Outra grande contribuição para a transformação das relações familiares foi a revolução sexual de 1960, em que os jovens se rebelaram contra os períodos de guerra passados na sua infância e pela juventude roubada da geração anterior. Essa gênese se afasta totalmente da Igreja e do Direito, por entender que tais instituições não fornecem respostas ou soluções às suas ânsias. Os anos 1960 e 1970 são tomados por novos paradigmas sexuais de total liberdade, e não só a castidade é abolida como as uniões pré-conjugais tornam-se prática comum. É a época dos adolescentes, até então uma fase esquecida, na qual há o culto à juventude, com valores e atitudes próprios.

---

[7] FIÚZA, César Augusto de Castro. Mudança de paradigmas: do tradicional ao contemporâneo. *Anais do II Congresso Brasileiro de Direito de Família*. A família na travessia do milênio. Belo Horizonte: Del Rey, 2000. p. 35.

Sobre esse período afirma Eduardo de Oliveira Leite:

> Na medida em que o acesso dos jovens à sexualidade se tornou fato normal, esvaziado de qualquer mistério, o nível de exigência e satisfação mútua nesse terreno cresceu proporcionalmente na qualidade, o que explica, em termos, a facilidade das rupturas e o recurso a novos parceiros.[8]

Acaba, definitivamente, a escolha do parceiro vinculada à propriedade e às questões de ordem econômica, não sendo mais necessária a intervenção ativa da coletividade. O critério de relacionamento passa a ser sentimental, da atração sexual, da empatia e do desejo. Disso, nasce um sistema de valores que enaltece a felicidade e o desenvolvimento pessoal; o controle que a comunidade exercia sobre os jovens também deixa de existir. A mudança de atitude atinge as mães, que, em outras épocas, se não ausentes, eram completamente indiferentes ao desenvolvimento sentimental de seus filhos, agora passam a colocar o bem-estar do recém-nascido acima de tudo. A família se concentra nos filhos, o sentimento familiar substitui os outros anseios de fidelidade ao culto, ao serviço ou ao mundo exterior em geral.

Há ainda o movimento feminista, que, ao proporcionar que a mulher trabalhe e busque sua realização também fora de casa, abre espaço à maior participação do pai na vida dos filhos e da casa, favorecendo a igualdade das relações e a solidariedade entre seus membros, nascendo o senso de intimidade do lar, em que não há mais lugar para as prerrogativas decorrentes da família extensa de outrora. Muitos autores começam a chamar essa família estreita de *ninho*.

Com o predomínio das relações baseadas no amor e no afeto, não há mais o casamento eterno da Igreja, o matrimônio como instituição não encontra mais respaldo, pois cada um sabe o que é melhor para si. Porém, o mito da mãe angelical, da mãe santificada criadora e educadora da prole, da única que possui o amor incondicional, da mulher que gera filhos e vira um ser onipotente, sendo que só ela sabe das dores e alegrias de ter um filho, persiste no inconsciente coletivo.

1.2 A FAMÍLIA BRASILEIRA HOJE

A família contemporânea perdeu sua função puramente econômica, de unidade produtiva e seguro contra a velhice, em que era necessário um grande número de integrantes, principalmente filhos, sob o comando de um chefe – o patriarca.[9] Perdeu também seu costume eminentemente procracional, deveras influenciado pela Igreja, para adquirir o contorno da solidariedade, da cooperação e da comunhão de interesses de vida.

A família atual é um sistema no qual seus elementos estão em total interação e interdependência – ou seja, o que ocorre com um, afeta os demais. Cada membro deve ter garantida sua satisfação, seu bem-estar e o desenvolvimento de sua personalidade, mas também não deixa de ser uma instituição social, com normas jurídicas que definem os direitos e deveres de cada um e que a sociedade deve garantir.[10]

---

[8] LEITE, Eduardo de Oliveira. *Tratado de direito e família*: Origem e evolução do casamento. Curitiba: Juruá, 1991. p. 101 e 336.

[9] LÔBO, Paulo. *Direito civil*. Famílias. 2. ed. São Paulo: Saraiva, 2009. p. 3.

[10] GROENINGA, Giselle Câmara. Generalidades do direito de família. Evolução histórica da família e formas atuais de Constituição. In: HIRONAKA, Giselda M. F. Novaes (Orient.); BARBOSA, Águida Arruda; VIEIRA, Claudia Stein (Coord.). *Direito civil*. Direito de família. São Paulo: RT, 2008. v. 7, p. 23.

ALIENAÇÃO PARENTAL • Ana Carolina Carpes Madaleno e Rolf Madaleno

Surgem, assim, novos arranjos familiares, novas representações sociais baseadas no afeto – palavra de ordem das novas relações. Por isso, o casamento deixa de ser necessário, dando lugar à busca da proteção e desenvolvimento da personalidade e da dignidade humana, ultrapassando, de alguma forma, os valores meramente patrimoniais.

1.2.1 Família e a Constituição Federal de 1988

A Carta Magna de 1988 foi o marco das atuais configurações da família ao alterar o modelo anterior do Código Civil de 1916, "representante de uma sociedade fundiária, patriarcal, hierarquizada e fortemente marcada pelo cristianismo",[11] em que o único modelo de família reconhecido era o gerado por meio do casamento, este, por sua vez, era a essência da sociedade, uma instituição que devia ser protegida e enaltecida pelo ordenamento jurídico, tendo, inclusive, um curador para defendê-lo nos casos de declaração judicial de nulidade ou anulação, ou seja, o matrimônio era praticamente dotado de personalidade. Dessa importância decorria, ainda, a sua indissolubilidade e a rejeição aos filhos ilegítimos, porque havidos fora do casamento.

O anterior Código Civil traduzia uma família ainda patriarcal, calcada no patrimônio, sendo este o motivo para a desigualdade no tratamento legal dos filhos legítimos e ilegítimos – para que os alimentos ou a herança não fossem desviados da família matrimonializada.

Com as profundas mudanças no modo de ser e de pensar do ser humano, que alteraram fortemente suas relações tanto na sociedade quanto na família, e, ainda, os avanços científicos e tecnológicos ocorridos ao longo dos séculos, o Direito também se viu obrigado a evoluir, a começar pelo Decreto-lei 4.737, de 24 de setembro de 1942, ao estatuir em seu art. 1.º que o filho havido fora do matrimônio poderia ser reconhecido ou demandar por sua filiação, após o *desquite* de seu genitor. Já em 1949, a Lei 883 revogou o citado Decreto-lei, mas autorizou o reconhecimento do filho até então ilegítimo em qualquer situação de dissolução do matrimônio, não apenas no *desquite*. Ainda, o Estatuto da Mulher Casada (Lei 4.121/1942) emancipou a esposa que antes era tratada como incapaz para certos atos. Em 1977, a Lei do Divórcio (Lei 6.515) não só admitiu o rompimento do vínculo conjugal, e não mais apenas a dissolução da sociedade nupcial – caindo por terra a indissolubilidade do matrimônio –, como também permitiu, em seu art. 51, o reconhecimento da filiação adulterina na constância do casamento. No âmbito internacional, foram reconhecidos, em 1959, os interesses da criança e do adolescente, conforme a Declaração Universal dos Direitos da Criança.

A promulgação da Constituição Federal de 1988 foi o ponto culminante dessas mudanças, consumando o fim das desigualdades jurídicas da família brasileira, cuja Carta Política expande a proteção do Estado à família, e acerca dela Paulo Lôbo destaca alguns dos seus aspectos mais relevantes:

a) a proteção do Estado alcança qualquer entidade familiar, sem restrições;

b) a família, entendida como entidade, assume claramente a posição de sujeito de direitos e obrigações;

c) os interesses das pessoas humanas, integrantes da família, recebem primazia sobre os interesses patrimonializantes;

d) a natureza socioafetiva da filiação torna-se gênero, abrangente das espécies biológica e não biológica;

---

[11] GAMA, Guilherme Calmon Nogueira da. Função social da família e jurisprudência brasileira. In: MADALENO, Rolf; MILHORANZA, Mariângela Guerreiro (Coord.). *Atualidades do direito de família e sucessões*. Sapucaia do Sul: Notadez, 2008. p. 115.

e) consuma-se a igualdade entre os gêneros e entre os filhos;

f) reafirma-se a liberdade de construir, manter e extinguir entidade familiar e a liberdade de planejamento familiar, sem imposição estatal;

g) a família configura-se no espaço de realização pessoal e da dignidade humana de seus membros.[12]

A Carta Magna tutelou a proteção aos cidadãos em primeiro lugar, com a observância do seu art. 1.º, III, que traz a dignidade da pessoa humana como o principal fundamento do Estado Democrático de Direito. Para Lourival Serejo, "a dignidade é, enfim, o respeito que cada um merece do outro, a começar no seio da própria família, onde a educação deve ser voltada para essa conscientização".[13] Sobreveio, então, a repersonalização do Direito Civil, mudando o eixo, do patrimônio à pessoa e as relações familiares passaram a mover-se em razão da dignidade de cada um dos seus membros. Para alguns autores, a solidariedade, elencada no art. 3.º, I, da Constituição Federal também versa sobre um princípio fundamental a regular tanto o trato familiar, quanto a sociedade em geral. Há, ainda, o princípio da isonomia (no caso transcrito no art. 5.º, inciso I, da CF), que alterou a postura nas relações entre os cônjuges.

A previsão constitucional relativa especificamente à família está nos arts. 226 e 227 da Constituição Federal de 1988. O art. 226, *caput*, estabelece que a família é a base da sociedade e tem especial proteção do Estado, enquanto os §§ 1.º e 2.º tratam do casamento:

§ 1.º O casamento é civil e gratuita a celebração.

§ 2.º O casamento religioso tem efeito civil, nos termos da lei.[14]

Na esteira desta dignificação da família como fundamento da sociedade, veio o Decreto 10.570/2020, que instituiu a estratégia nacional de fortalecimento dos vínculos familiares e o seu Comitê Internacional, reconhecendo como seus princípios: I – o respeito à dignidade da pessoa humana; II – o reconhecimento da família como base da sociedade e merecedora de especial proteção do Estado; e III – a garantia do direito à convivência familiar, dispondo o referido Decreto justamente os objetivos que compõem a Estratégia Nacional de Fortalecimento dos Vínculos Familiares, os quais, resumidamente, buscam potencializar a integração e vinculação familiar e outro seriado de ações que intentam dar real efetividade ao ente familiar que a Carta Política começa dizendo ser a base da sociedade.

O matrimônio passa a ser um direito de todos, uma vez que no Brasil colonial apenas a elite podia casar devido ao elevado valor das despesas, inclusive processuais. Sua gratuidade atesta a eficácia do princípio da isonomia, enquanto o § 3.º do mesmo dispositivo regulamenta o instituto da união estável – antigo concubinato – execrado pelo anterior Código Civil, quando estabelece:

§ 3.º Para efeito da proteção do Estado, é reconhecida a união estável entre o homem e a mulher como entidade familiar, devendo a lei facilitar sua conversão em casamento.[15]

---

[12] LÔBO, Paulo. *Direito civil*. Famílias. 2. ed. São Paulo: Saraiva, 2009. p. 6.

[13] SEREJO, Lourival. *Direito constitucional da família*. Belo Horizonte: Del Rey, 2004. p. 20.

[14] BRASIL, Constituição (1988). Constituição da República Federativa do Brasil. Brasília, DF: Senado Federal, 1988.

[15] Ibidem.

Essa inovação constitucional, apesar de ser uma das formas mais primitivas de constituição da família, pois se dá pela livre união de duas pessoas, foi regulada na metade da década de 1990 pelas Leis 8.971/1994 e 9.278/1996 e abriu margem aos mais diversos modos de construção da família, como, por exemplo, aquela advinda da união homoafetiva. Aliás, união esta que foi reconhecida em 04 de maio de 2011, pelo Supremo Tribunal Federal, ao julgar a Ação Direta de Inconstitucionalidade 4.277 e a Arguição de Descumprimento de Preceito Fundamental 132, no sentido de excluir qualquer significado do art. 1.723 do Código Civil que impedisse a união entre pessoas do mesmo sexo.

No § 4.º, o legislador discorreu sobre a ideia da entidade familiar, fixando que "entende-se, também, como entidade familiar a comunidade formada por qualquer dos pais e seus descendentes", que não se dá apenas pela união do homem e da mulher, mas sim pela "agregação familiar por imposição biopsicológica", independente de casamento civil,[16] tal qual reflete o art. 25 do Estatuto da Criança e do Adolescente ao referir-se a essa entidade como família natural.

No § 5.º, em consonância com o art. 5.º, I, da Constituição Federal, restou consumado o que os fatos já haviam consolidado, ou seja, a mulher em pé de igualdade com o homem, bem como no § 6.º do art. 227 da Carta Política, ao determinar a igualdade entre os filhos, qualquer que seja a sua origem. Já o divórcio, implantado no Brasil pela Emenda Constitucional 9, de 1977, que alterou a redação do art. 175, § 1.º, da Constituição de 1967 – que até então previa apenas o desquite –, é tratado no § 6.º do art. 226, após intensos debates e críticas, especialmente por parte da Igreja, até resultar na Emenda Constitucional 66/2010, que abstrai a figura jurídica da precedente separação judicial ou extrajudicial, ao permitir o divórcio direto, sem prazo e sem conversão.

Quanto ao planejamento familiar, elucidado pelo § 7.º:

> § 7.º Fundado nos princípios da dignidade da pessoa humana e da paternidade responsável, o planejamento familiar é livre decisão do casal, competindo ao Estado propiciar recursos educacionais e científicos para o exercício desse direito, vedada qualquer forma coercitiva por parte de instituições oficiais ou privadas.

Seu debate atual diz respeito ao controle da natalidade, a fim de evitar o aumento desenfreado de famílias sem condições de sustento, que restam fadadas ao desamparo. Situação que clama do Estado uma maior atenção, com recursos educacionais necessários à formação de uma consciência crítica acerca da gravidade do problema, e não apenas uma postura assistencialista.[17]

O art. 227 e o § 8.º do art. 226 da Carta Magna traçam o compromisso do Estado com a família e seu bem-estar, porquanto, uma das causas da delinquência juvenil é a desintegração da unidade familiar. Esses dispositivos estabelecem uma política de atuação que visa garantir uma rede de apoio à família em todos os âmbitos, como, por exemplo, com programas de integração social, combate à exploração sexual das crianças, prevenção e atendimento a portadores de necessidades especiais, aos menores e adolescentes dependentes de drogas, bem como com a estrutura previdenciária.

Outro aspecto importante tratado pela Constituição Federal é a prisão civil do devedor de alimentos, estes, irrenunciáveis, não mais tratados pela visão patrimonial, mas sim como um dever de garantir a subsistência do alimentando, sendo entendido como de interesse estatal de proteção da família.

---

[16] SEREJO, Lourival. *Direito constitucional da família*. Belo Horizonte: Del Rey, 2004. p. 46.
[17] Idem, p. 69.

1.2.2 Princípios jurídicos regentes da família

A doutrina e jurisprudência reconhecem uma série de princípios constitucionais implícitos como regentes da família, são os chamados princípios gerais – que, embora não haja hierarquia entre princípios, são diferentes dos princípios fundamentais, ao passo que estes regem o ser humano em todas as suas relações, não apenas no âmbito da família, enquanto os primeiros são mais pontuais.

Para Paulo Lôbo, são dois os princípios fundamentais (dignidade da pessoa humana e solidariedade) e cinco os princípios gerais:

a) igualdade;
b) liberdade;
c) afetividade;
d) convivência familiar;
e) melhor interesse da criança.[18]

Maria Berenice Dias nomeia respectivamente os princípios fundamentais e gerais, de gerais e especiais[19] e elenca a dignidade da pessoa humana, a liberdade, a igualdade e respeito à diferença, a solidariedade familiar, o pluralismo das entidades familiares, a proteção integral a crianças, adolescentes e idosos, a proibição do retrocesso social (este princípio entendido como um obstáculo, no sentido de que nenhuma lei ordinária pode limitar ou restringir as conquistas efetivadas no campo social, como a igualdade entre cônjuges e no tratamento dos filhos) e a afetividade.

Ressalvadas as contradições nominais, são princípios norteadores das relações familiares, juntamente com a parentalidade responsável. A pluralidade das entidades familiares ou liberdade às relações de família dizem respeito às formas de constituição, realização e extinção da entidade familiar, à livre escolha do seu par e o modo como instituirá sua família, ao seu planejamento, bem como no tocante à aquisição e administração de bens familiares, à definição dos modelos educacionais, religiosos e culturais a serem seguidos e, principalmente, à liberdade de agir, em qualquer circunstância, desde que sejam respeitadas a dignidade e a integridade física, moral e mental de seus membros.

Esse princípio de liberdade se apresenta tanto para a família diante do Estado, quanto de cada membro da unidade familiar entre si. Nos moldes anteriores, era a família que deveria se adequar ao Direito, não havia qualquer liberdade para constituir uma entidade familiar que não fosse calcada no matrimônio, nem para dissolvê-lo, tampouco para constituir estado de filiação fora do casamento. Atualmente, ao contrário, a Constituição normatiza, porém não delimita os modelos de entidades familiares a serem protegidos pelo Estado, uma vez que qualquer entidade familiar deve ser objeto dessa proteção, porquanto o legislador reconheceu, o que há muito era a realidade das famílias brasileiras, ou seja, que a família é um fato natural e o casamento, uma solenidade, uma convenção social.[20]

A título exemplificativo, existem as famílias constituídas por meio do matrimônio, que, na visão de Maria Berenice Dias, pode ser considerado um contrato de adesão, em que os

---

[18] LÔBO, Paulo. *Direito civil*. Famílias. 2. ed. São Paulo: Saraiva, 2009. p. 37.
[19] DIAS, Maria Berenice. *Manual de direito das famílias*. São Paulo: RT, 2007. p. 57.
[20] FARIAS, Cristiano Chaves de; ROSENVALD, Nelson. *Direito das famílias*. De acordo com a Lei n. 11.441/07 – Lei da Separação, Divórcio e Inventário Extrajudiciais. Rio de Janeiro: Lumen Juris, 2008. p. 38.

nubentes aceitam os direitos e deveres impostos por lei, podendo regular apenas o regime de bens;[21] a família informal ou advinda da união estável; a homoafetiva, que nada mais é do que a união estável de um par do mesmo sexo, porém tratada até pouco tempo atrás como sociedade de fato pela jurisprudência; a monoparental, na qual há a presença de somente um dos pais na titularidade do vínculo familiar; a anaparental, que é a entidade em que inexiste a verticalidade de parentesco, como, por exemplo, duas irmãs que conjugam esforços e convivem sob o mesmo teto; a pluriparental, também chamada de família reconstituída, em que, no casamento ou união estável de um casal, um, ou ambos, tem filhos de uniões anteriores; a família paralela – ou proveniente do concubinato –, que, apesar do repúdio social, para muitos gera efeitos jurídicos como as demais entidades, não podendo, de qualquer sorte, ser negada sua existência.

Portanto, para se caracterizar uma entidade familiar e diferenciá-la dos demais relacionamentos afetivos, existem algumas particularidades, tais como a afetividade como sendo seu fundamento e finalidade; a estabilidade, onde são excluídos os relacionamentos casuais, sem comunhão de vida, e a convivência pública e ostensiva.[22]

Coexiste, ainda, o princípio da solidariedade, que no núcleo familiar diz respeito à ajuda mútua, tanto material quanto moral entre cônjuges ou companheiros, e de ambos em relação aos filhos, que devem ser cuidados até a idade adulta, sem qualquer distinção entre homens e mulheres ou filhos biológicos ou não, fator derivado do princípio da isonomia.

Outro princípio basilar é o da afetividade, que revela primazia sobre as questões patrimoniais ou biológicas e fundamenta a entidade familiar com base na estabilidade das relações socioafetivas e na comunhão de vida. A afetividade está implícita na Constituição, a ressaltar a "natureza cultural e não exclusivamente biológica da família",[23] abrindo margem para o princípio da pluralidade das entidades familiares.

Pode ser entendido, ainda, como confiança, porém não se confunde com o afeto como fato psicológico,[24] pois, para o âmbito jurídico, na falta dele, a afetividade é presumida, uma vez que é um dever imposto aos pais em relação aos filhos e vice-versa, independente de haver amor, afeição, ou não, entre eles, só deixando de incidir nos casos de morte de um dos integrantes da relação ou perda do poder familiar, sendo que, na relação entre cônjuges ou companheiros, o afeto é entendido como o fator que une as pessoas com o objetivo de constituição de família.[25] Esse princípio é deveras importante para compreender a atual família, uma vez que o determinismo biológico não é mais suficiente para definir o conceito de família ou filiação, a genética não substitui a convivência nem a construção dos laços afetivos; como nos casos de adoção ou da posse de estado de filho em relação a pai socioafetivo.

A Lei 11.112/2005, que tornou obrigatório o acordo relativo ao regime de visitas e guarda dos filhos menores na antiga separação consensual, que cedeu seu lugar para o

---

21 DIAS, Maria Berenice. *Manual de direito das famílias*. São Paulo: RT, 2007. p. 44.

22 LÔBO, Paulo. *Direito civil*. Famílias. 2. ed. São Paulo: Saraiva, 2009. p. 58.

23 Idem, p. 48.

24 "A afetividade compreende o estado de ânimo ou humor, os sentimentos, as emoções e as paixões e reflete sempre a capacidade de experimentar o mundo subjetivamente. A afetividade é quem determina a atitude geral da pessoa diante de qualquer experiência vivencial, promove os impulsos motivadores e inibidores, percebe os fatos de maneira agradável ou sofrível, confere uma disposição indiferente ou entusiasmada e determina sentimentos que oscilam entre dois polos e transitam por infinitos tons entre esses dois polos, a depressão e a euforia" (BALLONE G. J. Afetividade. Disponível em: <http://www.psiqweb.med.br/site/?area=NO/LerNoticia&idNoticia=128>. Acesso em: 23 abr. 2009).

25 LÔBO, Paulo. *Direito Civil*. Famílias. 2. ed. São Paulo: Saraiva, 2009. p. 48.

divórcio amigável, assegurando o direito dos filhos à companhia dos pais, também fortaleceu esse princípio.

Daí sobrevém o princípio da convivência familiar, que é a relação afetiva, diária e duradoura das pessoas que compõem a entidade familiar, sejam parentes ou não, no ambiente comum. "É o ninho no qual as pessoas se sentem recíproca e solidariamente acolhidas e protegidas, especialmente as crianças".[26] Essa convivência é igualmente assegurada aos menores quando os genitores são separados, como instrui o art. 9.º, 3, da Convenção sobre os Direitos da Criança: "Os Estados-partes respeitam o direito da criança separada de um ou de ambos os seus pais de manter regularmente relações pessoais e contatos diretos com ambos, salvo se tal se mostrar contrário ao interesse superior da criança".

Aliás, a convivência do filho com o genitor não guardião não é um direito limitado deste, mas sim um direito recíproco de pais e filhos. E essa convivência não diz respeito apenas à família nuclear formada por pai, mãe e filhos, mas estende-se aos avós e, em alguns casos, aos tios ou outras pessoas.

Convivência esta, assegurada pela redação das Leis 11.698/2008 e 13.058/2014, que tratam da guarda compartilhada, ou seja, após o divórcio ambos os genitores continuam exercendo a guarda dos filhos e lhes assegurando o sustento moral e material, ainda que a residência do infante seja uma só.

Outra proteção aos menores deriva do princípio do melhor interesse da criança, que deve sempre ser respeitado e tratado com prioridade pelo Estado, pela sociedade e pela família. O menor deixou de ser um objeto para se tornar um sujeito merecedor de proteção especial, uma vez que se trata de pessoa em pleno processo de desenvolvimento físico e mental. Esse princípio se aplica tanto nas situações de conflito, como em uma posição de determinação da guarda, quanto no cotidiano, como na escolha da melhor linha de educação.

1.3   DO PODER FAMILIAR

Na vigência do Código Civil de 1916, o poder familiar era denominado pátrio poder – em razão da sociedade patriarcal da época, em que ao pai era atribuída a postura de um chefe, de um senhor absoluto, com plenos poderes sobre seus filhos, que eram submetidos às suas decisões e imposições. Na falta ou no impedimento do pai, esse poder era exercido pela esposa, porém, se ela contraísse novas núpcias, o poder lhe era destituído. Na Roma antiga, essa concepção de poder era ainda mais severa, uma vez que o *pater familias* tinha inclusive o direito sobre a vida e a morte de seus filhos – tal qual em relação a seus escravos. Com a emancipação da mulher casada, particularmente com a criação do Estatuto da Mulher Casada (Lei 4.121/1962), que assegurou o pátrio poder a ambos os pais, ainda que a esposa fosse apenas uma colaboradora do marido, bem como com a crescente e inevitável igualdade entre os membros da família, restringiu-se essa noção de poder, constituindo-se mais em um dever, um *munus*.

Embora modificada, a nova denominação de pátrio poder para *poder parental* ainda assim não traduz a correta compreensão do instituto, entendida pela doutrina, nacional e estrangeira, como sendo "autoridade parental", um dever natural e legal de proteção da prole, derivado da parentalidade, ou seja, da própria função de ser pai ou mãe, protegendo e encaminhando os filhos para seu futuro, preparando-os para a vida e formando o seu caráter; diferente da conotação de poder que pode evocar uma espécie de domínio físico sobre o outro.[27]

---

[26]   Idem, p. 52.
[27]   LÔBO, Paulo. *Direito Civil*. Famílias. 2. ed. São Paulo: Saraiva, 2009. p. 271.

Para Giselle Groeninga,

A difusão do conhecimento relativo às necessidades das crianças e à formação de sua personalidade, trazido pela Psicologia e pela Psicanálise, também levou a que fossem incorporadas no diploma legal prescrições relativas à preservação da integridade não só física como psíquica dos integrantes da família. O conhecimento da importância da influência da família e das experiências havidas na primeira infância na formação da personalidade das crianças – a despeito da ausência de memória consciente, o conhecimento de sua fragilidade física e psíquica e das consequências para a vida em sociedade das falhas havidas nos relacionamentos familiares – trouxe nova ótica, a da responsabilidade ao conceito de poder.[28]

O poder familiar é, portanto, um poder-função ou direito-dever,[29] é o exercício da autoridade – advinda da responsabilidade – dos pais sobre os filhos, não uma autoridade arbitrária, escorada no interesse pessoal dos pais, mas sim no sentido de fazer valer os interesses do menor, tanto no âmbito patrimonial quanto no pessoal. Trata-se de função de tanta responsabilidade que a Terceira Turma do Superior Tribunal de Justiça referiu, em voto da Ministra Nancy Andrighi, que "o filho decorrente de adoção não é uma espécie de produto que se escolhe na prateleira e que pode ser devolvido se se constatar a existência de vícios ocultos".[30]

1.3.1 Titularidade do poder familiar

O poder familiar é irrenunciável, intransferível, inalienável e imprescritível, pertencente a ambos os pais, do nascimento aos 18 anos, ou com a emancipação de seus filhos. Em caso de discordância, é assegurado o direito de recorrer à Justiça. Mesmo quando os pais são separados, o não detentor da guarda continua titular do poder familiar, que pode apenas variar de grau quanto a seu exercício, não quanto à sua titularidade. Como assegura o art. 1.589 do Código Civil, o genitor que não reside com a prole tem, não apenas o direito, mas o dever de visita, de ter os filhos em sua companhia e de fiscalizar sua manutenção e educação.

Ainda em relação aos genitores separados, no caso de um vir a contrair novas núpcias ou nova união, nem mesmo assim o poder familiar será destituído do outro genitor ou transferido para o novo parceiro do pai ou da mãe, ainda que existente a filiação socioafetiva. Esse poder-função ou direito-dever é exercido em conjunto pelos pais, supondo uma relação harmoniosa entre eles, de conciliação, equilíbrio e tolerância para que a decisão de um ou outro não afete o melhor interesse do menor, sendo a intransigência, nesse caso, sempre prejudicial aos filhos, uma vez que, havendo divergência e se esta for levada a juízo, o clima de animosidade tende apenas a aumentar quando na vitória de um pai sobre o outro. Por esse motivo, o juiz deve sempre propor a mediação como uma alternativa de melhorar a comunicação entre os familiares.

1.3.2 Conteúdo e exercício do poder familiar

Partindo dos arts. 227 e 229 da Constituição Federal, o conteúdo do poder familiar está no dever dos pais de assistir, criar e educar os filhos menores, assegurando-lhes o direito à

---

[28] GROENINGA, Giselle Câmara. Generalidades do Direito de Família. Evolução Histórica da Família e Formas Atuais de Constituição. In: HIRONAKA, Giselda M. F. Novaes (Orient.); BARBOSA, Águida Arruda; VIEIRA, Claudia Stein (Coord.). *Direito Civil*. Direito de Família. São Paulo: RT, 2008. v. 7, p. 216.

[29] DIAS, Maria Berenice. *Manual de Direito das Famílias*. São Paulo: RT, 2007. p. 377.

[30] REsp. 1.698.728/MS, julgado em 04.05.2021.

vida, à saúde, à alimentação, à educação, ao lazer, à profissionalização, à cultura, à dignidade, ao respeito, à liberdade e à convivência familiar e comunitária, além de colocá-los a salvo de toda forma de negligência, discriminação, exploração, violência, crueldade e opressão. Juntamente com o Estatuto da Criança e do Adolescente, que, em seu art. 22, incumbe aos pais o dever de sustento, guarda e educação, e sem descurar do art. 1.634 do Código Civil, quando elenca outra série de obrigações no sentido de os pais terem de dirigir-lhes a criação e educação; exercer a guarda unilateral ou compartilhada nos termos do art. 1.584 do Código Civil; conceder-lhes ou negar-lhes consentimento para casar; conceder-lhes ou negar-lhes consentimento para viajarem ao exterior; conceder-lhes ou negar-lhes consentimento para mudarem sua residência permanente para outro Município; nomear-lhes tutor por testamento ou documento autêntico, se o outro dos pais não sobreviver, ou o sobrevivo não puder exercer o poder familiar; representá-los judicial e extrajudicialmente até os 16 anos, nos atos da vida civil, e assisti-los, após essa idade, nos atos em que forem partes, suprindo-lhes o consentimento; reclamá-los de quem ilegalmente os detenha; exigir que lhes prestem obediência, respeito e os serviços próprios de sua idade e condição.

A noção de educação, instituto presente em todos os diplomas legais como dever dos pais, é a mais ampla, pois inclui a formação escolar (esta também um dever do Estado), a religiosa, a moral (que envolve uma abertura para os valores e elevação da consciência), a política, a profissional e tudo o que contribua com seu desenvolvimento como pessoa, sendo a principal a formação psíquica, para que o menor se torne um indivíduo que possa interagir de modo salutar na sociedade.

A atual doutrina, da qual fazem parte Maria Berenice Dias, Paulo Lôbo e Rolf Madaleno, insere a responsabilidade afetiva como uma obrigação dos pais, vislumbrada no exercício da convivência familiar, despontando, inclusive, a responsabilidade civil para o genitor que descumprir esse dever de cuidar, no amplo sentido da palavra. Assim como o não cumprimento do dever de alimentos configura abandono material, tipificado tanto pelo Código Penal, em seu art. 244, quanto pelo Estatuto da Criança e do Adolescente, em seu art. 249, os pais ainda respondem pelos atos praticados pelos filhos enquanto menores, com a chamada responsabilidade civil objetiva por ato de terceiro (art. 932, I, do Código Civil), que deve abranger o cônjuge não guardião – no caso de pais separados e com uma excepcional guarda unilateral, posto que com o advento da Lei 13.058/2014, a regra pressupõe o compartilhamento da guarda –, uma vez que ele não possui a guarda, mas não perde o direito de ter o filho em sua companhia ou ao menos sob sua autoridade.

No tocante à administração e usufruto dos bens dos menores, cabe aos pais representá-los até os 16 anos e assisti-los dos 16 aos 18 anos de idade. Os rendimentos advindos do patrimônio dos filhos são entendidos como compensação das despesas da criação e da educação, porém a tendência da doutrina é de que os pais não possam se apoderar da totalidade desses rendimentos, que pertencem aos filhos, mas apenas do necessário para as despesas da família, porquanto o usufruto é justamente instituído no interesse do menor, bem como não podem alienar nem gravar com ônus real o patrimônio do filho, ou, ainda, contrair obrigações que ultrapassem a simples administração, a não ser em hipóteses de necessidade ou claro interesse do menor, devendo as demais transações ser submetidas a juízo.

1.3.3 Suspensão, perda e extinção do poder familiar

O poder familiar é um dever dos pais em relação aos interesses dos filhos, cabendo ao Estado fiscalizar sua adimplência, podendo aplicar sanções, com a suspensão ou a destituição do poder familiar – a quem o descumprir, porém, não com intuito de punição, mas de preservação dos interesses dos menores.[31] Por esse motivo, não cessa o direito de o menor ser credor de alimentos, ainda que um pai ou ambos não detenham a guarda, salvo no caso de adoção, pois outra pessoa assume esse encargo.

A suspensão do poder familiar pode ser total ou parcial – para certos atos –, sendo a medida menos gravosa e podendo ser sujeita à revisão, uma vez superadas as causas que a incitaram, utilizada a critério do juiz quando outra medida não puder produzir o efeito desejado. As causas que ensejam a suspensão são as de abuso de autoridade, as de falta quanto aos deveres a eles inerentes (guarda, sustento e educação, além do que deles decorrer), de ruína dos bens dos filhos ou, ainda, quando houver condenação de detentor do poder familiar em virtude de crime cuja pena exceda a dois anos de prisão – esta última trata-se de medida injusta, "pois não há razão para o legislador presumir a incapacidade, inclusive por existirem penas a serem cumpridas em regime aberto, que viabilizariam o exercício satisfatório da função parental".[32] O Estatuto da Criança e do Adolescente ressalta, em seu art. 23, não ser causa de suspensão a falta ou carência de recursos materiais para atender os encargos inerentes ao exercício da função parental.

Já as hipóteses para a extinção do poder familiar descritas no art. 1.635 do Código Civil são taxativas, não sendo admitida nenhuma outra, por envolverem a restrição de direitos fundamentais. São elas: a morte dos pais ou do filho; sua emancipação; maioridade; adoção; decisão judicial, e na forma do art. 1.638 do Código Civil, a saber, castigar imoderadamente o filho; deixá-lo em abandono; praticar atos contrários à moral e aos bons costumes e incidir, reiteradamente, nas faltas previstas com a suspensão do poder familiar.

Embora a lei utilize indistintamente as terminações perda e extinção, a perda é uma sanção de maior alcance, correspondente à infringência de um dever mais relevante,[33] e tem como consequência a extinção. "A privação do exercício do poder familiar deve ser encarada de modo excepcional, quando não houver qualquer possibilidade de recomposição da unidade familiar, o que recomenda estudo psicossocial".[34] O abandono, por exemplo, que pode ser intencional ou não, quando movido por dificuldades financeiras ou motivo de doença, deve ter como solução preferencial a suspensão ou a guarda, e não a perda do poder, desde que a propensão para o retorno à família seja plausível. No tocante à moral e aos bons costumes, estes não podem ser valorados subjetivamente pelo juiz, mas sim objetivamente, segundo os valores predominantes na sociedade àquele tempo e espaço, sempre preponderando o melhor atendimento aos interesses do menor, e não somente como uma forma de punição ao pai faltoso.

---

[31]   DIAS, Maria Berenice. *Manual de Direito das Famílias*. São Paulo: RT, 2007. p. 386.

[32]   MADALENO, Rolf. *Curso de Direito de Família*. 11. ed. Rio de Janeiro: Forense, 2021. p. 765.

[33]   DIAS, Maria Berenice. *Manual de Direito das Famílias*. São Paulo: RT, 2007. p. 388.

[34]   LIENHARD, Claude. *Les nouveax droits du père. Apud* LÔBO, Paulo. *Direito Civil*. Famílias. 2. ed. São Paulo: Saraiva, 2009. p. 285.

2

A PROTEÇÃO DOS FILHOS DE PAIS SEPARADOS

O fato de um casal possuir filhos lhe submete a alguns deveres que ultrapassam a dissolução de sua união ou casamento, sendo um compromisso legal e ético assegurar o sustento, a guarda e a educação dos filhos comuns, ou seja, atributos do poder familiar, que não é dissolvido com o desenlace do par. Conforme Paulo Lôbo, "A separação dos cônjuges não pode significar a separação de pais e filhos. (...) o princípio do melhor interesse da criança trouxe-a ao centro da tutela jurídica, prevalecendo sobre os interesses dos pais em conflito".[1] Por isso, sempre que os pais não chegarem a um acordo após a ruptura matrimonial, o juiz deve intervir assegurando o contato permanente de ambos os genitores com a prole, e neste sentido a Lei 13.058/2014 assegura a guarda compartilhada obrigatória. Sendo assim, o direito de visitas deixa de ser um direito dos pais para ser um dever ou um direito do filho à continuidade da convivência.

2.1 FORMAS VOLUNTÁRIAS DE DISSOLUÇÃO DO VÍNCULO OU SOCIEDADE CONJUGAIS

No Código Civil de 1916 havia a hipótese de desquite – que apenas rompia o vínculo conjugal, sem dissolvê-lo –, em que era discutida unicamente a postura dos pais em relação ao fim do casamento. Mesmo com a promulgação da Lei do Divórcio (que denominou o desquite de separação, constituindo duas formas para o fim do casamento), o menor não era atendido em seus interesses, sendo privilegiado o cônjuge inocente – que não dera causa à separação, salvo nos casos de motivo grave. Em casos de culpa recíproca, a velha máxima da mãe santificada e a única – salvo raras e graves exceções – a ter o instinto e dons necessários para cuidar da prole ainda permeava a letra fria da lei, pois em seu art. 10, § 1º, afirmava ser materna a guarda[2] para estes casos. Com o advento do princípio da igualdade trazido na Constituição Federal de 1988, foram banidas as discriminações entre os cônjuges, dirimindo o peso da culpa para o fim do relacionamento e institucionalizando o divórcio direto, que existia em caráter excepcional, apenas para aqueles que já se encontravam separados de fato há mais de cinco anos, anteriormente à Emenda Constitucional 9/1977 (cuja Lei do divórcio regulamentou) e após a comprovação dos

---

[1] LÔBO, Paulo. *Direito Civil*. Famílias. 2. ed. São Paulo: Saraiva, 2009. p. 168.

[2] Art. 10, § 1º, da Lei 6.515/1977: Se pela separação judicial forem responsáveis ambos os cônjuges, os filhos menores ficarão em poder da mãe, salvo se o juiz verificar que de tal solução possa advir prejuízo de ordem moral para eles.

motivos. Em 2010, sobreveio a Emenda Constitucional 66, instituindo o divórcio direto, sem prazo e sem causa, tornando letra morta a instituição da *separação*.

A forma atual para o fim da sociedade conjugal é o divórcio, que é o meio direto, teoricamente rápido e voluntário de dissolução do vínculo matrimonial, podendo ser deferido a qualquer tempo.

O divórcio pode ser judicial, consensual ou administrativo. Na modalidade judicial, os cônjuges, em comum acordo, dispõem sobre questões relativas à guarda dos filhos, alimentos e partilha; ou extrajudicial, nos moldes do consensual, porém contratado por escritura pública, desde que não existam filhos menores ou incapazes, ou se as questões a eles relacionadas já foram judicialmente resolvidas; ou litigioso, em que não existe acordo entre as partes.

A separação, de fato, é um ato natural dos casais, que, terminado o afeto ou a ligação entre eles, se distanciam; pode ser oriunda de decisão judicial, a partir de medida cautelar de separação de corpos, especialmente nos casos de ameaça ou consumação de violência de qualquer origem que possa sofrer o ofendido ou sua prole, serve para caracterizar o termo final da união e estabelecer, ou não, a comunicação dos bens conjugais.

Em virtude da tendência mundial de não considerar a culpa imputada ao outro cônjuge, as causas subjetivas de extinção do casamento serviam apenas para trazer um desgaste emocional, e a tendência era de que fosse a culpa substituída pela alegação geral da insuportabilidade ou impossibilidade da vida em comum, que agora é decorrência natural do pedido de divórcio, prestando-se muitas vezes os processos litigiosos de dissolução dos vínculos afetivos para disputas justamente relacionadas aos filhos, com sua guarda e suas visitas e à partilha dos bens.

2.1.1 Dissolução da união estável

Por ter sua origem na informalidade, decorrente da convivência de um par afetivo, como se casado fosse, unido pelo afeto e objetivos comuns, sendo o principal deles o de constituir família, a união estável também é isenta de protocolos quando da sua extinção. Podendo se dar amigavelmente, assim como o divórcio consensual, no qual os protagonistas, de comum acordo, definem as questões relativas aos alimentos, partilha de bens e guarda de filhos, que podem ser exteriorizadas mediante instrumento particular. Ocorrendo litígio dos companheiros, é necessária a via judicial, em que primeiramente é requerida a declaração de existência da união – caso seja contestada pelo outro convivente – e sua subsequente dissolução para que se operem os efeitos materiais e pessoais dela decorrentes, sendo cabíveis as medidas cautelares utilizadas no casamento, como a separação de corpos.

No entendimento de Maria Berenice Dias, é inadequada a denominação "dissolução de união estável", uma vez que, por sua informalidade, rompido o vínculo afetivo, a união já está dissolvida.[3] No tocante aos efeitos quanto à pessoa dos filhos, a união estável toma a forma de casamento.

2.2 DA GUARDA

A guarda é uma atribuição do poder familiar e, também, um dos aspectos mais importantes dos efeitos do divórcio de um casal, uma vez que decide questões relativas às pessoas emocionalmente mais vulneráveis da relação, por não possuírem sua capacidade de discernimento totalmente formada. Na guarda unilateral o titular fica com o filho sob seus cuidados

---

[3] DIAS, Maria Berenice. *Manual de Direito das Famílias*. São Paulo: RT, 2007. p. 175.

diretos, na mesma residência, ou seja, na medida do possível mantém inalterada sua situação de antes da separação. Em conformidade com o art. 33 do Estatuto da Criança e do Adolescente, a guarda significa ter o filho em seu poder, com o direito de opor-se a terceiros e com o dever de prestar-lhe toda assistência.

Antigamente, a questão relativa à guarda dos menores era vista como uma sanção, a punir o cônjuge que dera causa à separação, ficando a guarda conferida ao consorte inocente.

Nas dissoluções amigáveis *latu sensu* (divórcio ou dissolução de união estável) deve preponderar o acordo firmado pelo casal, sob o ponto de vista de que os pais seriam os primeiros a buscar a proteção de sua prole, porém o juiz deve atentar se efetivamente o interesse da prole sobrepõe eventual interesse dos pais, que não raramente utilizam seus filhos para obter vantagens pessoais, baseadas em ressentimentos oriundos do fim da relação.

Quando houvesse conflito entre os pais, a guarda caberia a quem revelasse melhores condições de exercê-la, ainda que culturalmente siga entre nós o hábito de outorgar a guarda à mãe. No entender de Sílvio de Salvo Venosa, a mãe, costumeiramente, é mais apta, e teria melhores condições de exercer a guarda dos filhos de tenra idade, devendo, somente em casos muito extremos, ser dela retirada ou, ainda, o juiz tem o poder de determinar que nem o pai nem a mãe a exerçam – decisões sempre trágicas, porém podem ser alteradas, uma vez que não transitam em julgado,[4] ou melhor dizendo, por serem relações continuadas, permitem revisão por fato novo.

Para determinar o detentor da guarda, existia uma série de circunstâncias a serem verificadas, como aquelas que diziam respeito à comodidade do lar, ao acompanhamento pessoal, à disponibilidade de tempo, ao ambiente social onde permanecerão os filhos, às companhias, à convivência com outros parentes, à maior presença do progenitor, aos cuidados básicos, como educação, alimentação, vestuário, recreação, saúde (esta não apenas curativa, mas principalmente preventiva); ainda, quanto às características psicológicas do genitor, seu equilíbrio, autocontrole, costumes, hábitos, companhias, dedicação para com o filho, entre diversas outras,[5] observando aquelas que têm menor impacto emocional sobre a prole.

Atualmente, com o advento da guarda compartilhada obrigatória, estas circunstâncias ainda podem ser verificadas com o intuito de estabelecer uma residência base, ou seja, a guarda física da criança pode ficar apenas com um genitor, mas a guarda jurídica e o dever de cuidar são de ambos.

2.2.1 Espécies de guarda

O atual Código Civil regula as modalidades de guarda unilateral e compartilhada. A unilateral, também chamada de exclusiva, era até então dominante no direito brasileiro, diz respeito à atribuição, a um só genitor, dos cuidados diretos e da custódia do filho. Após o advento da Lei 11.698/2008 – Lei da Guarda Compartilhada –, a guarda exclusiva, atribuída pelo juiz em virtude de desacordo entre os pais, só se verificaria na inviabilidade da guarda compartilhada, mas sempre respeitando o melhor interesse do menor a partir da identificação do genitor que apresentar melhores aptidões para o cuidado diário e efetivo do filho. Em 2014, a Lei 13.058 torna esta modalidade obrigatória.

A guarda compartilhada – que não deveria ser confundida com a alternância de residências, onde o filho fica em um lar e sob o poder exclusivo de um genitor a cada 15 dias, por

---

[4] VENOSA, Sílvio de Salvo. *Direito Civil*. Direito de Família. 3. ed. São Paulo: Atlas, 2006. v. 6.

[5] RIZZARDO, Arnaldo. *Direito de Família*. (De acordo com a Lei n.º 10.406, de 10.01.2002). 2. ed. Rio de Janeiro: Forense, 2004. p. 334.

exemplo – era a modalidade instituída como de preferência obrigatória pela Lei 11.698/2008, por representar o compartilhamento do exercício do poder familiar, e deveria ser aplicada quando não houvesse acordo entre os genitores.

Em 22 de dezembro de 2014 foi editada a Lei 13.058, denominada de nova Lei da Guarda Compartilhada, que alterou o § 2º do art. 1.583 do Código Civil, construindo a figura da *guarda compartilhada física*, e pela qual o pai e a mãe devem dividir de forma equilibrada o tempo de permanência de cada um deles com a prole comum, coexistindo com a *guarda compartilhada jurídica*, de exercício conjunto do poder familiar. Na guarda compartilhada da modelagem do exercício paritário do poder familiar, o casal deve garantir o livre acesso aos filhos, em regime de convivência a ser definida em regime de visitas, sob pena de comprometimento do equilíbrio emocional do menor, sem que perca a referência do seu lar. A responsabilidade é de ambos os genitores, que juntos deliberam sobre a melhor educação, a melhor forma de criação, os valores que passarão a seus filhos, ou seja, o poder parental é exercido como antes da separação dos pais. Esse compartilhamento visa garantir ao filho que seus genitores se empenharão na tarefa de sua criação, minimizando os efeitos danosos que o rompimento da relação entre o casal gera na prole. Porém, é recomendável um bom nível de maturidade dos pais, uma vez que a guarda compartilhada, seja no exercício conjunto do poder familiar, seja no compartilhamento do tempo de permanência física dos filhos com o pai e com a mãe, necessita de diálogo e consenso, em qualquer uma de suas duas modalidades, pois os progenitores devem sempre primar pelos melhores interesses da prole, e nem sempre os melhores interesses dos filhos serão alcançados com a divisão do tempo deles de permanência com o pai e com a mãe.

Na visão de Rolf Madaleno, a guarda compartilhada:

> É a partilha da guarda jurídica, da autoridade de pai, que não se esvai pela perda da companhia do filho e em troca das visitas decorrentes da separação dos pais, contudo, para que a guarda conjunta física ou legal tenha resultados positivos faz-se imprescindível a sincera cooperação dos pais, empenhados em transformarem suas desavenças pessoais em um conjunto de atividades voltadas a atribuir estabilidade emocional e sólida formação social e educacional aos filhos.[6]

Para Paulo Lôbo, essa modalidade compartilhada necessita do trabalho conjunto das varas de família, do juiz e de equipes multidisciplinares, que auxiliariam o casal nos casos de conflito, devendo apenas ser rejeitada quando houver violência doméstica contra a prole,[7] não servindo como escusa o argumento da distância geográfica da moradia dos pais.[8]

---

[6] MADALENO, Rolf. *Curso de Direito de Família*. 11. ed. Rio de Janeiro: Forense, 2021. p. 471.

[7] LÔBO, Paulo. *Direito Civil*. Famílias. 2. ed. São Paulo: Saraiva, 2009. p. 180.

[8] "Recurso Especial. Civil. Família. Guarda compartilhada. Obrigatoriedade. Relação harmoniosa entre os genitores. Desnecessidade. Princípios da proteção integral e do melhor interesse da criança e do adolescente. Residência do filho com a mãe. Incompatibilidade. Ausência. 1. Recurso especial interposto em 2/4/2019 e concluso ao gabinete em 5/6/2020. 2. O propósito recursal consiste em dizer se: a) a fixação da guarda compartilhada é obrigatória caso ambos os genitores sejam aptos ao exercício do poder familiar; e b) a vontade do filho e problemas no relacionamento intersubjetivo dos genitores representam óbices à fixação da guarda compartilhada. 3. O termo 'será' contido no § 2º do art. 1.584 não deixa margem a debates periféricos, fixando a presunção relativa de que se houver interesse na guarda compartilhada por um dos ascendentes, será esse o sistema eleito, salvo se um dos genitores declarar ao magistrado que não deseja a guarda do menor. 4. Apenas duas condições podem impedir a aplicação obrigatória da guarda compartilhada, a saber: a) a inexistência de interesse de um dos cônjuges; e b) a incapacidade de um dos genitores de exercer o poder familiar. 5. Os únicos mecanismos

2.3 DIREITO DE CONVIVÊNCIA

Ao genitor não guardião – em contrapartida da modalidade de guarda exclusiva – é delegado o direito de visitas, atualmente visto como um direito/dever de convivência, previsto no art. 1.589 do Código Civil, bem como a fiscalização da manutenção e educação da prole. É um direito à convivência, à comunicação integral ou à companhia, visto também como um dever do genitor não guardião em prol de seus filhos. Em decorrência disso, o Brasil não adota, nem sequer cogita a suspensão ou interrupção das visitas no caso de inadimplemento da obrigação alimentar por parte do genitor não guardião.

O então chamado regime de visitas é o ajuste feito pelo casal, ou judicialmente, no tocante à permanência dos filhos com o genitor não guardião, à frequência dos encontros além da repartição de férias e aos dias festivos. Para Paulo Lôbo, é relação de reciprocidade, "não podendo ser imposto quando o filho não o deseja",[9] porém, esta visão pode acobertar a manipulação silenciosa do detentor da guarda física, portanto, todo o cuidado deve ser empregado nessas situações.

Ainda, esse direito ao contato, à perpetuação dos vínculos e ao afeto, que é o direito de convivência, deve ser estendido à família do genitor que não reside com a prole, sejam os avós, os tios ou primos, ou ainda àqueles com quem a criança tinha contato permanente.

O direito de convivência, por ser direito do filho e dever do pai ou da mãe, pode ser instituído inclusive quando o genitor não guardião for viciado em tóxicos, alcoólatra inveterado ou psicopata, porém restringido a um local adequado, determinado em juízo e com o acompanhamento de terceira pessoa, a visitação assistida.

2.4 EFEITOS DO DIVÓRCIO DOS PAIS SOBRE OS FILHOS

O divórcio ou a dissolução da dupla parental é uma crise pessoal, como as enfrentadas no desenvolvimento humano, que se inicia no âmbito psicológico, com questões relativas a conflitos afetivos e emocionais para só depois passar para o âmbito jurídico, com as resoluções de ordem prática, mas que geralmente não põem fim ao primeiro aspecto.

Segundo a teoria psicossocial de Erik Erikson – psicanalista que repensou algumas teorias da Psicanálise de Freud – considerando o fato de que o homem é um ser social que sofre a pressão do grupo e afirmando que os indivíduos crescem em etapas, tanto a partir de exigências internas de seu ego quanto das exigências do meio, o ser humano cresce a partir de oito etapas ou chamadas crises, uma vez superadas positivamente, o ego sai fortalecido e saudável. As crises se iniciam logo após o nascimento, sendo a primeira delas a da confiança *versus* desconfiança – em que o bebê começa a desenvolver, juntamente com o cuidado satisfatório desempenhado pela mãe, a confiança no mundo, no sentido de que este não é um ambiente hostil para ele, ele

---

admitidos em lei para se afastar a imposição da guarda compartilhada são a suspensão ou a perda do poder familiar, situações que evidenciam a absoluta inaptidão para o exercício da guarda e que exigem, pela relevância da posição jurídica atingida, prévia decretação judicial. 6. A implementação da guarda compartilhada não se sujeita à existência de bom e harmonioso relacionamento entre os genitores. 7. Inexiste qualquer incompatibilidade entre o desejo do menor residir com um dos genitores e a fixação da guarda compartilhada. 8. Não bastasse ser prescindível, para a fixação da guarda compartilhada, a existência de relação harmoniosa entre os genitores, é imperioso concluir que, na espécie, há relação minimamente razoável entre os pais – inclusive com acordo acerca do regime de convivência-, inexistindo qualquer situação excepcional apta a elidir a presunção de que essa espécie de guarda é a que melhor atende os superiores interesses do filho, garantindo sua proteção integral. 9. Recurso especial provido" (STJ. Terceira Turma. REsp.1.877.358/SP. Relatora Ministra Nancy Andrighi. Julgado em 04.05.2021).

9   Idem, p. 176.

começa a perceber que, mesmo que espere, será atendido, bem como a desconfiança gerará neste ser a percepção de abandono e ansiedade; a segunda etapa é a da autonomia *versus* vergonha e dúvida, em que a criança começa a explorar o mundo sozinha, aprende que existem regras sociais a seguir, o desenvolvimento sadio dessa fase gera uma autoestima positiva. O estágio seguinte, no qual a criança busca o crescimento intelectual, aliado à confiança e à autonomia alcançadas anteriormente, ela torna-se determinada, passa a ter responsabilidades, é a fase da iniciativa *versus* culpa, em que a culpa é caracterizada pelo sentimento de não conseguir realizar certas tarefas. A próxima fase é determinada pela diligência *versus* inferioridade, é a época do controle da atividade física e da intelectual, no sentido de moldá-las ao método de aprendizado formal, adequado ao mundo adulto, passando a compreender a perseverança, criando um interesse pelo futuro, é a fase do desenvolvimento de habilidades que, se não realizadas satisfatoriamente, trarão o sentimento de inferioridade. Identidade *versus* confusão de identidade é a etapa seguinte, em que essa criança já se tornou um adolescente e busca por sua identidade e, quanto melhor tiver passado pelas fases anteriores, mais possibilidade terá de encontrar seu "verdadeiro eu". A adultez jovem é caracterizada pelo conflito intimidade *versus* isolamento, ou seja, é a fase da busca de relacionamentos duradouros e significativos que gerem intimidade, ou, na impossibilidade de convívio com outro ego, a pessoa sente-se ameaçada e insegura, preferindo o isolamento. A penúltima etapa previsível do desenvolvimento humano seria a geratividade *versus* estagnação, em que na meia-idade o homem passa a querer gerar coisas, transmitir seu legado, seja com filhos ou com ideias e envolvimento com a comunidade. Se a preocupação for focada somente nas suas necessidades, ocorre o sentimento de estagnação. Já no último estágio, integridade de ego *versus* desespero, o idoso avalia sua vida, valoriza suas conquistas e tem sentimentos de realização ou de perda da esperança.

Estas são, portanto, as crises pessoais previsíveis no desenvolvimento do ser humano, todas elas vistas como necessárias ao crescimento sadio, porém, as crises não previsíveis – por não serem indispensáveis – podem igualmente ser úteis.

A separação é uma dessas crises, mas possui um agravante de estender seus efeitos aos filhos, tanto no momento do divórcio quanto após, no tocante à criação da prole.[10] Eivada de ressentimentos, essa ruptura do casal se inicia muito antes, não sendo o divórcio oficial a causa de conflito, e sim o pretérito distanciamento afetivo e físico, sendo o ato judicial somente uma gota d'água, em que o casal, ou um deles, se dá conta de que a partir de então receberá maiores atribuições, passará a gerar a si próprio integralmente, sem o outro como seu cuidador. Portanto, quanto maior o grau de maturidade e de maturação do evento separação, em que cada membro do par mantém sua própria individualidade, em codependência do outro, melhores efeitos serão observados na família.

Independentemente disso, a dissolução, em sentido amplo, altera a organização familiar e seu funcionamento, acarretando nos filhos desde a sua desestruturação emocional momentânea até a interferência e sentimentos em sua vida diária, passando pelo fato de o Judiciário ser presença constante, a disponibilidade financeira ser minorada e, em algumas circunstâncias, a saúde física também emitir sinais de alerta. Esse quadro é agravado quando os pais, colocando seus ressentimentos, raiva e desejo de vingança, ignoram o melhor interesse dos rebentos.

Os filhos são afetados de diversas maneiras, sentem-se impotentes diante da ruptura e das mudanças ocasionadas; rejeitados e abandonados, uma vez que, principalmente crianças pequenas, não conseguem compreender porque um dos pais se afasta do lar; passam a achar

---

[10] CEZAR-FERREIRA, Verônica A. da Motta. *Família, separação e mediação* – uma visão psicojurídica. 2. ed. São Paulo: Método, 2007.

que são os culpados pelo desenlace dos pais – principalmente se a idade da criança (entre 3 e 6 anos) coincide com a fase fálica ou edípica de Freud –, quando se inicia a triangulação, ou seja, a inclusão do pai, que irá criar as condições conflituosas em que o menor tem um forte desejo instintivo pelo progenitor do sexo oposto e repudia o do mesmo sexo, por ciúmes – momento em que a criança já se sente culpada, pois em seu âmago ama os dois.[11] Essa idade também é a da iniciativa *versus* culpa da teoria de Erikson, portanto a criança sente-se culpada ao extremo.

Além disso, os pais, numa disputa judicial, muitas vezes imputam condições que desqualifiquem ou fragilizem o outro, demonstrando, assim, que suas qualidades são superiores, propiciando a situação de o menor vivenciar a circunstância de ter que escolher entre o pai ou a mãe, gerando uma crise de lealdade. Ainda, dentre os principais efeitos estão os problemas escolares, pois, devido ao trauma vivenciado pela criança, ela passa a não se concentrar, apresenta desinteresse e desmotivação, além de comportamento agressivo, hostil e irritadiço, inclusive com mentiras ou pequenos furtos.

Medos e depressão são outros sintomas característicos na prole, que pode apresentar, ainda, enurese noturna e condutas repetitivas.

Obviamente, as crianças não são as únicas afetadas por um divórcio ou rompimento de relação. Segundo estudo de Carter e McGoldrick,[12] este processo requer "um luto por aquilo que foi perdido e o manejo da mágoa, raiva, culpa, vergonha e perda de si mesmo, no cônjuge, nos filhos e na família ampliada" e ainda, nas famílias em que esta questão emocional não é adequadamente resolvida, isto pode paralisá-las emocionalmente por anos e até mesmo gerações, literalmente como um trauma.

É um grande, mas necessário, esforço que os pais – apesar de vivenciarem sentimentos de abandono, rejeição, culpa, vergonha, entre muitos outros – criem um ambiente adequado para sua prole, onde um mínimo de equilíbrio possa reinar. Não olvidando que a própria noção de tempo para uma criança é diferente, ou seja, ela não consegue elaborar que 15 dias distante de um pai não significam o mesmo que o rompimento conjugal dos genitores, ela percebe o afastamento tal qual o adulto que não terá mais o parceiro ao seu lado.

2.5   IMPORTÂNCIA DAS FIGURAS MATERNA E PATERNA

Um pai ou uma mãe que se mostra ausente, indisponível, indiferente, abusando de uma autoridade que não condiz com a realidade, deixa tantas marcas negativas em seus filhos quanto aquele distante fisicamente, por morte, abandono, não reconhecimento ou outro fator de ausência. Nessas relações unilaterais, encabeçadas apenas por um genitor e a prole, ocorre uma relação deveras possessiva com o filho, ao qual são impostas preocupações e solicitações que a criança é incapaz de compreender. Em bebês menores de um ano, por exemplo, a ausência familiar pode deixar lacunas na sua personalidade, pois, em vez de adquirir boas experiências de segurança, autonomia e confiança, ele terá lacunas em seu desenvolvimento, falhas que são gravadas no seu sistema neuroendócrino, como angústia, sensação de desintegração e falta de apoio, sendo acionadas a cada nova sensação de insegurança, inclusive na fase adulta.

A presença efetiva de ambos os genitores equilibra a relação com a prole, pois os pais possuem três funções básicas para com os filhos: "1. Assegurar a satisfação de suas necessidades físicas; 2. Satisfazer as necessidades afetivas; 3. Responder às necessidades de segurança

---

[11]   ERIKSON, Erik H. *O ciclo de vida completo*. Trad. Maria Adriana Veríssimo Veronese. Porto Alegre: Artes Médicas, 1998. p. 46.

[12]   CARTER, Betty; MCGOLDRICK, Monica. *As mudanças no ciclo da vida familiar*: uma estrutura para a terapia familiar. Porto Alegre: ArtMed, 1995. p. 23.

psíquica oferecendo à criança um 'tecido psíquico grupal' no qual se enraizará o psiquismo da criança".[13] No tocante às necessidades físicas, como alimentação e cuidados corporais, a história demonstra ser da mãe esse papel, uma vez que sempre desempenhou suas atividades dentro de casa enquanto ao homem cabia o provimento material, buscado fora do lar, ainda que hoje em dia haja alusão à igualdade dos sexos e das tarefas, a mulher acabou por acumular mais uma função – a de trabalhar fora. Nos primeiros anos de vida da criança a mãe é fundamental, enquanto o pai, ainda que muito importante, se equipara a uma substituição da mãe, pois é dela a função natural de nutrir o rebento. Já no período de socialização do menor, ambos os genitores são imprescindíveis para a noção de identidade sexual da criança, composta pelo fator biológico – seu sexo ao nascer – e pela imagem saudável que os pais transmitem do que é ser homem e do que é ser mulher. No desenvolvimento moral, a ausência paterna está intimamente ligada a comportamentos agressivos e antissociais.

Por toda a tradição de a maternagem ser muito mais cuidadora, até mesmo por instinto, a função do pai é extremamente relevante, uma vez que ele impõe limites à função materna exacerbada de superproteção ou àquela na qual a mãe, por achar que o filho é uma conquista exclusiva sua, acaba satisfazendo as suas necessidades de atenção, de carinho ou de qualquer outro sentimento que não deve ser atribuído ao menor, podendo, inclusive, apagar memórias da criança, que confia plenamente na mãe, internalizando tanto o que ela lhe oferece de bom quanto o que não é tão bom assim.

Os pais, em conjunto, representam segurança perante a sociedade – principalmente em idade escolar que a criança sai do lar protegido para ingressar no mundo de adversidades – e também são garantia de sua identidade no meio social. Eles são intermediários entre os filhos e a sociedade, favorecendo a aprendizagem das relações interpessoais e os costumes morais, que posteriormente serão utilizados por esse menor.

---

[13] POUSSIN, Gérard; SAYN, Isabelle. *Apud* LEITE, Eduardo de Oliveira. *Famílias monoparentais*. A situação jurídica de pais e mães solteiros, de pais e mães separados e dos filhos na ruptura da vida conjugal. São Paulo: RT, 1997. p. 92.

3

A (SÍNDROME DA) ALIENAÇÃO PARENTAL

De toda a evolução das famílias e de seus membros, individualmente, passando pela valorização e importância do afeto e da atenção em relação aos melhores interesses dos filhos, antes relegados a um segundo plano, e da indispensável presença de ambas as figuras parentais no desenvolvimento saudável da prole, depreende-se a importância da verificação desse fenômeno, que, de prática recorrente e habitual nos tribunais, incorporado aos costumes como simples desavença entre cônjuges, começou a chamar a atenção dos operadores do Direito e demais disciplinas interligadas e precisa encontrar as soluções que abortem na raiz a sua maléfica prática.

3.1 CONSIDERAÇÕES GERAIS

A primeira definição como Síndrome da Alienação Parental – SAP foi apresentada em 1985, por Richard Gardner, professor de psiquiatria clínica no Departamento de Psiquiatria Infantil da Universidade de Columbia, nos Estados Unidos da América, a partir de sua experiência como perito judicial. Gardner denominou síndrome, pois buscava sua inclusão no rol do DSM-IV (manual de diagnóstico e estatísticas dos transtornos mentais), publicado pela Associação Psiquiátrica Americana, como forma de facilitar seu tratamento.

A conotação de síndrome não é adotada na lei brasileira em virtude de não constar na Classificação Internacional das Doenças (CID) e também por dizer respeito ao conjunto dos sintomas provocados pela alienação parental ou alijamento da prole em desfavor de um genitor ou mesmo da família estendida, eis que a legislação pátria trata primeiramente desta exclusão proposital e não apenas de seus sintomas e consequências.

Porém, não há como falar de Alienação Parental dissociando seus nefastos efeitos e sua rede de atuação, chamados aqui, de Síndrome da Alienação Parental, justamente por ser um fenômeno maior do que o simples afastamento proposital.

Síndrome, nesse contexto, tem, portanto, a conotação encontrada no dicionário, a saber: "Derivação: sentido figurado. Conjunto de sinais ou de características que, em associação com uma condição crítica, são passíveis de despertar insegurança e medo".[1]

Esse fenômeno, geralmente, tem seu início a partir das disputas judiciais pela guarda dos filhos, uma vez que os processos de separação em geral tendem a despertar sentimentos

---

[1] HOUAISS. *Dicionário eletrônico Houaiss de língua portuguesa 3.0.* Rio de Janeiro: Objetiva, 2009.

de traição, rejeição, abandono e angústia – quando surge o medo de não ter mais valor para o outro. Também é comum que, em pessoas que sofrem de certos distúrbios psíquicos, não sejam bem administrados os conflitos pessoais e o pânico interno gerado pela separação, fazendo com que excedam o âmbito pessoal e transformem-se em conflitos interpessoais, em que a responsabilidade pelo que não é suportável em si próprio e projetado, de qualquer forma, no outro.[2] Ainda, fruto do luto não elaborado acerca do fim dessa relação e as mudanças dela decorrentes somadas a um período de instabilidades emocionais, pode fazer com que os pais se utilizem de seus filhos como instrumentos da agressividade e desejo de vingança direcionados ao outro. Pode surgir também no momento em que o menor alcança uma idade que o capacita a ampliar o horário de visitas ou a pernoitar com o pai não guardião ou aquele que detém menor tempo de convivência com o infante.

Ocorre a confusão entre os papéis parentais e os conjugais, e a prole, por sua dependência e vulnerabilidade naturais, acaba sofrendo as consequências das inabilidades emocionais do adulto.

Alice Miller, em suas preciosas lições, afirma ser a criança, principalmente a pequena, "uma receptora muda das nossas projeções. Ela não consegue se defender contra elas, nem devolvê-las a nós, mas apenas tornar-se portadoras delas".[3]

Trata-se de uma campanha liderada por um genitor, no sentido de programar a criança para que odeie e repudie, sem justificativa, o outro genitor, transformando a sua consciência mediante diferentes estratégias, com o objetivo de obstruir, impedir ou mesmo destruir os vínculos entre o menor e o pai não guardião, caracterizado, também, pelo conjunto de sintomas dela resultantes, causando, assim, uma forte relação de dependência e submissão do menor com o genitor alienante. E, uma vez instaurado o assédio, a própria criança contribui para a alienação.

Muitas vezes estes atos de alienação, ou tentativa de exclusão de um genitor da vida do filho, ocorrem de maneira inconsciente, movidos por mágoas ou mesmo por questões transgeracionais, ou seja, a forma como este pai ou mãe alienador foi criado e qual padrão familiar ele carrega determinará seus comportamentos na vida adulta.

Esta indução de comportamento do filho para que repudie e acredite estar a salvo somente se em companhia do alienador também pode ser moralmente justificada por desconhecimento dos efeitos nocivos da falta de uma figura parental na vida presente e futura da criança.

Um comportamento muito comum de acontecer é a utilização da prole como moeda de troca na questão dos alimentos. Para muitos, parece ser justificável o condicionamento da convivência com o pontual pagamento de alimentos, o que não é juridicamente aceito nem psicologicamente saudável.

As crianças são usadas como verdadeiras armas e cada parte acredita ter razão; de um lado, um genitor que alcança os proventos financeiros, mas pouco vê o filho e acaba sentindo-se enganado, esquecido, deixado de lado, acredita ser apenas um provedor sem vínculo emocional com os filhos, o que gera um círculo vicioso de cada vez querer pagar menos e comumente causa um desinteresse na própria criança.

De outro lado, um genitor sobrecarregado com o cuidado da prole, que muitas vezes depende dos valores alcançados, ou que deveriam ser alcançados pelo outro, para sua sobrevivência

---

[2] QUILICI, Mário. Alienação paterna e suas influências sobre a educação. Disponível em: <http://br.geocities.com/psipoint/arquivo_maternagem_alienacaopaterna.htm>. Acesso em: 7 maio 2009.

[3] MILLER, Alice. *Não perceberás*: variações sobre o tema do paraíso. Tradução de Inês Antônia Lohbauer. Revisão da tradução de Karina Jannini. São Paulo: Martins Fontes, 2006. p. 179.

e dos filhos e que acaba, de forma culturalmente aceita, barganhando e atrelando a convivência do filho com o recebimento da pensão alimentícia.

Como exemplo desta confusão que corriqueiramente acontece na prática familista, segue trecho da lição da perita judicial Liliane Santi em obra que reúne diversos recortes de casos concretos apurados entre 2016 e 2019:

> A criança de dois anos e o pai três salários mínimos por mês a título de pensão alimentícia, mas a mãe afirmou durante o estudo psicossocial que: "eu não deixo mesmo ele ver o MEU filho, porque o valor que ele paga de pensão não dá a ele esse direito e eu quero ver quem na terra ou no céu me faz fazer o contrário. Dona, não tem juiz, nem macho nem psicóloga que manda em mim não. Ele não vai ver o menino e pronto!".

Ou ainda,

> Mãe negociando o filho via e-mail: "Eu concordo com a guarda compartilhada se você me der um carro HB20 e pagar minha faculdade".[4]

Essa campanha contra o genitor chamado alienado pode ser intentada de várias formas, em que o pai dito alienante pode passar a destruir a imagem do outro perante comentários sutis, desagradáveis, explícitos e hostis, fazer com que a criança se sinta insegura em sua presença, como no caso da visitação, ao ressaltar que o infante se cuide ou que telefone se não se sentir bem, obstacularizar as visitas ou mesmo ameaçar o filho – ou ameaçar atentar contra sua própria vida – caso a criança se encontre com o pai.

No conceito elaborado por Richard Gardner, a SAP é um fenômeno resultante da combinação de lavagem cerebral com contribuições da própria criança, no sentido de difamar o genitor não guardião, sem qualquer justificativa, e seu diagnóstico é adstrito aos sintomas verificados no menor. Atualmente, esse conceito foi ampliado, somando-se a ele "comportamentos, conscientes ou inconscientes, que possam provocar uma perturbação na relação da criança com o seu outro progenitor, ainda, o fato de que as críticas podem ou não ser verdadeiras,[5] igualmente acrescidos outros fatores de desencadeamento, não apenas circunscritos aos litígios pela guarda, mas diante da divisão de bens, do montante dos alimentos, ou até mesmo a constituição de nova família por parte do genitor alienado.

Douglas Darnall chama de Alienação Parental a fase que precede a Síndrome, ou seja, quando ainda não está introjetado na mente das crianças o aborrecimento do pai alienador em desfavor do alienado, é a fase centrada no comportamento parental.

3.2 CRITÉRIOS DE IDENTIFICAÇÃO

É necessário ter em mente que o objetivo da Lei 12.318/2010 é a prevenção, é a atuação antes que os atos de alienação se instaurem a ponto de virar uma síndrome ou um fenômeno enraizado em todo o sistema familiar, antes que os vínculos quebrados não possam mais ser reconstruídos.

Para tal, deve ser levado em conta um dos principais ensinamentos de Richard Gardner, que é a ausência de justificativa plausível para os atos de alienação, que são comportamentos

---

[4]   SANTI, Liliane. *Alienação parental como ela é...* Ibirité: Grupo Editorial Ferro, 2019. p. 86.
[5]   DARNALL, D. Uma definição mais abrangente de Alienação Parental. Disponível em: <www.apase. org.br>. Acesso em: 7 maio 2009. Página desativada.

injustificados ou justificados de maneira frágil, como, por exemplo, a criança que diz ao pai "te trato mal porque mãe a gente não pode magoar, mas pai sim. Mães são frágeis e choram e pais são fortes e não choram".[6]

Ou, ainda, a interferências na convivência entre prole e genitor alienado baseado em fatos reais, mas exacerbados ou reiterados, como, por exemplo, um compromisso qualquer em todos ou praticamente todos os períodos de convívio com o alienado.

Já os sinais da instauração completa da síndrome[7] da alienação parental se dá quando o menor absorve a campanha do genitor alienante contra o outro e passa, ele próprio, a assumir o papel de atacar o pai alienado, com injúrias, depreciações, agressões, interrupção da convivência e toda a sorte de desaprovações em relação ao alienado. Os menores passam a tratar seu progenitor como um estranho a quem devem odiar, se sentem ameaçados com sua presença, embora, intimamente, amem esse pai como o outro genitor.

Nesse contexto, os danos já ocorreram, o abuso da autoridade parental já se consumou, e o Judiciário pode atuar apenas como paliativo.

Para o pai alienado é um choque ver que seu próprio filho é quem lhe dirige as palavras de ódio antes escutadas do outro cônjuge, o que pode ocasionar, inclusive, diante da sensação de impotência, o seu afastamento da criança – exatamente como quis e planejou o alienador.

As ofensas também geralmente são infundadas e inverídicas, porém, quando são reais, são exacerbadas, afastadas do contexto (tal qual os atos de alienação), como, por exemplo, dizer que não gosta do genitor alienado porque ele é muito controlador, quando na verdade ele apenas não o deixa sair tarde da noite. Pode ser então observado outro sintoma, concernente nas explicações triviais para justificar a campanha de descrédito, em que os menores incorporam argumentos sem lógica para justificar o fato de não mais desejarem a companhia do genitor, composta por episódios passados, exageros ou ocorrências negativas que passaram juntos. Um exemplo disso são as frases ditas por um menor de seis anos ao justificar o ódio por seu pai: "Tenho que lavar os dentes pelo menos dez vezes por dia. (...) Tenho sempre que comer o que ele me dá, mesmo que não goste; não respeita a minha liberdade, nem meus gostos".[8] Os menores desenvolvem, ainda, uma linguagem não verbal muito clara, como a ausência de contato visual, manutenção de uma distância excessiva do pai alienado, alguns, nas visitas, sequer tiram os casacos, a falta de diálogo é uma constante, bem como uma conversação circular – em que os menores respondem as perguntas com outras perguntas, interrompem o genitor com queixas acerca de seu tom de voz, do calor ou do frio, desvirtuam e descontextualizam seu diálogo, aproveitando-se literalmente de suas palavras.

A ausência de ambivalência no ódio dirigido ao progenitor é outro fator de verificação da instalação da síndrome, uma vez que todo ser humano é ambivalente por natureza, com a experiência adquirida, é construída a noção de que nem tudo é sempre bom, ou sempre ruim, e que ninguém é absolutamente bom que não tenha uma parte má, pois todas as situações têm dois lados – até mesmo crianças abusadas sexualmente na família são capazes de reconhecer que ainda amam o abusador –, porém, no menor portador da AP, essa visão é inexistente. O

---

[6] SANTI, Liliane. *Alienação parental como ela é...* Ibirité: Grupo Editorial Ferro, 2019. p. 111.

[7] Síndrome como sendo "um grupo de sinais e sintomas que ocorrem juntos como uma condição capaz de ser reconhecida, mas que podem ser menos específicos que um transtorno ou uma doença no sentido estrito" (KAPLAN, H. I.; SADOCK, B. J.; GREBB, J. A. *Compêndio de psiquiatria:* ciências do comportamento e psiquiatria clínica, p. 289).

[8] AGUILAR, José Manuel. *Síndrome de Alienação Parental:* filhos manipulados por um cônjuge para odiar o outro. Portugal: Caleidoscópio, 2008. p. 39.

ódio demonstrado pelo filho em relação ao pai alienado é equiparado ao fanatismo terrorista, não existem brechas, não há espaço para diálogo ou concessões. De outro modo, o genitor alienador é visto como um indivíduo totalmente bom, imaculado e sem falhas, onde qualquer reprovação à sua conduta é prontamente refutada, em defesa visceral, como se fosse um ataque à sua própria pessoa, sendo o conflito entre os pais vivido pelos filhos, que, ao se aliarem a um dos progenitores, se transformam em guerreiros fiéis e cruéis.

Uma condição indispensável para caracterizar e verificar a intensidade da Síndrome da Alienação Parental é a autonomia de pensamento por parte do menor alienado, ou seja, quando ele afirma que seus atos e decisões são de sua responsabilidade, sem qualquer interferência do outro genitor. Nessa etapa, detectar a ocorrência deste fenômeno, ou, como Gardner propunha, dessa patologia, pode ser ainda mais difícil, uma vez que o progenitor alienador adquire novo papel – não precisando mais incitar o menor contra o outro pai –, podendo diminuir a intensidade das difamações, chegando, inclusive, a atuar, aparentemente, como conciliador da relação. É como elucida José Manuel Aguilar, ao relatar um caso por ele vivenciado:[9]

> Aquando de uma entrevista com uma mãe alienadora testemunhei, face às minhas insistentes iniciativas sobre o comportamento do filho adolescente em relação ao pai, como as lágrimas lhe escorriam pela face ao insistir vezes sem conta "que eu tento, mas ele já é crescido e tem as suas próprias ideias. Que hei-de eu fazer? Como é que você quer que eu o convença de que lhe fará bem ver o pai?".

Com essa atitude, o alienador obtém dois ganhos imediatos, um com relação à visão que o Judiciário, a sociedade e as equipes multidisciplinares têm da sua pessoa e o outro com relação ao próprio filho, que, por não perceber ter sido vítima de alienação por parte do genitor, o tem como porto seguro, uma vez que o outro ascendente lhe cobra um contato que não deseja.

Os filhos alienados demonstram total ausência de culpa em relação aos sentimentos e à exploração econômica do genitor alienado, o que leva as difamações aos mais elevados níveis de injustiça, porquanto a criança acusa o outro progenitor de algo que ela não sabe se realmente aconteceu, está consciente de que não conhece a verdade dos fatos, porém, seu objetivo a ser atingido é o de denegrir a imagem do pai alienado e enaltecer e defender o alienante, e isto justifica qualquer ato que ele pratique.

Outra forma de detectar o fenômeno da alienação parental é verificar, no diálogo do menor, a existência de situações simuladas, ou seja, de encenações, cenas e conversas que ele atribui como vivências suas, mas que ou eles nunca estiveram em determinado lugar ou soa incoerente com sua idade. Nessa questão deve-se atentar para as entrevistas realizadas pelos psicólogos, com irmãos ou o alienador presentes, pois, geralmente, quando o menor hesita acerca de uma pergunta, o outro logo o complementa, auxiliando-o na resposta, em um claro indício de que não vivenciou a situação.

Essa série de operações que visam excluir o genitor alienado não encontra barreiras na pessoa do alienado e nele não se limitam, mas, ao contrário, estendem-se à sua família, atingindo os avós, tios e primos, pois todos são vítimas do desprezo e do ódio do menor.

Ainda, o menor teme desobedecer e desagradar o genitor guardião e se converter em objeto da ira de seu guardião, assim como o medo do genitor não custodiante, outro sintoma criado pelo alienador, que o apresenta como um monstro, dizendo para a criança ter cuidado em sua companhia e que somente na sua volta é que tudo estará bem.

---

[9] Idem, p. 43.

3.2.1 Elementos que favorecem a alienação parental e a instalação da AP

Via de regra, motivado pelo espírito de vingança em razão do inconformismo pelo fim do relacionamento ou, ainda, da insatisfação com a nova condição econômica, do desejo de retaliação, fruto da solidão e depressão ou até mesmo da busca pela posse exclusiva da prole, o alienamento dos filhos em relação a um dos genitores é carecedor de atenção, uma vez que o próprio Poder Judiciário é comumente convocado e utilizado como facilitador da alienação parental e mesmo do que chamamos aqui de síndrome.

A alienação é obtida por meio de um trabalho incessante, muitas vezes sutil e silencioso, por parte do genitor alienador, trabalho que requer tempo, e esta é uma estratégia de alienação, uma vez que o objetivo da síndrome é eliminar os vínculos afetivos entre o progenitor alienado e seu filho. Portanto, para dispor do maior tempo possível com os filhos, o genitor alienante passa a obstaculizar as visitas, muitas vezes de maneira inocente, como se estivesse protegendo o menor, com evasivas dizendo que a criança está doente, não podendo, então, sair de casa ou então arranjar visitas inesperadas de parentes ou amigos e aniversários de colegas. Outras vezes, com argumentos mais fortes, o alienante faz chantagem emocional com a criança, dizendo, por exemplo, que ficará muito triste e sozinho se o menor encontrar o outro genitor, e que tal atitude seria uma traição; de modo mais grave ainda, alguns pais chegam a ameaçar suicídio caso a indefesa criança se relacione com seu outro genitor. Utilizam-se, ainda, de artimanhas, como dizer que o filho não se sentiu bem após a última visita, e de que o genitor alienado não é capaz de cuidar do menor sozinho, ou que a criança necessita adaptar-se à nova situação primeiro.

Outra perigosa, criminosa e perversa estratégia posta em prática é a falsa denúncia de abuso sexual, que, caso não consiga cortar de vez a visitação, irá impedi-la por tempo suficiente para que se programem ideias na psique do menor que provocarão sua alienação.

O uso dos processos judiciais e a supervisão pormenorizada das visitas se caracterizam também como elementos na campanha de difamação. Dizer ao menor que seu pai não paga sua pensão, que comprou um carro novo, que tem novos filhos e dos quais gosta mais, ou perguntar à criança tudo o que ocorreu na visita para tentar achar brechas que possam servir para, exacerbado, macular o vínculo entre o filho e o pai alienado, ou seja, as diferenças entre o modo de criação dos genitores também servem como arma de ataque.

3.3 ESTÁGIOS DA ALIENAÇÃO PARENTAL

Os especialistas apontam diferentes estágios que identificam a ocorrência, progressão e gravidade da Alienação Parental e da Síndrome da Alienação Parental, sendo voz corrente defini-los em três níveis assim definidos:

a) O tipo ligeiro ou estágio I leve – a visitação ocorre quase sem problemas, com alguma dificuldade apenas quando se dá a troca entre os genitores. O menor mostrase afetivo com o progenitor alienado.

A campanha de difamações já existe – o genitor guardião escolhe um tema ou um motivo que o menor começa a assimilar –, mas, com pouca frequência, a criança demonstra sentimento de culpa e um mal-estar em relação ao alienante por ser afetuoso com o outro. Na ausência do genitor alienante, porém, o menor o defende e o apoia pontualmente, sendo também baixa a presença de encenações e situações emprestadas.

A animosidade ainda não se estende à família do pai alienado e os vínculos emocionais com ambos os pais ainda são fortes, como eram durante a convivência familiar. Os menores expressam o desejo de ver resolvido o conflito, veem o genitor alienante como seu principal prestador de cuidados apenas, ainda sem traços patológicos de dependência.

Nesse estágio, não são utilizados os processos judiciais como difamação da imagem do outro e os pais geralmente reconhecem que de alguma maneira o conflito afeta sua prole, contudo, os atos pontuais de difamação são vistos como naturais.

No tipo leve de alienação são verificados os atos de alienação ou condutas que dificultem a convivência com um dos genitores tratados pela lei e que autorizam os magistrados a, antes mesmo da realização de perícia psicológica, aplicarem instrumentos processuais como advertência, multa ou mesmo ampliação das visitas. Não é necessária a quebra do vínculo para que a interferência na convivência comece a ser podada.

Há possibilidade de uma decisão judicial resolver o conflito, geralmente essa fase é característica do início da etapa processual, o que pode tanto favorecer o apaziguamento dos ânimos quanto seu acirramento, passando, então, ao tipo seguinte:

b) O tipo moderado ou estágio II médio – o motivo ou tema das agressões torna-se consistente e reúne os sentimentos e desejos do menor e do genitor alienante, criando uma relação particular entre eles, que os torna cúmplices.

Os conflitos na entrega do menor antes ou após as visitas são habituais, e a campanha de difamação é intensificada, atingindo esferas que antes não atingia. É comum, nessa fase, que as acusações cessem após o genitor alienado dar suas explicações, bem como o afastamento do alienador, fazendo com que o decorrer do período da visitação seja normal.

Aparecem os primeiros sinais de que um genitor é bom e o outro é mau, o menor tem pensamento dependente, defendendo com entusiasmo o progenitor alienante, porém, por vezes, pode ainda apoiar o pai alienado. As situações emprestadas começam a aparecer, dando mostras de que a criança se inclina para um genitor, causando frustração no outro. Assuntos processuais também passam a ser frequentes, as visitas começam a sofrer interferências, provocadas por denúncias ou fatores como doenças, festas, atividades escolares, entre outros, que coincidem sempre com os dias de visitação.

O vínculo afetivo começa a se deteriorar, há o distanciamento qualitativo, não apenas com relação ao progenitor, mas também em relação à sua família.

O ascendente detentor da custódia não reconhece o problema, e atribui os acontecimentos à falta de tato ou de cuidado do outro pai. Os menores passam a enxergar o retorno à casa do guardião como a solução dos problemas.

Nesse estágio, o Judiciário pode atuar – ainda de ofício, como preconiza o art. 6º da Lei de Alienação Parental, além de declarar a existência dos atos alienantes, advertir, estipular multa e ampliar a convivência – determinando acompanhamento psicológico e/ou biopsicossocial. Também neste momento a perícia é relevante para verificar a razão desta distância entre filhos e o suposto alienado.

Na sequência surge a terceira fase, denominada como sendo:

c) O tipo grave ou estágio III grave – os menores encontram-se extremamente perturbados, por isso convivência é muito difícil ou não ocorre. Caso ainda haja a convivência, ela é repleta de ódio, difamações, provocações ou, ao contrário, as crianças emudecem, ficam como entorpecidas ou até mesmo tentam fugir. O habitual é que o pânico, as crises de choro, explosões de violência e gritos do menor impeçam a continuidade do regime de convivência.

O ódio com relação ao genitor não guardião é extremo, sem ambivalências e sem culpa, seus diálogos com os menores tornam-se circulares e extremamente cansativos, uma vez que não há qualquer possibilidade de uma conclusão razoável ou de que o menor entenda seu ponto de vista, bem como qualquer conversa será utilizada para a obtenção de informações para um novo ataque de difamações.

O vínculo é totalmente cortado entre o filho e o pai alienado, após um longo período de convivência entre os dois, o máximo que o menor expressa é calma ou aceitação da situação. A criança se torna independente, a alienação alcança seu grau máximo, uma vez que agora ela é capaz de, sem qualquer ajuda do genitor alienante – que passa a transmitir a imagem de que tem boas intenções e nada pode fazer com relação aos ataques do filho –, empenhar sua própria campanha de hostilidades para o genitor não guardião – que é visto como uma ameaça – e sua família.

As encenações são recorrentes, porém, logo após o início das acusações, dão lugar às situações e razões próprias do menor.

O progenitor alienante demonstra uma visão obsessiva, tudo gira em torno da proteção de seus filhos, que devem ser resguardados do mal que outro genitor possa fazer, sendo exacerbadas suas qualidades negativas e, ainda, recebe a projeção dos medos e fantasias do próprio alienador – que se sente uma vítima da situação. Da mesma forma ocorre com os menores, que passam a ter conduta paranoica semelhante à do genitor alienante, sendo que nessa fase o menor mostra-se claramente programado a odiar, tem comportamentos de negação e é incessantemente testado pelo alienador acerca de sua lealdade.

Nesse momento, se os atos de alienação ainda não foram declarados e nenhuma medida foi tomada, aplicar atos processuais mais brandos apenas fornecerá mais tempo e munição ao alienador.

3.4 CRITÉRIOS DE DIFERENCIAÇÃO

Nos divórcios e dissoluções afetivas litigiosas o grau de animosidade é muito grande e toda a sorte de estratégias são lançadas por um genitor que crê ser o filho uma vítima de seu ex-parceiro(a) ou que está com seu emocional abalado e busca realmente o afastamento do outro.

Uma questão importante a ser levada em conta são os contextos familiares – como era a família antes do divórcio ou do desenlace? Os cuidados com a prole eram exercidos apenas por um dos genitores ou ambos os exerciam tranquilamente?

Também deve ser aferido qual o ganho por trás da atitude do genitor alienador. Ele tem um genuíno desejo de proteção do filho ou este desejo é revestido de mágoa?

Não olvidando que para a detecção da instalação da alienação parental seja a ocorrência de alguns atos alienantes ou mesmo a instauração da síndrome, conforme nesta obra descrita, é necessário que não haja um fundamento justificado para este alijamento, como a ocorrência de abuso sexual real.

A diferenciação entre alienação parental, abuso sexual, doenças de cunho psicológico e estratégias isoladas – uma vez que a AP é o somatório de condutas, estratégias e sintomas – pode ser mais bem compreendidas nas seguintes situações:

3.4.1 AP *versus* abuso sexual

Uma tática comum para impedir a convivência do genitor alienado é a falsa denúncia de abuso sexual contra a criança, geralmente quando outras táticas se mostram pouco eficazes. O alienador – utilizando-se de uma recusa do filho em estabelecer contato com o outro pai e esperando obter uma posição vantajosa, para ganhar tempo e interferir no regime de convivência – convence o próprio filho da ocorrência de um fato inexistente passado com ele, geralmente de abuso sexual. Esse convencimento ocorre, uma vez que o menor se vê "órfão do genitor alienado" e passa a se identificar de modo patológico com o genitor alienante, aceitando e acreditando em tudo que lhe é dito.[10]

No caso da falsa alegação de abuso sexual, o genitor alienante programa falsas memórias na criança e a faz repetir como se realmente tivesse sido vítima do incesto, e dificilmente a

---

[10] DIAS, Maria Berenice. Síndrome da alienação parental, o que é isso? Disponível em: <www.mariaberenicedias.com.br>. Acesso em: 8 maio 2009.

criança percebe a manipulação que sofre, e acredita piamente serem verdadeiras as alegações forjadas pelo alienador, sendo que, com o tempo, até mesmo o alienador confunde a verdade da história fictícia.

É preciso tomar cuidado nas alegações de abuso, uma vez que um genitor que realmente abusou de seu filho pode se esconder por detrás da alegação de alienação parental ou instauração da AP, dizendo que a animosidade de seu filho é fruto da campanha de difamação do ex-cônjuge, quando em realidade são fatos reais e graves vindo à tona, não se caracterizando, portanto, como verdadeiro fenômeno da Alienação Parental.

As principais diferenças entre a Alienação Parental (como o somatório de condutas, estratégias e sintomas) e as reais situações de abuso ou negligência são:

	ABUSO OU NEGLIGÊNCIA	SAP
Comportamento do menor	A criança recorda com facilidade os acontecimentos, sem nenhuma ajuda externa; o relato é detalhado e possui credibilidade.	Por não ter vivido o que relata, o menor precisa de ajuda para "recordar-se" dos fatos. Quando o relato acontece na presença de irmãos ou do genitor alienante, a troca de olhares é intensa entre eles, como se necessitasse de ajuda ou aprovação; poucos detalhes e credibilidade.
	Possui conhecimentos sexuais inadequados para sua idade; confusão referente às relações sociais; pavor em relação a contatos com adultos; brincadeiras sexuais precoces e desapropriadas; masturbação excessiva; agressões sexuais a outros menores etc.	Não existem indicadores sexuais ou são próprios da idade. Porém, se já ocorreu uma lavagem cerebral deliberada, a criança pode passar a acreditar que de fato o abuso existiu e se portar como se real fosse.
	É comum o aparecimento de indícios físicos, como infecções e lesões.	Sem indícios físicos, porém alguns alienadores podem provocar hematomas.
	Apresenta distúrbios funcionais, como enurese, sono alterado e distúrbios alimentares.	Não apresenta distúrbios funcionais.
	Costuma apresentar sentimento de culpa, vergonha, sintomas depressivos e tentativa de suicídio.	Não apresenta sentimento de culpa.
Comportamento do genitor que denuncia o abuso	Tem consciência da dor e da destruição de vínculos que a denúncia acarreta; requer celeridade para averiguar os fatos; algumas vezes também sofreu abuso (físico ou emocional) do ex--cônjuge.	Não se importa nem toma conhecimento do transtorno que a alegação causará à família; sua intenção é ganhar tempo, buscando laudos que sejam satisfatórios à sua pretensão, não importando o tempo que leve nem quantos tenha que realizar; interfere diversas vezes no processo, para atrapalhar.
Comportamento do genitor acusado	Não raro, apresenta distúrbios em outras áreas da vida.	Aparentemente saudável em todas as áreas de sua vida.

Anteriormente à Lei 12.318/2010, quando era comentada a alienação parental, principalmente identificada como uma síndrome, também ocorria a confusão dos termos com a chamada imposição de falsas memórias ou falsas alegações. Esta confusão se dava, e ainda perdura com menos intensidade, pelo fato de que na maioria dos casos em que é verificada a alienação parental em algum momento existe uma denúncia de abuso sexual por parte do alienador em relação ao alienado.

Em um caso, ocorrido no Rio Grande do Sul, após o afastamento territorial de mãe e filha em relação ao genitor, e mesmo assim ele persistir relação de convivência, iniciou-se uma campanha de imputar falsas memórias na infante, à época com quatro anos de idade.

Primeiramente a criança apareceu com assaduras que evoluíram para machucados na região pélvica. A convivência foi imediatamente suspensa, até a elaboração de um laudo pericial, o que durou praticamente um ano inteiro, ocasião na qual o vínculo entre mãe e filha já estava extremamente fortalecido, enquanto o paterno-filial cada vez mais era cortado. Em momento posterior uma empregada da família revelou que presenciou a infante dando beliscões em sua região íntima, e esta mesma criança dizia ao oficial de justiça que acompanhava seu pai nas visitas para ele não revelar à mãe que ela ainda nutria bons sentimentos e brincava com o genitor.

É necessário um cuidado minucioso, pois também a referência à alienação parental pode esconder abusos reais, por isto nenhum detalhe do sistema ao qual a criança está inserida deve ser relegado, porém, a chance de serem falsas alegações, dependendo do contexto, é muito grande, razão pela qual a convivência jamais deve ser suspensa. Uma solução é que seja assistida nos casos em que os indícios de abuso sejam fortes.

O psiquiatra forense Dr. William Bernet definiu e classificou várias formas de alegações de abuso sexual infantil, entre eles estariam a sugestão ou má interpretação do genitor, onde ele pode apanhar um comentário inocente ou um fragmento de comportamento neutro e interpretá-lo de outra forma, induzindo a criança a solidarizar-se com tal versão; pode haver ainda uma má interpretação de condições físicas, onde uma doença ou machucado qualquer pode virar indício de abuso na mente de um genitor vingativo por exemplo.

Definiu ainda, casos em que ocorre o delírio de um genitor com graves perturbações mentais, como a seguir relatado:

> Green (1986) descreveu o caso a respeito de uma menina de 9 anos em que a mãe acreditava que seu ex-marido tinha molestado a criança desde a infância. A menina de forma relutante afirmou que seu pai tinha esfregado-a contra a cama. A criança afirmou depois que o desfecho não era verdadeiro e que ela tinha feito uma falsa alegação de abuso sexual para satisfazer sua mãe e ter uma pausa nas suas perguntas insistentes. Na avaliação, a mãe revelou ter delírios a respeito da relação da filha com o pai.[11]

Somando a isto, mas não somente, há a programação parental pura, em que o genitor fabrica a alegação e instrui a criança em relação ao que falar, citando o exemplo abaixo:

> Clawar e Rivlin (1991) apresentaram muitos exemplos de "programação" de crianças especialmente no contexto de disputa de guarda. Em um caso (pp. 53-55), uma criança de

---

[11] BERNET, William. False statements and the differential diagnosis of abuse allegations. *J. Am. Acad. Child Adolesc. Psychiatry*, 32:5, 1993, p. 903-910, Direitos autorais Elsevier. Tradução de Tamara Brockhausen, Psicóloga pela PUC-SP, especialista em psicologia clínica e psicanálise, assistente técnica e perita psicóloga, *expert* em Alienação Parental e diagnóstico diferencial de abuso sexual infantil, mestranda na USP com tema em Síndrome de Alienação Parental.

12 anos falsamente testemunhou na corte que seu pai a fez tocar seu enquanto ela subia na sua cama de noite. O falso testemunho da criança foi originado a partir da doutrinação de sua mãe e também a partir de suas próprias mentiras.[12]

Ou seja, as falsas alegações de abuso, apesar de não serem a maioria dos casos, existem e são amplamente estudadas em países como os Estados Unidos, porém este conceito parece ser recente no Brasil, mas com números crescentes nos Tribunais e diversos traumas gerados.

A lição de Andreia Calçada, Adriana Cavaggioni e Lucia Néri, em obra escrita ainda em 2014, demonstra um aumento significativo e em curto período de tempo de casos de acusação de abuso sexual em que pairavam dúvidas acerca do ocorrido. Ao buscarem referências acerca do tema, as autoras encontraram publicações americanas indicando o percentual alarmante de 33% de falsas denúncias. E dados informais colhidos nas Varas de Família chegaram a espantosos 70% de declarações falsas em São Paulo e 80% no Rio de Janeiro.

De igual forma as referidas psicólogas e assistente social, respectivamente, após uma pesquisa minuciosa e multidisciplinar com 20 casos acerca deste tema depararam-se com dados alarmantes, como o fato de que uma criança vítima de falsas alegações de abuso sexual corre riscos similares ao de uma que realmente sofreu esta violência, ou seja, está igualmente sujeita a apresentar algum tipo de patologia grave nas esferas afetiva, psicológica e social.

Na criança vítima de falsas alegações o que era fantasia passa a ser realidade, ou seja, o conflito e a culpa – que, segundo a psicanálise todo infante experiencia em sua fase edípica, momento no qual seu primeiro amor é o genitor do sexo oposto e para que este amor ocorra deve "trair" o genitor de mesmo sexo – viram reais. Portanto, ao mesmo tempo em que a criança tenta se desfazer destas falsas acusações, negá-la significa trair o genitor acusador, com o qual tem, na maioria das vezes, uma relação de dependência.[13]

As autoras relataram ainda, as consequências a curto prazo observadas nas crianças vítimas destas acusações, a saber:

> Alterações na área afetiva: depressão infantil, angústia, sentimento de culpa, rigidez e inflexibilidade diante de situações cotidianas, insegurança, medos e fobias, choro compulsivo sem motivo aparente.
>
> Alterações na área interpessoal: dificuldade em confiar no outro, dificuldade em fazer amizades, dificuldade em estabelecer relações, principalmente com pessoas mais velhas, apego excessivo a figuras "acusadoras".
>
> Alterações na área da sexualidade: não querer mostrar seu corpo, recusar tomar banho com colegas, recusa anormal a exames médicos e ginecológicos, vergonha em trocar de roupa na frente de outras pessoas.[14]

Acerca do processo construtivo da memória, apesar de ainda carecer de maiores pesquisas, segundo a psicologia cognitiva ele se dá em três fases distintas, mas que se influenciam reciprocamente, sendo assim, as lembranças estão relacionadas aos sistemas de crenças e expectativas que cada um possui, sendo influenciáveis até mesmo por seu presente, ou seja, ao relembrar algo a pessoa o faz, ainda que inconscientemente, para ser coerente ao seu momento atual.

---

[12] Ob. cit.

[13] Ob. cit.

[14] Ob. cit.

Estudos revelam a facilidade de se implantar falsas recordações até mesmo em adultos,[15] em pesquisas realizadas entre 1970 e 1997 com mais de 20 mil pessoas. A professora de psicologia Elizabeth Loftus documentou como o efeito da exposição à informação enganosa induz à distorção da memória e como uma informação errônea pode mudar a memória de um indivíduo de modo previsível e, às vezes, muito poderoso.[16]

Sendo assim, o cuidado redobrado por parte de pais alarmados e principalmente por parte de avaliadores e terapeutas é recomendado, uma vez que a cada sugestão, mesmo com o intuito de ajudar, pode ser acrescido um novo detalhe a uma história inverídica, pois a criança desde muito pequena aprende a ler com clareza os sinais não verbais e faz exatamente aquilo que esperam dela ou aquilo que lhe faça ser mais aceita.

Geralmente nestes casos de falso abuso a denúncia parte de um dos genitores, seja de forma ingênua e com um cuidado excessivo ou ainda de forma proposital e vingativa, o fato é que tal denúncia dá início a uma série de novas perguntas à criança e uma entrevista, avaliação ou mesmo terapia mal-conduzida pode corroborar para o crescimento destas mentiras. Numa avaliação, a criança deve contar sua história e se não houver nada a ser contado, isto também deve ser respeitado, sob pena de ocorrer nova indução ou sugestão. Também os julgamentos de valor devem ser postos de lado, entre outras medidas, como, por exemplo, jamais fazer perguntas diretivas, que geralmente são feitas para que o menor responda o que o avaliador quer ouvir.

---

[15] Estudando falsas memórias, a professora de psicologia e professora auxiliar de Direito na Universidade de Washington, Elizabeth F. Loftus, relata em artigo publicado na Scientific American, um experimento em que uma falsa memória foi implantada nos participantes. A lembrança escolhida pela equipe teria de causar alguma tensão tanto no processo de criação quanto no momento em que o grupo descobrisse que tinha sido enganado intencionalmente. "Quisemos ainda tentar implantar uma memória que seria pelo menos ligeiramente traumática se a experiência tivesse ocorrido de fato", explicou no artigo. A história escolhida foi estar perdido em um *shopping center* ou em uma grande loja de departamentos aos cinco anos. Os participantes, 24 pessoas entre 18 e 53 anos, foram instigados a se lembrar de eventos de infância que tinham sido contados à equipe por um pai, um irmão mais velho ou outro parente próximo. A equipe redigiu para cada participante três textos que narravam eventos que haviam acontecido de fato e um que não havia. O falso evento "perdido no *shopping*", foi construído incluindo os seguintes elementos: procura pelos pais durante um período prolongado, choro, ajuda e consolo por uma mulher idosa e, finalmente, a reunião com a família. Depois de ler cada história, os participantes escreveram sobre o que se lembravam do evento, e os pesquisadores pediram que cada um contasse detalhes para que as recordações fossem comparadas às dos seus parentes. Os textos sobre o evento não foram lidos literalmente a eles, apenas foram fornecidos trechos para sugerir a lembrança. Os participantes se recordaram de aproximadamente 68% dos eventos verdadeiros logo depois da leitura inicial. Do falso evento construído para eles, 29% dos participantes lembraram-se tanto parcial como totalmente. Decorrido algum tempo, 25% desses 29% que se lembraram inicialmente, continuaram afirmando que se recordavam do evento fictício. "Houve algumas diferenças entre as verdadeiras e as falsas recordações: participantes usaram mais palavras para descrever as verdadeiras, e avaliaram que estas eram mais claras. Mas se um espectador observasse, seria realmente difícil dizer se a história era uma recordação verdadeira ou falsa", escreveu a psicóloga cognitiva. No estudo "perdido no *shopping*", a implantação da falsa memória aconteceu quando outra pessoa, normalmente um membro da família, afirmou que o incidente acontecera. Segundo Elizabeth Loftus: "a corroboração de um evento por outra pessoa pode ser uma técnica poderosa para induzir a uma falsa memória. O modelo mostra um modo de instalar falsas recordações e fornece evidências de que as pessoas podem ser conduzidas a se lembrar do seu passado de modo diferente, podendo até mesmo ser persuadidas a 'recordar' eventos completos que nunca aconteceram" (Dra. Elizabeth Loftus em artigo publicado na Scientific American, setembro de 1997. *Apud* CALÇADA, Andreia. *Perdas irreparáveis, alienação parental e falsas acusações de abuso sexual*. Rio de Janeiro: Publit Soluções Editoriais, 2014. p. 48).

[16] Ob. cit. p. 50.

Um exemplo dessas avaliações diretivas também é encontrado na lição de Calçada, citando Edward Nichols, ao mostrar um profissional que acredita que sua função seja fazer com que crianças contem como foram "machucadas" por seus pais.[17]

Avaliador: – Bem, quando algumas meninas são machucadas pelo pai elas vêm aqui e me contam a respeito. Você entendeu?

Criança: – Sim.

– Seu pai alguma vez já machucou você?

– Sim.

– Você estava no banheiro quando ele te machucou?

– Sim.

– Ele tocou você no seu "pipi"? – apontando para a genitália da criança.

– Sim.

– Doeu?

– Sim.

– Ele usou os dedos?

– Sim.

– Você tem medo do seu pai?

– Às vezes.

– Você tem medo do seu pai quando ele te machuca com os dedos?

– Sim.

As respostas da criança às perguntas fechadas mostradas são completamente condizentes com uma criança que foi banhada pelo pai e que não tenha se sentido bem com ele lavando suas áreas genitais. A mesma entrevista conduzida de forma não diretiva e aberta resulta em uma história completamente diferente:

Avaliador: – Você sabe por que está aqui?

Criança: – Sim. Acho que é para falar... sobre o meu pai.

– O que você "acha" que tem de me falar sobre seu pai?

– Sobre quando ele me dá banho na banheira.

– Quem te falou sobre o que você deveria falar?

– Minha mãe.

– Por que você acha que deveria me contar?

– Porque assim eles parariam de brigar. Eu odeio quando eles brigam... Se eu te contar... Você fará com que ele vá embora.

– Você quer que ele vá embora?

– Na verdade, não... Mas eu detesto quando eles brigam.

– Eles brigam?

– Sim... Sobre quanto mamãe gasta... Seu namorado... por tudo.

– Afinal, sobre o que você deveria me falar?

– Sobre o... abuso.

– Abuso? O que é um abuso?

– Quando o papai me lava na banheira... Seu bobo (risos)... Isso é abuso.

---

[17] Ob. cit. p. 71-73.

– Como é esse abuso?

– Uma vez quando ele lavou aqui (aponta para a vagina) doeu. Isso é abuso.

– Como você sabe que isso é abuso?

– Mamãe me falou.

– Com o que ele estava te lavando?

– Com uma esponja de banho.

– E dói?

– Sim.

– Você chorou?

– Não... Seu bobo... Eu pedi para ele não esfregar com tanta força.

– E o que ele fez?

– Ele disse para a mamãe que ele me machucou e nós fomos ao médico.

– E o que aconteceu?

– O médico falou para não usar mais a esponja ("Mr. Bubbles'") e deu uma pomadinha para botar aqui.

– Quando isso aconteceu?

– No último verão.

– Aconteceu alguma outra vez?

– Não.

– Então como isso pode ser abuso?

– É abuso porque meu pai tem de ir embora... Ih... Eu não sei.

Bert Hellinger, em sua técnica terapêutica denominada Constelações Familiares, que leva em conta o indivíduo e o sistema no qual está inserido, preconiza, entre outros, que a exclusão de um membro deste sistema tem influência direta nos demais, e ainda, para que a ajuda seja eficaz o terapeuta ou avaliador deve ter em mente, sem qualquer julgamento, a pessoa do acusado[18] e a noção de que este também é uma peça na dinâmica familiar, cuja ausência (não apenas física, mas uma exclusão interna) trará consequências.

3.4.2 AP *versus* mãe usurpadora

Em decorrência das transformações sofridas nas relações familiares e no papel da mulher na sociedade, além da valorização do afeto, é crescente a busca dos pais pelos seus direitos e deveres inerentes ao estado de filiação, que muitas vezes lhe são tolhidos pelas mães de seus filhos. Essa atitude de usurpação do papel do pai é recorrente em relacionamentos que terminaram com os filhos ainda bebês ou nem nascidos. Essas mães não compreendem essa reclamação por não considerarem o seu ex-cônjuge ou ex-companheiro como pai de seu filho, seja por ser fruto de inseminação artificial ou por falta de registro no nome do pai. A diferença principal dessa modalidade para a AP é que a mãe não pretende destruir o vínculo entre pai e filho, ela quer simplesmente que ele não se estabeleça, uma vez que ainda não foi construído.

3.4.3 AP *versus* ansiedade de separação

A ansiedade de separação é um distúrbio caracterizado pela excessiva ansiedade – comparada com a aflição esperada de pessoas da mesma idade – quando se dá o afastamento do lar ou das pessoas com quem o sujeito tem maiores vínculos, bem como a necessidade de estar em

---

[18] HELLINGER, Bert. *Ordens da ajuda*. Pato de Minas: Atman, 2005. p. 14.

contato com eles, o que pode ocorrer por meio de um telefonema, por exemplo. A pessoa afetada por essa ansiedade tem demasiado medo de que, enquanto estiver longe, aconteçam acidentes ou doenças com seus entes queridos ou, ainda, que eles se percam e não volte a encontrá-los.

Esse distúrbio não pode ter período menor do que quatro semanas, podendo persistir por anos, com altos e baixos, ou, ainda, ser desencadeado por algum estresse, como uma mudança de cidade ou situações mais corriqueiras, como um passeio da escola. O ingresso escolar é, inclusive, uma época favorável para o aparecimento da ansiedade de separação, em que as crianças recorrem principalmente às desculpas físicas, como cefaleia, náuseas e vômitos para não irem ao colégio.

Outra característica marcante dessa ansiedade é que deve ter início antes dos 18 anos, porém, é pouco comum surgir em plena adolescência. Também é muito encontrado em famílias que sempre estabeleceram vínculos demasiadamente estreitos.

A principal diferença entre a AP e a ansiedade de separação é que, na primeira, os sentimentos podem ser contraditórios, normais da criança, mas na AP não há a ambivalência. Deve ser levada em conta a relação anterior do menor, se ele já possuía um vínculo muito forte com um progenitor e uma conexão muito frágil com o outro, sendo mais comum que ocorra a ansiedade de separação, mas tudo que não pode existir é um crescente e infundado ódio desse genitor com poucos vínculos, pois estaria mais perto e mais propenso de caracterizar a AP. Ainda, no distúrbio, a agonia tende a passar com a presença do ente desejado, mas na AP ela termina quando há o afastamento do genitor alienado.

3.4.4 AP *versus* alienação parental

De acordo com a designação de Richard Gardner,[19] existem diferenças entre a síndrome da alienação parental e apenas a alienação parental; a última pode ser fruto de uma real situação de abuso, de negligência, maus-tratos ou de conflitos familiares, ou seja, a alienação, o alijamento do genitor é justificado por suas condutas (como alcoolismo, conduta antissocial, entre outras), não devendo se confundir com os comportamentos normais, como repreender a criança por algo que ela fez, fato que na SAP é exacerbado pelo outro genitor e utilizado como munição para as injúrias. Podem, ainda, as condutas do filho ser fator de alienação, como a típica fase da adolescência ou meros transtornos de conduta.

Alienação parental seria, portanto, um termo geral, podendo ser utilizado para a autoalienação, que define apenas o afastamento de um genitor pela criança, não se tratando de uma síndrome por não haver o conjunto de sintomas que aparecem simultaneamente.

Pela Lei 12.318/2010, a alienação parental é compreendida tanto como os atos entabulados pelo adulto de molde a afastar a prole do outro genitor, quanto a instauração do que aqui é chamado síndrome, com a criança agindo como pensador independente, e ambos são passiveis de sanções.

3.4.5 AP *versus* lavagem cerebral

Afirmar que a SAP é apenas uma lavagem cerebral seria restringir a complexidade, sofisticação e sutileza que este processo requer. O conceito de lavagem cerebral afasta, por exemplo, as contribuições do filho vítima na campanha de alienação do outro genitor, que,

---

[19] GARDNER, Richard. O DSM-IV tem equivalente para o diagnóstico de Síndrome de Alienação Parental (SAP)? Disponível em: <http://sites.google.com/site/alienacaoparental/textos-sobre-sap-1/o--dsm-iv-tem-equivalente>. Acesso em: 8 maio 2009.

em um estágio elevado da síndrome, passa a ter ideias próprias de ódio e de desprezo. Outra diferença é o fato de que as pessoas que sofreram lavagem cerebral, muitas vezes, decidiram voluntariamente participar ou se retirar dessa prática na idade adulta, já na síndrome as crianças sequer se dão conta do que lhes passa. A Alienação Parental é encontrada nos conflitos de separação de fato, dissolução de união estável e divórcio litigiosos.

3.5   CARACTERÍSTICAS E CONDUTAS DO GENITOR ALIENANTE

Em uma situação de mudança, de conflito e de estresse, como é o processo litigioso de divórcio ou de dissolução de uma união estável de um casal, é comum que sejam revelados traços psicológicos patológicos da personalidade dos sujeitos envolvidos, a fim de explicar ou justificar o aparecimento de síndromes, como a SAP, e de outros conflitos. Não se deve esquecer que, por vezes, essas situações são geradas por decisões individuais e conscientes com alguma influência social e de repetição de padrões aprendidos e passados de uma geração para a outra, porém, certos transtornos comportamentais podem ser verificados com frequência:

a) Transtorno de Personalidade Paranoide: a pessoa que revela a predominância desse traço apresenta padrão invasivo de ciúme, desconfiança e suspeita quanto aos outros, de modo que seus motivos são interpretados como malévolos. É incapaz de realizar a autocrítica, não admite seus erros; qualquer conduta ao seu redor que não esteja de acordo com sua perspectiva é vista como ameaça e revidada com agressividade. Esse indivíduo supõe que as outras pessoas o exploram, prejudicam ou enganam, ainda que não exista qualquer evidência apoiando essa ideia. Utiliza-se da negação da realidade como mecanismo de defesa, bem como da projeção, e ataca para justificar as supostas investidas das outras pessoas;

b) Transtorno Psicótico Compartilhado: também chamado de *folie à deux*, é caracterizado por uma forte relação íntima em que o transtorno delirante de um indivíduo – que controla a relação e impõe seu delírio – seja partilhado pelo outro. É comum que os indivíduos vivam ou se mantenham isolados e suas ideias delirantes são geralmente de grandeza ou persecutórias;

c) Transtorno da Personalidade *Limítrofe* ou *Borderline*: a sua característica essencial é um padrão invasivo de instabilidade dos relacionamentos interpessoais, autoimagem e afetos, além de acentuada impulsividade. Os indivíduos com esse transtorno fazem uma série de esforços para evitar um abandono real ou imaginado. Ao perceberem uma separação ou rejeição iminente ou a perda da estrutura externa, ocorrem profundas alterações na autoimagem, cognição, afeto e comportamento. Essas pessoas são muito sensíveis às circunstâncias ambientais e experimentam intensos temores de abandono e uma raiva inadequada, mesmo diante de uma separação real de tempo limitado ou quando existem mudanças inevitáveis em seus planos. Esse medo do abandono está relacionado a uma intolerância à solidão e a uma necessidade de ter outras pessoas consigo. Por esse motivo também idealizam potenciais cuidadores ou amantes logo nos primeiros encontros, e também sempre esperam que os outros satisfaçam suas necessidades;

d) Transtorno de Personalidade Antissocial: igualmente conhecido como psicopatia, sociopatia ou transtorno da personalidade dissocial. Suas principais características são o desprezo e a violação das condutas legais e dos direitos dos outros. As pessoas mostram-se insensíveis e manipuladoras, com ausência de culpa e remorso – quando apresentam esses sentimentos, eles não são genuínos, e sim aprendidos, uma vez que podem lhe trazer vantagens. Transparecem uma onipotência e orgulho irreais, pois sua autoestima, em verdade, é muito baixa; possuem pouca tolerância às frustrações, são irritadiças, explosivas e imprudentes. Os pais portadores desse transtorno põem seus desejos acima da família, e, quando lutam pela guarda de seus filhos, agem unicamente no propósito de utilizá-los a seu favor;

e) Transtorno de Personalidade Narcisista: caracterizado por um padrão invasivo de grandiosidade (na fantasia ou no comportamento), por uma necessidade de admiração e falta da empatia, há um sentimento desproporcionado da própria importância (por exemplo, exagera suas realizações e superestima seus talentos, esperando ser reconhecido como superior sem as realizações proporcionais). Existe uma preocupação constante com a fantasia de sucesso ilimitado, poder, inteligência, beleza ou amor ideal. Acredita que é superior, exige admiração excessiva, tem expectativas irracionais de receber tratamento especial e obediência automática às suas expectativas. Também é explorador nos relacionamentos interpessoais, pois se aproveita dos outros para atingir suas próprias finalidades, além de mostrar comportamentos ou atitudes arrogantes, esnobes, insolentes ou desdenhosas;[20]

f) Síndrome de Münchausen: é o transtorno psicológico em que o sujeito, de forma compulsiva, deliberada e contínua, causa, provoca ou simula sintomas de doenças.[21] Há também a Síndrome de Münchausen por procuração, em que, via de regra, a mãe inventa ou provoca doenças em seu filho, fazendo com que seja submetido a diversos exames e internações a fim de que ela se beneficie da atenção que lhe é prestada pelos órgãos da saúde.

No tocante às condutas expressas levadas a cabo pelo genitor alienante no processo de implementação da AP, esses procedimentos costumam iniciar com pequenas interferências, como não passar o telefone aos filhos quando o outro genitor liga, além de denegrir sua imagem; tratando de não informar o pai alienado acerca de atividades importantes na escola, por exemplo; organizando várias atividades com os filhos durante o período que o outro genitor deve normalmente exercer o direito de visitas; inutilizando, perdendo ou escondendo o telefone celular que o genitor alienado entrega aos filhos para com eles ter contato direito; transmitindo seu desagrado ao ver o contentamento do filho em estar com o pai alienado; quebrando os presentes dados pelo alienado; presenteando a criança em dobro; e até atitudes mais graves, como sugerir à criança que o outro genitor é perigoso, pedir que ela escolha entre os dois pais e deixar, sem avisar, os filhos com terceiros enquanto viaja. Sendo essas somente algumas das diversas formas que a mente humana cria para alcançar seu covarde objetivo de alienar os filhos do precioso, sadio e fundamental contato e de ampla comunicação com suas duas linhas de geração, que têm relevante papel na formação da personalidade e higidez mental da prole comum.

3.6 O QUE A LEI BRASILEIRA ENTENDE POR ALIENAÇÃO PARENTAL

Antes de uma síndrome no sentido médico, a Lei 12.318/2010 regulou os atos cometidos por adultos que têm sob sua responsabilidade uma criança ou adolescente.

São estes atos que, se não coibidos logo de início, ou no que seria um estágio leve do que aqui é tratado como síndrome (na conotação de um fenômeno com uma série de consequências), levarão à uma irreversível quebra de vínculo entre genitor ou familiar alienado e o menor.

Portanto, qualquer interferência na relação entre uma criança ou adolescente e um de seus genitores pode configurar um ato de alienação parental passível de, por exemplo, advertência ou encaminhamento às oficinas de parentalidade, pois em alguns casos os genitores sequer tem conhecimento de que seu comportamento em relação ao outro genitor pode trazer consequências aos filhos, tamanho o enraizamento destas questões em nossa cultura.

---

[20] GARDNER, Richard. O DSM-IV tem equivalente para o diagnóstico de Síndrome de Alienação Parental (SAP)? Disponível em: <http://sites.google.com/site/alienacaoparental/textos-sobre-sap-1/o--dsm-iv-tem-equivalente>. Acesso em: 8 maio 2009.

[21] TRINDADE, Jorge. *Manual de psicologia jurídica para operadores do direito*. 2. ed. Porto Alegre: Livraria do Advogado, 2007.

Tem-se como normal, mesmo dentro do casamento, uma mãe falando mal de um pai e vice-versa, buscando nos filhos aliados para esta guerrilha familiar. Que filho nunca pendeu para o lado de um ou de outro? Nunca percebeu um genitor como mais necessitado de apoio frente às conversas familiares?

Questões culturalmente naturalizadas e normalizadas, mas que exercem em cada indivíduo em formação uma espécie de mandato a seguir. Os filhos, embora se identifiquem mais com um ou outro genitor, em seu íntimo sentem-se ligados e entendem que são parte de ambos. Se diuturnamente escutarem ou perceberem condutas negativas direcionadas a um de seus genitores, acabarão por acreditar, mesmo que inconscientemente, que há algo de errado com eles próprios, filhos, além de desenvolverem um conflito de lealdade quando em seu íntimo apreciam ambos os pais, mas precisam escolher um ou outro lado.

A lei deixa de adotar a conotação de síndrome e fala anteriormente em atos de alienação para que, justamente, tais condutas não evoluam a ponto de uma quebra total de vínculo entre genitor e prole e os danos sejam praticamente irreversíveis.

Porém, o que se vê na prática ainda é uma intensa confusão entre termos e definições, que faz com que operadores do Direito, advogados, magistrados, peritos, entre outros, optem pela precaução e mesmo a omissão, o que facilita a instauração da alienação parental como uma síndrome, totalmente introjetada na psiquê dos filhos que, por instinto de sobrevivência, apegam-se cada vez mais ao genitor alienador.

Seriam, então, todos os atos da vida cotidiana passíveis de serem interpretados como alienação parental? Por óbvio, a resposta é negativa. A situação em que um genitor tenha pedido ao outro que não buscasse o filho em razão de alguma doença, alguma atividade ou indisposição passageira da criança é diametralmente diferente daquela em que um dos pais reiteradamente encontra doenças, dores, indisposições, atividades escolares, festas e eventos sociais bem nos dias de convívio dos filhos com o outro. Ou seja, não são casos pontuais e normais do cotidiano que farão um pai ou uma mãe terem a guarda revertida. Deve sempre ser levada em conta a fala do alienador e suas reais percepções acerca do conflito ou do outro indivíduo alienado.

A Lei 12.318/2010, em seu art. 2º, considera ato de alienação parental a interferência na formação psicológica da criança ou do adolescente (...) – e talvez este quesito seja o mais difícil de ser averiguado, pois até que ponto a exclusão de um dos genitores é considerada saudável?

Para o ser em formação, qualquer conduta pode resultar em interferência em sua formação psicológica, a depender de uma série de fatores e do quanto esse ser pode ou não expressar seus sentimentos, e

> só quando se está autorizado a sentir com quanta impotência a criança é exposta ao que se espera dela é que se pode entender que é uma crueldade exigir dela o impossível, ameaçando-a com a privação do amor.[22]

Ainda do art. 2º da Lei, tal interferência deve ser promovida ou induzida por um adulto, geralmente, mas não apenas, um dos genitores, para que repudie o outro ou cause prejuízo ao estabelecimento ou manutenção de vínculos com este.

Já do art. 6º da referida Lei extrai-se que, além de atos típicos de alienação, qualquer conduta que dificulte a convivência de criança ou adolescente com genitor também fere direito fundamental da criança e deve ser coibida.

---

[22] MILLER, Alice. *Não perceberás*: variações sobre o tema do paraíso. Trad. Inês Antônia Lohbauer. Revisão da tradução de Karina Jannini. São Paulo: Martins Fontes, 2006. p. 71.

Se, portanto, um dos pais não aceita a relação da criança com o outro progenitor – ainda que possa ser justificado pelo comportamento que este pai alienado teve durante a relação conjugal com seu ex-parceiro, fato que não deve se estender à prole – estará participando de um mau trato psicológico a ela (criança), pela via da identificação ("se minha mãe diz que meu pai é mau, então eu também devo ser") e pela incitação da criança a acreditar que o outro genitor não a ama, fazendo com que ela deduza que não é merecedora do amor dele.[23]

Dessa forma, ainda que seja de complexa averiguação a interferência na formação psicológica, fato é que, para a criança e o adolescente, seres em pleno desenvolvimento de suas capacidades, as situações que dificultem o contato com familiares e principalmente ambos os genitores, direito garantido na Carta máxima, de maneira injustificada ou não condizente com a realidade dos fatos, como, por exemplo, maus-tratos físicos comprovadamente praticados pelo suposto alienado, são extremamente prejudiciais e, por si sós, ferem direitos fundamentais.

3.7 CONSEQUÊNCIAS NOS MENORES

O modo como os pais enfrentam um processo de divórcio ou dissolução de sua união é determinante para verificar a maneira como seus filhos se comportarão no futuro em suas próprias relações pessoais. Se os pais logo retomam a rotina, mais ou menos como antes, por serem maduros o suficiente e terem digerido melhor sua ruptura afetiva, a angústia e ansiedade que os menores sofrem tendem a desaparecer. Já os pais que não superaram seus conflitos ou que iniciam o processo característico da alienação parental tendem, por anos a fio, estabelecer péssimas rotinas com seus filhos, que, ao vivenciarem experiências ruins, mudanças imprevisíveis, ambiente instável e interrupções no seu processo normal de desenvolvimento, passam a ter uma visão distorcida do mundo, sendo frequente o medo do abandono – emoção mais fundamental do ser humano – a ansiedade e, em especial, a angústia, que podem gerar diversas fobias na fase adulta.

Para sobreviver, esses filhos aprendem a manipular, tornam-se prematuramente espertos para decifrar o ambiente emocional, aprendem a falar apenas uma parte da verdade e a exprimir falsas emoções,[24] se tornam crianças que não têm tempo para se ocupar com as preocupações próprias da idade, cuja infância lhe foi roubada pelo desatinado e egoísta genitor que o alienou de um convívio sadio e fundamental.

A consequência mais evidente é a quebra da relação com um dos genitores. As crianças crescem com o sentimento de ausência, vazio, e ainda perdem todas as interações de aprendizagem, de apoio e de modelo.

Na área psicológica, também são afetados o desenvolvimento e a noção do autoconceito e autoestima, carências que podem desencadear depressão crônica, desespero, transtorno de identidade, distúrbios alimentares, incapacidade de adaptação, consumo de álcool e drogas e, em casos extremos, podem levar até mesmo ao suicídio. A criança afetada aprende a manipular e utilizar a adesão a determinadas pessoas como forma de ser valorizada, tem também uma tendência muito forte a repetir a mesma estratégia com as pessoas de suas posteriores relações, além de ser propenso a desenvolver desvios de conduta, como a personalidade antissocial, fruto de um comportamento com baixa capacidade de suportar frustrações e de controlar seus

---

[23] MONTEZUMA, Márcia Amaral; PEREIRA, Rodrigo da Cunha; MELO, Elza Machado de. Alienação parental, um termo controverso. *Revista do IBDFAM Famílias e Sucessões,* Belo Horizonte, v. 32, 2019, p. 94-149.

[24] PODEVYIN, François. Síndrome de Alienação Parental. Disponível em: <www.apase.org.br>. Acesso em: 8 maio 2009.

impulsos, somado, ainda, à agressividade como único meio de resolver conflitos, como afirma Evânia Reichert: "Os traços psicopáticos, por sua vez, também surgem quando a autonomia está nascendo, porém o controlador é o genitor do sexo oposto, que seduz, joga e negocia com a criança para obter o que deseja".[25]

Por ter sido acostumado a afastar uma parte da realidade, a do genitor alienado, essa criança, na idade adulta, apresentará uma visão dicotômica do mundo, ou todos estão contra ou a favor dele, sem meio-termo.

Os filhos de pais superprotetores, como é comum no comportamento do genitor alienante, tornam-se inseguros, ansiosos e dependentes, isto sem esquecer as consequências físicas dessa característica de abuso emocional, tais como alterações no padrão de sono, com a alimentação e condutas regressivas, e das acadêmicas e sociais falta de atenção e concentração, com condutas revoltosas e empobrecimento da interação social.

Em longo prazo ocorre um irremediável sentimento de culpa, em que o menor, na época, se vê cúmplice dessa campanha contra quem ele igualmente amava. Além da culpa, muitas vezes o genitor alienante é alvo de muita raiva e acaba por perder seu bem mais precioso, o filho, assim que este alcança maturidade para entender o que sofreu.

Uma situação que foge aos olhos do alienador é o fato de que as crianças são seres em desenvolvimento, mas dotadas de uma incrível capacidade de percepção, elas sabem exatamente como agir com cada adulto em sua volta e aprendem suas habilidades sociais justamente na interação com o outro. Portanto, tolher uma criança do convívio com o outro genitor ou sua família extensa é tolher o aprendizado social que esta criança poderia ter para lidar com as mais diversas situações da sua vida adulta.

3.8 PONTOS DISCORDANTES

Para alguns, a Alienação Parental é vista com cautela e até mesmo com temor. Em um artigo publicado no site da associação americana *The Advocates for the Human Rights*,[26] intitulado Brazil's New Law Criminalizing "Parental Alienation Syndrome" Harmful to Battered Woman, é defendido que a existência de uma lei específica para combater esse nefasto conjunto de atos alienantes seria um incentivo a abusadores, prejudicando tanto mulheres maltratadas como seus filhos ou crianças vítimas de abuso sexual. Ocorre que essa teoria trata a AP de forma muito simplista, ignorando os efeitos dessa alienação na personalidade do infante que não sofreu maus-tratos do genitor alienado, seja ele seu pai ou sua mãe, uma vez que pode ser realizado até mesmo pelo não detentor da guarda. E mais, esta é a importância de caracterizar esse fenômeno da forma mais minuciosa e clara possível e de propagá-la em seu máximo alcance, para que todos os profissionais que possam ser envolvidos atentem para os sinais sutis de diferenciação entre vítimas de abuso e maus-tratos e vítimas da AP, e que também percebam as consequências em todos os envolvidos se desde cedo não forem barrados os atos de alienação.

Em Portugal, uma equipe de juristas renomados também luta contra a AP, de forma um tanto quanto preconceituosa, sendo exemplo a Associação Portuguesa de Mulheres Juristas, calcadas no fato de a AP não estar incluída no Manual de Diagnóstico e Estatística de Transtornos Mentais da Associação Americana de Psiquiatria, tampouco na Classificação Estatística Internacional de Doenças e Problemas Relacionados com a Saúde, também por acreditar que

---

[25] REICHERT, Evânia. *Infância, a idade sagrada*: Anos sensíveis em que nascem as virtudes e os vícios humanos. Porto Alegre: Edições Vale, 2008. p. 205.

[26] Disponível em: <http://www.stopvaw.org/Expert_s_Corner.html#Brazil's+New+Law+Criminalizing+%22Parental+Alienation+Syndrome%22+Harmful+to+Battered+Women>. Acesso em: 28 mar. 2013.

a simples alegação de alienação poderia esconder casos reais de abuso sexual e, ainda, pelo fato de Portugal ser um país com uma "sociedade que ainda tem estereótipos misóginos em relação à mulher, vista como manipuladora, e que concebe a criança como um ser inferior sem capacidade de ter opiniões e de gozar de autonomia perante os pais".[27] Tais argumentos também não invalidam a criminalização ou a existência da AP, apenas demonstram a falta de conhecimento do assunto por parte da sociedade, e isso não se trata, como afirma a jurista portuguesa Maria Clara Sottomayor, integrante desta associação e ferrenha defensora da tese contrária à síndrome de alienação, de uma simples invenção de grupos que defendem uma ideia, em suas palavras, "impoluta de paternidade e a figura de um pai herói, que reivindica a igualdade, não se importando de tornar invisível o abuso sexual cometido pelo pai",[28] pois cada vez mais o Judiciário é alvo de alegações abusivas e mesmo absurdas, claras de um intencional afastamento entre filho e o genitor alienado, seja ele de que gênero for.

A defesa perante a criminalização dos atos alienantes é de extrema importância para a saúde mental tanto dos pais quanto dos seus filhos e mesmo da sociedade, e em momento algum identificar e desmascarar a síndrome da alienação parental visa encobertar os reais casos de abuso sexual que ocorrem em larga escala e não podem ser deixados para segundo plano. Porém, à medida que mais profissionais tiverem acesso e mais pesquisas forem feitas em relação à síndrome, mais fácil será sua detecção e sua diferenciação dos casos reais de abuso, ou seja, apenas negar sua existência não trará qualquer benefício à sociedade e aos pais que sofrem diariamente com a ausência de seus filhos alienados.

A própria jurista portuguesa, Maria Clara Sottomayor, em seu artigo anteriormente citado, alerta sobre a falta de magistratura e profissionais com formação especializada e conhecimentos profundos sobre o abuso sexual de crianças, que, em sua maioria, não deixa marcas físicas detectáveis em exames forenses, sendo esta mais uma razão para a ampla discussão de ambos os crimes, para que cada vez mais os conhecimentos acerca desses temas sejam pesquisados a fundo.

Para a jurista portuguesa, SAP seria apenas uma reação natural das crianças ao divórcio e de caráter temporário, e imputar uma síndrome a essa reação seria uma forma de menosprezar e excluir os infantes, ignorando seus desejos e sentimentos. Defende, ainda, que a "recusa da criança em relação a um dos pais é um fenômeno multifatorial e não resultado de uma só causa, como pretende a tese da síndrome da alienação parental, que faz a rejeição da criança derivar necessariamente de uma campanha difamatória".[29] Ocorre que a síndrome da alienação parental não leva em conta apenas a campanha de um dos pais contra o outro utilizando a prole como arma, mas sim a soma dessa nova realidade, que, sem sombra de dúvida, já abala a psique infantil, em que uma simples palavra contra o genitor alienado ou mesmo uma insinuação já é capaz de acionar no infante o mecanismo de lealdade que todas as crianças possuem com seus pais, que será maior para aquele que detém a guarda ou com o qual a criança permanece mais tempo e vê de perto seu sofrimento, ou seja, a rejeição da criança a um dos genitores é vista pela AP também de forma multifatorial e em momento algum nega as modificações que ocorrem no interior de cada criança.

Ao citar o estudo de Judith Wallerstein,[30] Sottomayor afirma que essa reação natural das crianças proveniente do divórcio de seus pais e do compadecimento com o sofrimento daquele

---

[27] SOTTOMAYOR, Maria Clara. Síndrome de alienação parental e abuso sexual de crianças. *Boletim do Instituto de Apoio à Criança*, Portugal, n. 102, 2011.

[28] Idem.

[29] SOTTOMAYOR, Maria Clara. *Regulação do exercício das responsabilidades parentais nos casos de divórcio*. Coimbra: Almedina, 2011. p. 156.

[30] Cf. WALLERSTEIN, Kelly. Surviving the breakup: how children and parents cope with divorce. Basic Books, 1980, p. 77-80 in ob. cit.

com quem mais se afeiçoa, se não for justificada, como nos casos de abuso, se resolveria naturalmente em um ou dois anos após o divórcio. Porém, um ou dois anos da vida de uma criança em plena formação de sua personalidade não podem ser tratados de tal maneira. Um menor que fica esse tempo todo sem ver um dos genitores, por sua própria vontade ou não, certamente irá se culpar assim que possuir maturidade para discernir o que ocorreu, mas até lá culpará, ainda que inconscientemente, o genitor que se afastou e o que permitiu o afastamento das entrevistas com pessoas vítimas da AP, que na infância ou adolescência demonstram que a prole realmente se sente compelida a escolher um genitor, a defender aquele que parece ser o lado mais frágil, principalmente em casos de adultério. Nesses casos, os filhos sentem-se traídos, assim como o genitor que experienciou a traição de seu par, ou seja, ainda que a criança seja ouvida, que seja importante saber seus desejos e sentimentos, não se pode tratar um caso desses como justificativa para um pai ficar um, dois ou mais anos sem ver o filho, porque este sente compaixão pelo outro genitor, como um dever de lealdade. Portanto, ainda que as crianças não possam ser tratadas como um objeto, como aduz a jurista portuguesa para desqualificar a AP, sua vontade não pode ser entendida como a única ou a melhor, pois, assim que essa criança tiver mais maturidade, como é comum no depoimento das vítimas da AP, por mais que ela saiba o quanto o genitor alienante foi um bom pai, presente, cuidadoso, ela também sentirá o vazio e a dor causados pela influência desse pai na construção e manutenção de um ódio contra o alienado que, na verdade, não era seu, mas que o infante não tem capacidade de discernir, ainda mais quando vê de uma hora para outra sua vida desmoronar, seu genitor sair de casa e nada mais ser como antes. E a criança ainda acredita, pois é assim que ela se comporta, que aquele genitor que por trás dos panos está sendo impedido de visitá-la, realmente não gosta dela e acredita também ser o causador de toda esta rejeição, não conseguindo, por falta de maturação psicológica, diferenciar o amor que um pai sentia pelo outro do amor que este pai sente pelo filho, pois, mesmo entre adultos esta questão inúmeras vezes não é bem elaborada – e acreditar que todas as crianças teriam plena sabedoria para lidar com o assunto é superestimar a capacidade da criança neste contexto. Muitas vezes o genitor alienado é visto como covarde pelo filho, como aquele que desistiu fácil, que não lutou, apesar de todas as adversidades, e isto, somado ao enorme sentimento de rejeição e à intensa necessidade de ser aceito por todos – resultante da falta de um dos genitores na criação da prole – causa sérios danos às vítimas e a chance de repetirem o comportamento destes pais, seja como alienante ou como alienado, é enorme, causando prejuízos à própria sociedade.

Portanto, o fato de uma criança não sentir vontade de ver um dos genitores após o divórcio de seus pais e até mesmo de se tornar uma espécie de cúmplice do outro genitor decorre naturalmente do desenlace, mas cabe aos pais, visando o bem-estar físico e psicológico de sua prole, não incentivar tal atitude e, como adultos, impedir e mostrar ao infante que este, apesar de ser um caminho natural, não é o saudável e muito menos adequado.

Outro ponto muito debatido pela defensora da tese de que a alienação parental não deve ser utilizada é o perfil profissional de seu criador, Richard Gardner, sob a alegação de que ele teria criado essa teoria para defender ex-combatentes acusados de violência contra mulheres e/ou abuso sexual dos filhos, em que teria atuado como perito nos processos de divórcio com a estratégia de desacreditar a vítima para inverter as posições. Afirma, ainda, que Gardner teria um discurso sexista e pró-pedófilo e comenta também sobre sua morte, um suicídio com requintes de crueldade, aduzindo um suposto sentimento de culpa. Porém, ainda que o criador da tese da alienação parental possa tê-la utilizado de maneira pouco ortodoxa ou não, o fato de que a prática da alienação existe é inegável, e não é o simples fato de ele ter se suicidado por culpa de sua vida pregressa, na opinião da jurista portuguesa, que invalida os milhares de depoimentos de pais que se veem impedidos de ver seus filhos e de filhos que se sentem rejeitados e não aceitos por estes genitores, ou ainda que se sentem culpados pelo afastamento deste pai, que na sua visão também deveria ter lutado mais.

Richard Gardner apenas observou um fenômeno que ocorre cada vez com mais frequência e o relatou, dando início a essa tese, que nos anos 1980 começou com linhas gerais e tem se aprofundado cada vez mais, sendo que as primeiras considerações de Gardner já foram revisitadas e esmiuçadas, mas devem ser ainda mais estudadas, a fim de que não haja dúvidas acerca de sua detecção.

3.9 ESTRATÉGIAS DE TRATAMENTO

Por acarretar gravíssimas consequências ao menor, e ser uma forma de abuso do poder parental, além de violar o princípio da proteção integral do menor – disposto no art. 1.º do Estatuto da Criança e Adolescente – e o direito fundamental à dignidade, cláusula pétrea da Constituição, bem como seu art. 227, a Alienação Parental provocada injustificadamente por um adulto, seja de maneira consciente ou não, necessita de imediata e efetiva intervenção, assim que forem detectados indícios de sua ocorrência, e nisto reside a efetiva e pontual atuação do Poder Judiciário no propósito de impedir que a síndrome da alienação crie corpo com a involuntária colaboração judicial.

Enfrentar a AP é frustrante e extremamente difícil, seja para o pai alienado, que se vê impotente e, muitas vezes, com raiva e desgastado, acaba por se afastar do filho, seja para o profissional tanto do Direito, que se vê diante de um problema que muitas vezes não sabe do que se trata ou não sabe o que alegar, ou até mesmo diante da deficiência circunstancial do profissional da área da psicologia ou psiquiatria, que pode, inclusive, ser ludibriado, num primeiro momento, pelo genitor alienante – geralmente quando a AP já está instalada no menor e este tem pensamento autônomo, podendo o alienador fazer o papel de conciliador perante as equipes multidisciplinares, quando elas não estão suficientemente preparadas para combater a síndrome da alienação parental.

Urge, em primeiro plano, uma radical mudança de atitude das entidades envolvidas, tanto da família quanto do Poder Judiciário e das equipes de apoio, e isto se dá, por exemplo, obtendo o maior número de informação possível e agindo sobre os diversos elementos que constituem a AP, sendo certo que não basta apenas detectar a alienação, porquanto medidas enérgicas e corajosas precisam ser tomadas para enfrentá-la de frente e com eficiência cirúrgica.

A identificação de atos de alienação parental pelos operadores do Direito e sua consequente tomada de atitude, antes mesmo de realização de perícia psicológica ou psicossocial, é crucial e pode evitar a interferência psicológica nos infantes.

E por tomada de atitudes entende-se desde a conduta do advogado com seu cliente até dos magistrados e demais servidores do Judiciário e a conscientização da sociedade para que escolas e profissionais que trabalham diretamente com crianças percebam as consequências avassaladoras da ausência proposital e induzida de um genitor.

Douglas Darnall constatou a existência de três tipos de alienadores:

a) os ingênuos – que reconhecem o valor do relacionamento do filho com o outro progenitor, mas que eventualmente podem fazer ou dizer algo, inadvertidamente, para induzir a alienação;

b) os alienadores ativos – que permitem que antigas mágoas não resolvidas possam desencadear sentimentos intensos, que provocam uma temporária perda de controle e consequente prática de alienação parental contra o outro genitor, porém sentem remorso após a explosão. Aqui ocorre confusão entre as questões conjugais e parentais;

c) e, finalmente, os alienadores obcecados, ou que elevam como causa e motivação destruir o relacionamento do outro genitor com seus filhos. São genitores que racionalizam seu comportamento na crença de que eles ou os filhos são vítimas de abuso ou traição por parte do outro genitor.[31]

Para cada tipo de alienante há uma medida que pode ter mais ou menos eficácia, o que não pode ocorrer é a omissão, principalmente pelo advogado.

O procurador geralmente é o primeiro contato do cliente e possui o dever moral de alertá-lo acerca da confusão natural entre os preceitos da parentalidade e da conjugalidade.

Nas primeiras percepções de que se está diante de um alienador – procurando saber do contexto vivenciado pelas partes, o advogado deve conduzir o processo de forma a preservar primeiramente os vulneráveis – crianças e adolescentes.

Acerca deste tema, cumpre citar um caso curioso ocorrido na prática da advocacia quando em determinado processo de divórcio e alimentos para a prole o pai, que sempre possuiu um ótimo contato com seus filhos adolescentes, passou a não mais vê-los. Os filhos lhe davam toda a sorte de desculpas, o filho mais novo, de quinze anos de idade, recusava-se a acompanhar o genitor nos jogos de futebol – hábito que conservavam desde tenra idade – e quando perguntado sobre o motivo dessa atitude, após muita insistência, revelou que o advogado de sua genitora traçou esta estratégia e ele não poderia contrariá-la.

Petições meramente protelatórias ou não advertir seu cliente acerca da separação entre o direito alimentar e o direito à convivência – este último muito mais um sagrado direito da criança em crescer de maneira saudável do que uma bonificação ao adulto – são atitudes que colocam o procurador como uma espécie de fomentador da prática da alienação.

No tocante aos magistrados, a própria lei autoriza que decretem de ofício os atos de alienação, assim que detectados, não necessitando de uma quebra de vínculo atestada por perícia, quando o mal já foi feito, a psiquê do infante já está totalmente comprometida e quiçá de forma irreversível.

Quando se depara com alienadores do tipo "ingênuo" ou mesmo "ativo", a advertência, a indicação de terapia para a família, oficinas de parentalidade, mediação e constelação familiar (quando feitas com seriedade por profissionais qualificados e que conhecem os limites do Judiciário), são ferramentas deveras úteis e funcionais que urgem ser utilizadas.

Já nos casos de alienadores obcecados, que estão completamente cegos para os danos que infligem nos filhos, que acreditam piamente estarem protegendo sua prole, talvez nem as medidas mais drásticas surtam efeito se nada for feito no início, antes que os danos sejam visíveis nas crianças.

Nesses casos, há intensa indefinição entre parentalidade e conjugalidade, há também forte presença do quesito transgeracional, ou seja, muitas vezes estes alienadores foram vítimas de abuso ou alienação quando crianças e enfrentam uma espécie de transe, acreditando estar absolutamente corretos e protegendo os filhos com todas as suas forças. Neste contexto, a intervenção de terceiros – que não uma terapia profunda – tem pouco ou nenhum efeito.

Outra forma encontrada na literatura acerca deste perfil de genitores é "amargurados-caóticos", definido por Wallerstein e Kelly[32] como "um grupo de homens e mulheres cujo

---

[31] DARNALL, Douglas. *Divorce casualities*: understanding parental alienation. 2. ed. Maryland: Taylor Trade Publishing, 2008 apud WAQUIM, Bruna. *Alienação parental induzida*. Aprofundando o estudo da Alienação Parental. 2. ed. Rio de Janeiro: Lumen Juris, 2018. p. 54.

[32] WALLERSTEIN, Judith S.; KELLY, Joan B. *Sobrevivendo à separação*. O livro que revolucionou o pensamento sobre as crianças e o divórcio nos EUA. Trad. Maria Adriana Veríssimo Veronese. Porto Alegre: Artmed, 1998. p. 40-41.

ódio era tão intenso, e o desejo de vindicação tão desesperado, que nada parecia impedi-los de perseguir seu objetivo".

Outro ponto observado neste grupo de pais e mães estudados pós-divórcio era que:

> a intensa raiva estava associada a séria depressão originada pelo divórcio e a um desequilíbrio severo e desorganizador. Mas era a raiva que estava visível e que funcionava em parte para afastar uma depressão potencialmente mais devastadora. Paradoxalmente, as tiradas raivosas e o complexo comportamento zangado tinham influência organizadora sobre esses indivíduos destroçados. Assim, a raiva era central para a capacidade do progenitor de manter uma aparência de ordem interna psicológica, e pode explicar por que sua raiva era tão facilmente realimentada com o passar dos meses e anos por quase qualquer ação ou palavra do cônjuge ofensor.

A estratégia utilizada pelo genitor alienante é de doutrinar o menor, fazendo com que sua aprendizagem se dê mediante consequências, e não como ocorre naturalmente – com a observação de modelos. Essa espécie de aprendizagem empregada pelo alienador é mais resistente à extinção, uma vez que um elemento, quando não é repetido, é desaprendido. Conhecendo essa dificuldade, é imperioso que não sejam medidos esforços na tentativa de evitar que essas posições do alienador se consolidem. De parte do genitor alienado, não pode haver esmorecimento, porquanto ele não deve ceder aos sentimentos conflitantes que experimenta em razão de seu próprio filho lhe desferir uma série de insultos, mantendo a visitação, por mais difícil que ela seja, e evitando responder ou incitar os ataques dos filhos, uma vez que isso será utilizado pelo outro progenitor como munição para as próximas argumentações negativas. José Manuel Aguilar, ao lembrar suas experiências como psicólogo, relata que:

> De todos os casos que participei, aqueles em que se manteve – embora apenas durante duas horas por semana – o contacto com o filho alienado, o vínculo afetivo e as tentativas de alienação do progenitor não avançaram com a intensidade que este poderia desejar. (...) Este pai, um professor do ensino primário cuja ex-mulher decidiu afastá-lo da sua filha de alguns meses quando se separaram, depois de conseguir uma sentença em tribunal que lhe conferia um regime de visitas, já visita há mais de um ano a sua filha, que vive duzentos quilómetros de si, todas as semanas sem falta. Muitas vezes só para passar alguns minutos com ela. Neste momento, pai e filha desfrutam já de uma relação afectiva correta.[33]

O pai alienado deve ter em mente que as palavras proferidas não correspondem realmente com o verdadeiro sentimento do menor e precisa mostrar com atitudes – e não respondendo aos insultos – que a criança está enganada ao odiá-lo, devendo buscar momentos bons com seu filho, seja por meio de uma ida ao parque, pela realização de uma atividade lúdica, ou, por exemplo, oferecendo ajuda nos deveres de casa. Ou seja, deve o pai alienado ter momentos de qualidade com a criança, tentando reconstruir e estreitar os vínculos de filiação que intentam ser covardemente rompidos pelo genitor alienador. Mesmo porque passividade e tolerância são ineficazes quando se trata de alienação parental.

Muitas vezes o genitor alienado também não consegue discernir entre o casal parental e o casal conjugal, pois não somos ensinados acerca de nossas emoções, e ao se deparar, por exemplo, com um filho que se recusa a atender uma videochamada, acaba afastando ainda mais a criança, também proferindo reclamações ao outro genitor ou ao infante.

---

[33] AGUILAR, José Manuel. *Síndrome de Alienação Parental*: filhos manipulados por um cônjuge para odiar o outro. Portugal: Caleidoscópio, 2008. p. 134.

Não basta apenas registrar os atos e esperar que um terceiro resolva toda a situação, a alienação parental requer a chamada da responsabilidade para si e a construção de um vínculo saudável, ainda que a criança esteja relutante ou diga que não quer.

Perante o Poder Judiciário deve haver cuidado ao serem feitas vistas grossas para determinadas situações, que, se examinadas com maior afinco e tomadas as devidas precauções, ainda não evoluiriam para um quadro mais grave de AP. Os juízes de família devem ter informação suficiente acerca dos elementos que identificam a síndrome, para, assim que surgirem os sintomas, ordenarem rigorosa e compulsória perícia psicossocial.

É importante atender a criança inicialmente sozinha, a fim de obter algumas informações sobre o modo como ela se sente a respeito do genitor ausente, bem como atender separadamente tanto o genitor supostamente alienador quanto o alienado. Eventualmente, o psicólogo deve atender a criança e o genitor ausente em conjunto, com o intuito de mudar, por meio de psicoterapia, tanto atitudes e comportamentos racionais, quanto sentimentos.

A mediação também é uma importante alternativa, uma vez que sua função é reestabelecer a comunicação entre as partes, atuando como um facilitador do diálogo. O mediador deve escutar atentamente as partes e, após, proceder à investigação de fatos relevantes junto aos protagonistas da cena judicial, levantar e negociar opções, além de ajudar a estabelecer compromissos provisórios e permanentes.[34] Esse profissional deve contar com um preparo científico de natureza interdisciplinar, e deve, ainda, ser treinado e estar apto a conduzir o procedimento de mediação para reconstruir o diálogo das partes, e, para êxito de sua empreitada, deve possuir experiência, paciência, sensibilidade e estar isento de preconceitos.

Porém, algumas vezes não basta separar as pessoas de seus problemas, pois elas próprias são o problema e não conseguem vislumbrar o que há de errado na situação, portanto, as estratégias antes descritas podem ser extremamente eficazes nos primeiros estágios da síndrome, pois, uma vez instalada e cortados os vínculos com o outro genitor, se torna praticamente impossível que a situação se reverta sem a tomada de medidas mais drásticas.

Quando a AP já está instalada, em seu estágio grave, a manipulação do filho alienado é diária e sistemática, destruindo qualquer avanço que uma terapia possa conseguir, bem como a mediação, uma vez que o alienador resiste a qualquer prova que contrarie sua visão irracional. Portanto, permitir que seja mantido o contato diário e exclusivo do genitor alienante com a criança é compactuar com o abuso emocional exercido sobre ele.

O progenitor que provoca uma alienação de tipo grave em filho é extremamente manipulador, com traços intensos de paranoia, sendo muito propenso a enganar terceiros, e a lei fria não significa nada para ele. Portanto, a AP não pode ser vista por uma abordagem exclusivamente judicial, o que pode, inclusive, agravar o problema, pois deve ser feita uma abordagem multidisciplinar, em que sejam aplicadas as medidas legais juntamente com terapia e mediação interligadas, bem como os Conselhos Tutelares, que, segundo o Estatuto da Criança e do Adolescente, estariam aptos a atuar nos casos de abuso do poder parental.

No caso das falsas denúncias de abuso sexual, elas devem ser muito bem investigadas, pois geralmente o juiz, ao não encontrar outra solução, acaba suspendendo de imediato as visitas, o que ocasiona o agravamento da prática da alienação parental e a consequente instauração do fenômeno na psiquê da criança, pois o genitor alienante passa a contar com todo o tempo do infante e sem barreiras para programá-la.

Inicialmente, cabe ao magistrado verificar a existência de atos de alienação, ou seja, atos reiterados e injustificados que visem, sutilmente ou não, afastar um dos genitores, e desde logo

---

[34] TARTUCE, Fernanda. *Mediação nos conflitos civis.* São Paulo: Método, 2008. p. 231.

Cap. 3 • A (SÍNDROME DA) ALIENAÇÃO PARENTAL | 49

pode e deve adotar medidas de aproximação da criança com o genitor alienado, e, em um segundo momento, pois isto demanda mais tempo, apurar, por meio de laudos periciais, a real intenção do genitor que pratica tais atos alienadores ou o porquê da existência de tais atos e a extensão dos danos.

Um dos erros mais comuns é considerar unicamente a opinião dos filhos quando dizem não querer manter contato com o pai alienado, pois esta vontade pode estar eivada de crenças do alienador. Para alguns autores, como Priscila Fonseca,[35] uma das medidas a serem tomadas pelo juiz é a realização da terapia familiar, porém, para Gardner, ela não faz efeito, uma vez que "um candidato a uma terapia deve ter consciência que tem um problema psicológico e deve querer curar-se".[36]

Entretanto, ainda que uma das partes se recuse, a terapia é essencial para fortalecer emocionalmente tanto a criança quanto o alienado. Além disso, é medida descrita no art. 129, inciso III, do Estatuto da Criança e do Adolescente.

Outra medida a ser imposta pelo Poder Judiciário está em obrigar o cumprimento do regime de visitas, usando todos os meios para isto e de preferência as *astreintes*, consistente em uma multa diária caso o genitor alienante não queira entregar a criança e optar em provimento judicial complementar pelo alargamento das visitas do pai alienado. No âmbito penal, o alienador pode ser indiciado por apresentação de falso testemunho à autoridade pública – no caso das falsas denúncias de abuso –, bem como por obstrução ilegal do convívio do filho com o outro genitor. Pode, ainda, ser responsabilizado civilmente por perdas e danos ou mesmo por danos morais, a depender da situação criada.

Nos casos mais graves de AP, a substituição ou troca da guarda tornam-se as únicas alternativas a preservar a higidez psíquica do menor, definindo Gardner três níveis residenciais, ou seja, para o menor é mais prejudicial que ele, de uma hora para outra, passe a viver com o pai que foi programado a odiar, totalmente isolado de seu, até então, cúmplice, o genitor alienante, com quem mantinha contato exclusivo, devendo, assim, ser encaminhado por alguns dias para a casa de um parente ou de um amigo de sua confiança; não sendo isso possível, o segundo nível residencial seria um abrigo; e o terceiro, uma instalação hospitalar. Nesses níveis residenciais o menor passaria por seis fases de transição: a primeira fase determina que, nessa nova residência temporária, todos os contatos com o genitor programador sejam interrompidos e, depois de alguns dias, receba a companhia do genitor alienado. Na segunda fase estão as visitas à casa do pai excluído, ainda sem contato com o alienador. Numa terceira etapa, ocorre a transferência para o lar do genitor alienado, onde o menor tomará consciência de que as terríveis ameaças do genitor alienante não se concretizarão. A quarta fase já permite a retomada do contato com o progenitor alienante, apenas por telefone ou correio eletrônico, com monitoramento profissional. A convivência do alienador se dá na quinta fase, também com supervisão e por tempo determinado. Na sexta e última fase, com apoio judicial, pode ocorrer uma convivência vigiada à casa do pai alienante, mas apenas nos casos em que a animosidade está sob controle e não se faz expressa na presença do menor.

Por conta disso, mostra Elizio Luiz Perez que:

> A certeza inicial, ingênua, de que o Poder Judiciário não permitiria, em abstrato, o uso de criança ou adolescente como arma em dissenso entre seus pais, foi aos poucos substituída pela convicção de que o Estado não está preparado ou aparelhado para lidar com

---

[35] FONSECA, Priscilla M. P. Corrêa da. Síndrome da Alienação Parental. *Revista Brasileira de Direito de Família*, Porto Alegre, n. 40, fev./mar. 2007, p. 14.

[36] GARDNER, Richard. *Apud* AGUILAR, José Manuel. *Síndrome de Alienação Parental*: filhos manipulados por um cônjuge para odiar o outro. Portugal: Caleidoscópio, 2008. p. 144.

esse grave problema. (...) Muitas vezes a alienação parental é simplesmente negada, como se fosse uma questão menor, desprezível, ou mero efeito de desentendimento passageiro entre ex-casal. Há também preconceito velado no sentido de que se um pai ou mãe está passando por algo próximo a isso que se denomina por alienação parental é porque, de alguma forma, é merecedor.[37]

É assim que Elizio Luiz Perez, por sinal, o inspirado idealizador do Projeto de Lei 4.053/2008, que no Congresso Nacional ingressou no dia 7 de outubro de 2008 (pela tutoria do deputado Regis de Oliveira – PSC/SP e emendada pelo deputado Pastor Pedro Ribeiro – PMDB/CE), justificou a criação de uma lei que preserve a integridade emocional de crianças e adolescentes e sirva de subsídio para os operadores do Direito e que restou idealizada na Lei 12.318, de 26 de agosto de 2010, conhecida como a Lei de Alienação Parental.

Para finalizar, ainda que a síndrome não tenha classificação no Código Internacional de Doenças, o fato é que existe essa série de comportamentos e sintomas que provoca demasiado estrago por onde passa, prova disso é a sua confirmação jurisprudencial, da qual são exemplos:

> **Guarda. Superior interesse da criança. Síndrome da alienação parental.**
>
> Havendo na postura da genitora indícios da presença da síndrome da alienação parental, o que pode comprometer a integridade psicológica da filha, atende melhor ao interesse da infante, mantê-la sob a guarda provisória da avó paterna.
>
> **Negado provimento ao agravo.**[38]

Nesse caso, a genitora de uma criança de seis anos denunciava supostos atos de abusos sexuais levados a efeito pelo pai da menor desde os seus 2 anos e 10 meses. Tramitava na Vara Criminal o processo-crime e no Juízo Cível a ação de destituição do poder familiar, mas, apesar disso, as visitas – estendidas aos avós e tios paternos da menina – foram mantidas com a presença de assistente social, que verificou fortes indícios de que a mãe estaria causando prejuízos ao desenvolvimento sadio da filha, havendo suspeitas de que até tenha inventado e orientado a menina a mentir que o genitor teria praticado o abuso. A genitora, que já havia sido advertida para que não obstaculizasse mais a convivência, de novo o fez, entendendo, a Sétima Câmara Cível, em votação unânime, fundamentada na verificação de que a conduta da "genitora tem indícios do que a moderna doutrina nomina de 'síndrome de alienação parental' ou 'implantação de falsas memórias' e que a avó paterna seria a pessoa mais apta a ter a custódia temporária da menor".

A Alienação Parental restou evidente em algumas passagens constantes do relatório da assistente social elaborado nos autos da ação de destituição do poder familiar e transcrito no referido acórdão, como, por exemplo:

> Relatório 16/2005, elaborado em 18-6-2005 (fls. 379-380):
>
> A pedido de L., brincamos de "mãe e filha"; onde ela era "minha mãe" e eu a "filha dela", durante a brincadeira ela me dizia que eu (a filha) **teria que ser uma filha boazinha,** senão, ela (a mãe) iria morrer e "eu iria morar com uma família muito ruim. **Seria a família do meu pai e que meu pai ia colocar o dedinho na minha bundinha e no meu xixi".** Após falar isto, ela

---

[37] PEREZ, Elizio Luiz. Alienação Parental. *Boletim IBDFAM*, Belo Horizonte, n. 54, ano 9, jan./fev. 2009, p. 3-5.

[38] BRASIL. Tribunal de Justiça do Estado do Rio Grande do Sul. Agravo de Instrumento 70014814479. Relatora: Des. Maria Berenice Dias, 07 de junho de 2006. Disponível em: <www.tjrs.jus.br>. Acesso em: 11 maio 2009.

me beijou e disse: "Não é verdade! É minha mãe G. que me diz isto quando eu não obedeço". E mudamos a brincadeira.

Relatório 22/2005, realizado em 9-9-2005 (fl. 391):

A menina brinca, corre, abraça e beija o pai, quando lembra pede que eu "não comente com a fada", pois **sua mãe diz que ela "só é amada pela mãe e só pode amar a mãe". A menina disse: "eu amo meu pai, mas digo para minha mãe que não gosto, para ela não me bater".** (...)

Relatório 24/2005, com data de 7-10-2005 (fls. 396-397):

Por favor não coloca no relatório que eu chorei [para ficar], que eu estava feliz, diz que eu chuto minha avó, que bato no F. [primo], porque, senão, minha mãe fica braba e todos os dias me fala o que tu colocou no relatório.

Esses trechos revelam claramente as ameaças de abandono feitas pela genitora, caracterizando uma síndrome da alienação parental ainda em estágios iniciais, pois a menor, apesar disso, possuía vínculo com seu genitor e a família dele, e seguia nutrindo por eles fortes sentimentos de amor, embora tivesse aprendido a manipular tais situações para não ser castigada.

A ementa seguinte diz respeito à aplicação de multa pelo descumprimento de ordem judicial que ordenava que a genitora juntasse aos autos uma declaração do psicólogo que deveria acompanhar o menor, descrevendo a periodicidade e o andamento das consultas, bem como o descumprimento de acordo referente à convivência do genitor:

Agravo de instrumento. Ação de execução de fazer. Imposição à mãe/guardiã de conduzir o filho à visitação paterna, como acordado, sob pena de multa diária. Indícios de síndrome de alienação parental por parte da guardiã que respalda a pena imposta. Recurso conhecido em parte e desprovido.[39]

Outro exemplo da aceitação da realidade da AP nos tribunais é o acórdão do agravo de instrumento no qual o genitor, após ter suspensa sua convivência em relação ao filho, devido a uma suposta agressão física em sua ex-companheira, requer a retomada da convivência e que esta ocorra nas dependências do fórum:

Agravo de instrumento. Regulamentação de visitas paternas. Síndrome da alienação parental.

O direito de visitas, mais do que um direito dos pais constitui direito do filho em ser visitado, garantindo-lhe o convívio com o genitor não guardião a fim de manter e fortalecer os vínculos afetivos.

Evidenciado o alto grau de beligerância existente entre os pais, inclusive com denúncias de episódios de violência física, bem como acusações de quadro de síndrome da alienação parental, revela-se adequada a realização das visitas em ambiente terapêutico.

Agravo de instrumento parcialmente provido.[40]

---

[39] BRASIL. Tribunal de Justiça do Estado do Rio Grande do Sul. Agravo de Instrumento 70023276330. Relatora: Desa. Maria Berenice Dias, 18 de junho de 2008. Disponível em: <www.tjrs.jus.br>. Acesso em: 11 maio 2009.

[40] BRASIL. Tribunal de Justiça do Estado do Rio Grande do Sul. Agravo de Instrumento 70028674190. Rel. Des. André Luiz Planella Villarinho, 15 de abril de 2009. Disponível em: <www.tjrs.jus.br>. Acesso em: 11 maio 2009.

Nesse aresto assevera a então relatora Maria Berenice Dias acerca da existência da AP, que:

> A animosidade entre as partes é latente nos autos. Se acusam reciprocamente, ensejando crer a existência de um quadro de *síndrome da alienação parental*, diante da possibilidade da agravante estar utilizando o filho como instrumento da agressividade direcionada ao recorrente em razão dos sentimentos advindos da ruptura da vida em comum, até mesmo se contrapondo as agressões que alega ter sofrido do agravante.

São esses alguns dos vários e intermináveis exemplos de verificação da Alienação Parental no cotidiano forense e que realçam a importância de ser conhecido esse fenômeno e atacado desde seus atos iniciais, tal qual prevê a Lei 12.318/2010, para evitar a deturpação psíquica de menores dentro do próprio lar e no seu encalço a destruição psicológica e o futuro das novas gerações.

3.10 A VISÃO DO DIREITO SISTÊMICO E NOVAS ABORDAGENS PARA COIBIR A ALIENAÇÃO PARENTAL COMO UM TODO

O Direito de Família cada vez mais passa a utilizar o termo "humanização do Direito", como se em determinado momento tivéssemos deixado de ser humanos, talvez pela automatização do atendimento, da dessensibilização de temas difíceis, justamente para não permitir a sensação de dor que os acompanha ou mesmo pelas novas tecnologias que muitas vezes substituem até mesmo a atuação do homem.

Porém, com o avanço da tecnologia, também o movimento inverso começa a ocorrer, ou seja, o retorno ao sensível, ao caso a caso, ao olhar cuidadoso. Tal movimento, além de ser influenciado pela grande utilização da tecnologia, com, por exemplo, sistemas de mediação *on-line*, uso de inteligência artificial, também é influenciado pelo caos Judiciário, com inúmeras ações abarrotando o sistema jurídico e gerando cada vez menos soluções satisfatórias para as partes.

Neste cenário, com a chamada cultura da paz e as formas de autocomposição legisladas no Código Processual, elementos propícios à inserção de novas práticas que visam, principalmente, a resolução permanente dos conflitos, adentrou no sistema jurídico o chamado Direito Sistêmico que, aliado à técnica das Constelações Familiares, encontra cada vez mais adeptos entre advogados e Poder Judiciário, trazendo uma nova forma de olhar para os conflitos relacionais.

Os conflitos não são vistos como um problema a ser resolvido, mas sim como uma função, ou seja, qual a função de determinado conflito na vida dos litigantes em questão? Ele é visto desta maneira, pois sempre pretende trazer à tona algo que está oculto, que está no inconsciente das partes, como uma questão familiar ou uma dor muito profunda que gerou um trauma ainda na infância.

Inicialmente, o Direito Sistêmico – que em verdade não se trata de um novo ramo do Direito, mas sim de uma forma mais humanizada de olhar para o Direito – estava intimamente atrelado à prática da terapia breve chamada Constelações Familiares, porém, adentrando no estudo de suas bases teóricas, vê-se que existe um amplo conhecimento que foi tratado de forma mais simplificada.

Também esta percepção do conflito como algo benéfico e transformador não é nova, pois a própria mediação assim já o percebe, mas encontrou portas abertas e mais visibilidade através do ingresso das Constelações Familiares no sistema jurídico.

O termo "sistêmico" tem como base a Teoria Sistêmica, estudada desde a década de 1950 em diversos campos do saber, que percebe os seres vivos em constante inter-relação. Tal teoria aplicada à Psicologia possui um olhar voltado às relações nos sistemas humanos e como, por exemplo, um membro familiar interage com os demais e vice-versa. Ela difere da

Teoria Psicanalítica, ainda muito em voga em nossa sociedade, pois esta possui um paradigma mais individualista e defende ser o comportamento humano fruto de desejos intrapsíquicos, motivações, conflitos e impulsos. Sendo assim, os indivíduos, por sua complexidade, possuem tanto um conteúdo biográfico ou individual que influencia seu comportamento, quanto um conteúdo relacional e sistêmico, ou seja, padrões familiares e relações conflituosas que também os influenciam diretamente.

As Constelações Familiares – um dos pilares do chamado Direito Sistêmico – foram sintetizadas pelo alemão Bert Hellinger, psicanalista, filósofo, teólogo e pedagogo, que a chamou de "colocação familiar", tradução literal de *Familiennaufstellung,* e tiveram a influência de grandes terapeutas familiares, como Virginia Satir, que criou a Técnica de Escultura Familiar;[41] Jacob Levy Moreno, com sua abordagem denominada Psicodrama;[42] além do psiquiatra Murray Bowen,[43] que observou, entre outros, o conceito de multigeracionalidade, ou como projeções, expectativas, regras e padrões podem passar através das gerações; e o psicanalista Ivan Boszormeny-Nagy,[44] que juntamente com Geraldine Spark, percebeu a existência de lealdades invisíveis ou um senso ético que une os membros de um determinado grupo.

---

[41] "A Técnica da Escultura Familiar consiste numa intervenção terapêutica que possibilita uma pessoa posicionar os demais membros da família e a si mesmo como esculturas que representam tensões ou relações intrafamiliares. Todos os membros da família trocam de posições, experimentando o lugar e posição que foram dados a outros e, revezando com a posição do terapeuta, podem observar a escultura externamente. Todos os membros da família podem criar uma escultura a partir de sua própria percepção. Assim, os membros da família podem observar externamente as suas representações e envolvimentos relacionais com os demais membros, processo utilizado de forma semelhante nas Constelações Familiares." (SATIR, Virgínia. *Terapia do Grupo Familiar:* um guia para teoria e técnica. 4. ed. Rio de Janeiro: Francisco Alves. *Apud* GONÇALVES, Marusa Helena da Graça. *Constelações Familiares com bonecos.* Curitiba: Juruá, 2013. p. 47).

[42] "É um método de pesquisa e intervenção nas relações interpessoais, nos grupos, entre grupos ou de uma pessoa consigo mesma. Mobiliza para vivenciar a realidade a partir do reconhecimento das diferenças e dos conflitos e facilita a busca de alternativas para a resolução do que é revelado, expandindo os recursos disponíveis." Tal método de ação encena histórias, encarna personagens internos ou míticos, desenvolve enredos, cria realidades suplementares. No aqui e agora são representadas cenas que podem retratar lembranças do passado, situações vividas de maneira incompleta, conflitos, sonhos, e até, formas de lidar adequadamente com acontecimentos futuros. Ficam evidentes modos singulares de ser, sentidos sociais e culturais do vivido, que podem ser transformados. Segue, também, o objetivo de estimular as pessoas a desenvolverem alternativas de ação em situações difíceis (disponível em: <http://www.febrap.org.br>. Acesso em: 28 nov. 2016).

[43] Bowen observou nas famílias uma unidade emocional, ou seja, seus membros estão interligados uns aos outros de tal maneira que o funcionamento deles automaticamente afeta o dos demais. Também percebeu a presença de projeções familiares, o conjunto de expectativas, ansiedades e emoções singulares passados de forma diferente a cada novo membro e também o conceito de transmissão multigeracional, ou seja, a forma como se dá este processo de projeção e como eles se repetem de geração para geração. Além destas projeções, regras, rituais, mitos e outros padrões relacionais também são transmitidos, ainda que, e principalmente, de forma velada (OSORIO, Luiz Carlos; VALLE, Maria Elizabeth Pascual do. *Manual de terapia familiar.* Porto Alegre: Artmed, 2011. v. II, p. 232-234).

[44] "Lealdades invisíveis se referem a um senso ético que une todos os membros de um grupo, como uma família, grupo de trabalho ou mesmo a sociedade e este senso de lealdade ética enreda os participantes do grupo em dinâmicas conscientes e inconscientes e obrigação e comprometimento aos objetivos, expectativas e valores grupais, apresentando assim uma função integradora ao sistema. Infringir a lealdade gera nos membros de um grupo sentimentos de culpa e a ameaça de exclusão, portanto, as lealdades funcionam também como forma de coerção e controle sobre as atitudes e comportamentos, (...) Esta transmissão pode ser consciente ou não, nela percorrem segredos, desejos e situações não resolvidas. Os pais delegam aos filhos seus fardos, suas decepções, suas carências e frustrações, procurando satisfazer nos filhos algo que não puderam cumprir" (BOSZORMENYI-NAGY, Ivan; SPARK,

Ou seja, a partir dos estudos da terapia sistêmica familiar aliada à sua vasta experiência acadêmica e de vida, principalmente como missionário em uma tribo africana, Hellinger percebeu a existência de três leis ou ordens que regem os sistemas, tal qual uma lei natural, tornando simples de ser visto algo que em verdade é muito complexo e amplamente estudado por diversos autores. São elas, o pertencimento ou vínculo, a hierarquia ou ordem e o equilíbrio ou compensação. Para ele, tudo o que acontece em famílias pode ser visto como expressão e realização de dinâmicas sistêmicas de ordem, vínculo e/ou compensação.[45]

O pertencimento mostra que nenhum membro do sistema pode ser excluído – justamente o que ocorre na alienação parental – todos têm o direito de pertencer a determinado grupo, ainda que suas condutas e atitudes sejam moralmente inaceitáveis ele deve ser incluído. Tal inclusão não significa, por exemplo, que aqueles que cometeram crimes não possam ser responsabilizados, trata-se de uma inclusão no sentido de que todos saibam de sua existência e honrem seu papel na família, independentemente de julgamentos morais.

O sistema, portanto, sempre busca, através de uma compensação inconsciente, incluir os excluídos. Para permanecer em sua família de origem o ser humano repete, ainda que inconscientemente, os mesmos padrões familiares pelo simples fato de que sendo igual ele se sente pertencente. Quando um membro é excluído de um sistema as consequências são graves e esta é a ordem quebrada com facilidade nos casos de alienação parental, em que as crianças, por necessitarem deste pertencimento de ambos os pais, sofrem uma grande crise de lealdade, além de sentirem esta rejeição como algo pessoal, entre outros diversos sintomas.

O conceito de hierarquia diz respeito a uma ordem cronológica, onde cada um tem seu papel no grupo – aqueles que vieram antes têm precedência sobre os mais novos ou aqueles que chegaram depois – sendo assim, a ausência de definição destes papéis ou mesmo a troca de lugares gera inúmeros desconfortos. Exemplos disto são um filho se colocar em uma posição de superioridade em relação aos pais ou, como é comum nas separações, o menino ser colocado no posto de homem da casa. Este é um fardo pesado demais para a criança e mesmo que de maneira velada ou inconsciente lhe trará prejuízos posteriores. Estas simples ações causam os chamados emaranhamentos familiares e com eles uma série de distúrbios que podem variar de brigas e problemas de relacionamentos a separações traumáticas ou famílias desfeitas em virtude de uma herança,[46] para citar alguns exemplos. Outra disfunção comum ocorre após a separação de um casal em que um dos dois casa-se novamente e desrespeita o parceiro anterior de seu cônjuge, ou seja, aquele que veio antes. Geralmente, sem que se perceba a causa, ocorrem brigas no casal ou os filhos unilaterais não aceitam a nova união.

Esta lei da hierarquia não significa que os mais velhos ou os primeiros não possam tomar decisões equivocadas ou apresentar comportamentos negativos, mas sim que eles devem ser respeitados e tratados com dignidade, ainda que não se concorde com suas ações.

A terceira e última lei diz respeito ao equilíbrio entre o dar e o receber nas relações. Isto pode ser facilmente verificado entre casais: quando um concede mais do que o outro é capaz de receber ou retribuir, este equilíbrio fica prejudicado, quem deu mais se sente no direito de

---

G. M. *Lealtades invisibles:* reciprocidad en terapia familiar intergeneracional. Buenos Aires: Amorrortu, 1983. *Apud* GONÇALVES, Marusa Helena da Graça. *Constelações Familiares com bonecos.* Curitiba: Juruá, 2013. p. 41).

[45] GROCHOWIAK, Klaus; CASTELLA, Joachim. *Constelações Organizacionais. Consultoria organizacional sistêmico-dinâmica.* São Paulo: Cultrix, 2007. p. 33.

[46] A Terceira Turma do STJ declarou a indignidade e excluiu da herança deixada pelos pais, irmão adolescente de 17 anos que ceifou a vida de seus pais.

Cap. 3 • A (SÍNDROME DA) ALIENAÇÃO PARENTAL | 55

cobrar enquanto aquele que recebeu sem poder retribuir sente-se em dívida e tende a não mais permanecer na relação. Cumpre ressaltar que este dar e receber não diz respeito apenas a bens materiais, mas atenção, afeto, tempo, tolerância etc. Uma ressalva é de que esta ordem não cabe entre pais e filhos, uma vez que aos últimos foi dada a vida e isto é impossível de retribuir, apenas a passando adiante.

Em uma dinâmica de Constelação Familiar, rapidamente é descoberto quais destas leis foram violadas no sistema das pessoas em conflito, desfazendo estes emaranhados e colocando a família novamente em ordem para que possa, a partir de seus próprios recursos e nova visão da questão, encontrar uma melhor solução. Uma nova imagem mental de sua família e de seu próprio papel neste grupo é acessada e os participantes passam a entender o real motivo das desarmonias em sua vida, tomando para si a responsabilidade que lhes cabe, sem culpar ou julgar o outro.

Os casos de alienação parental são particularmente muito beneficiados com esta técnica, haja vista a enorme dificuldade, quiçá até mesmo a impossibilidade, de convencer o alienador de que suas atitudes são prejudiciais à prole e que não correspondem à realidade dos fatos.

Ainda que todos os laudos periciais confirmem a presença da alienação e demonstrem o quão nefastas são as consequências desta exclusão, o alienador parece ser incapaz de ver, ele ainda acredita que está agindo da melhor forma e protegendo tanto a si mesmo quanto sua prole. Parece, ainda, ser uma dor incomensurável deixar o filho aos cuidados do genitor alienado, como se assim o alienante fosse perder até mesmo a vida.

Através do pensamento sistêmico, torna-se mais fácil olhar para tais casos, pois claramente este misto de dores profundas e exageradas para a questão em voga, raiva, dependências e medos demonstrados nas situações de alienação parecem ter origem anterior, em gerações passadas, tal qual aduz Bowen – e de igual forma outros pensadores da Teoria Sistêmica Familiar – ao demonstrar a multigeracionalidade, ou seja, que emoções, frustrações, expectativas, medos, padrões, rituais, entre outros, são passados de forma velada para os membros da família. De igual forma, afirma Boszormenyi-Nagy que estes membros de um sistema possuem uma lealdade familiar e para pertencerem a seu grupo farão exatamente o que deles é inconscientemente esperado.[47]

O que fica claro ao observar Constelações acerca deste tema é que muitas vezes aqueles que alienam também foram alienados, como por exemplo, em uma família de mulheres fortes e homens fracos ou onde os homens serviram ao exército e foram mortos em guerras ou mesmo onde parceiros violentos precisaram ser afastados e o padrão de violência se repete – em virtude desta lealdade familiar e desta ânsia por pertencimento (ainda que inconsciente) gerações e gerações repetem as mesmas condutas, seja alienando, seja escolhendo homens com perfil fraco ou que dão mostras de não comprometimento com a família e que acabam se autoalienando, entre outros tantos exemplos. Sendo assim, uma simples decisão judicial, ainda que com a fixação de multas ou medidas extremas para coibir a alienação, não surtirá qualquer efeito, pois não conseguem superar este sentimento primitivo de lealdade que o próprio alienador desconhece em si.

No caso da Alienação Parental, a lei do pertencimento é claramente violada, ou seja, a um genitor é negado o direito de pertencer àquele grupo, causando sérias consequências não só para a prole deste casal, mas também para gerações futuras.

Todo filho possui uma parte de seu pai e uma de sua mãe, sentindo-se pertencente aos dois, e quando lhe é negado o convívio ou mesmo quando lhe impedem de nutrir bons

---

[47] Conforme notas de rodapé 31 e 32.

sentimentos, ainda que à distância, ao outro genitor, isto é sentido como uma exclusão pessoal, uma negação de uma parte sua. Tal comportamento se reflete em uma busca posterior e inconsciente por esta parte negada, a criança buscará traços ou um modo de vida que o conectem àquele genitor alienado e futuramente sentirá, inevitavelmente, ainda que não perceba, raiva do alienador.

Isto fica claro quando são analisados os padrões repetitivos nas famílias como, por exemplo, quando um pai perde todo seu dinheiro – levando a família à falência – e este comportamento é execrado, a mãe manifesta um temor de que o filho também seja um fracassado e faz de tudo para que ele seja diferente do pai, de maneira inconsciente a criança busca ter fracassos na vida, pois assim ela pode "honrar" aquele que foi excluído.

Tais comportamentos e as consequências da exclusão de um genitor tornam-se mais claros nos exemplos práticos a seguir descritos, tratados através da dinâmica das Constelações Familiares.

Como no caso de uma mulher de 36 anos, separada de seu cônjuge, pai de seu filho – e que afirmava ter justificativas plausíveis para impedir o contato paterno-filial, mesmo porque o genitor não se mostrava muito presente. Iniciou-se uma constelação individual que trouxe à tona que ela própria fora alienada de seu pai, de uma forma mais sutil – lembrou-se, durante a dinâmica, que sua mãe não proibia o convívio, mas sempre tecia muitos comentários ofensivos sobre seu pai, além de a convivência entre os dois ser permeada por brigas.

O genitor da cliente nunca teve um lugar na família, sempre fora tratado como fraco e sem serventia, sendo veladamente excluído daquele sistema. Mais adiante, revelou-se outra dinâmica, a de que o avô materno da constelada também não estava no lugar certo em sua família, devido à perda precoce de seus pais – ainda em tenra idade. Este avô casou-se, mas era tratado como um filho por sua esposa (pois inconscientemente estava sempre procurando uma mãe), sendo assim, esta ausência de uma figura paterna forte e com seu lugar definido no grupo se repetia há gerações. Por essa espécie de lealdade familiar, bem como pela lacuna paterna – uma ausência mais emocional do que física – era compelida a manter esse modo de funcionamento, buscando relacionamentos distantes, onde o homem não ocupava seu lugar ao lado dela.

A dinâmica terminou com a inclusão de todos os excluídos do sistema, bem como a ordenação dos papéis, o que causou muita emoção e alívio à cliente – que dias depois relatou estar em paz com sua profissão, mais motivada e que aos poucos estava incluindo o pai de seu filho na vida da criança.

Da observação deste relato fica claro que até mesmo os casos mais leves e considerados comuns de alienação parental ou tidos como brigas corriqueiras de um casal influenciam de inúmeras maneiras os filhos, como pode ser depreendido da lição de Olinda Guedes:[48] "se uma criança convive com pais que se criticam enquanto pessoas, sua energia é destinada para se proteger, comprometendo seu desenvolvimento, seu sucesso, felicidade e saúde".

Outro caso tratado com o método das Constelações Familiares e que demonstra algumas das consequências da alienação parental em longo prazo na vida de quem foi privado do contato com um dos genitores é o de uma jovem de 23 anos com episódios fortes de depressão e obesidade, chegando a ficar dois anos sem sair de casa. Iniciada a Constelação, a dinâmica logo revelou a animosidade existente entre seus genitores, que a utilizavam como mensageira levando recados acerca da pensão alimentícia, contas a serem pagas na residência materna, entre outras. Demonstrou também uma agressividade do pai dirigida a ela por ter aceitado este encargo, de

---

[48] GUEDES, Olinda. *Além do aparente. Um livro sobre Constelações Familiares*. Curitiba: Appris, 2015. p. 81.

cobrá-lo e julgá-lo, ainda que ela fosse apenas uma criança fazendo aquilo para sua própria sobrevivência e sem qualquer noção das consequências. A imagem de solução encontrada no decorrer do processo foi a reconciliação com a figura do pai e a tomada de sua responsabilidade por parte da mãe, o que modificou significativamente a imagem mental que a cliente tinha de seus genitores, consequentemente, aumentando sua autoestima e vontade de viver.

E, por fim, mas não apenas, o exemplo de uma Constelação realizada no início de um processo litigioso de divórcio que já dava mostras de alienação, no qual a esposa, de 41 anos não queria a aproximação de seu filho de 1 ano de idade com o pai, em virtude de uma traição por parte deste. Aberta a dinâmica, foi visto que a cliente perdera seu pai muito cedo, e parte da imensa raiva que nutria por seu ex-cônjuge era na verdade dirigida ao pai, que a "abandonou" também. Ao passo que pôde completar o luto pelo pai e perceber que a raiva escondia apenas muita dor, pôde olhar o ex-marido com outros olhos e menos raiva. Terminada a Constelação, a frase dita pela cliente foi: "Nossa! Eu acho que até foi melhor nos separarmos!" O processo seguiu apenas com as questões legais, sem a emoção que permeava e tumultuava os autos.

Estes são, portanto, exemplos de como o sistema familiar influencia as decisões e atitudes dos indivíduos, sem que tenham consciência. Em virtude disto, o método das Constelações Familiares e o novo olhar dado pelo Direito Sistêmico são de grande valia, não apenas para este, mas também para tantos outros casos que abarrotam o Judiciário com questões emocionais mal resolvidas e que se arrastam por anos, até mesmo décadas.

Esta abordagem chama à responsabilidade também o genitor alienado, para que este não apenas culpe o outro ou espere uma intervenção de terceiros na relação, mas sim exerça seu papel, reveja seus próprios contextos familiares, se ele próprio não foi alienado ou se ele realmente exerce uma parentalidade responsável e está realmente presente para os filhos.

Se confere tempo de qualidade quando está com a prole, se busca estreitar os vínculos, ainda que o outro o difame e faça campanha árdua para seu afastamento. As crianças percebem muito mais do que os adultos a comunicação não verbal e realmente se esforçar e buscar fazer sua parte, sem depender do comportamento do outro, é um dos ensinamentos da visão sistêmica. Pode este alienado, quando ainda tem contato com filhos, explicar que talvez os adultos estejam com problemas, mas que isso mais cedo ou mais tarde eles próprios resolverão, que o filho deve apenas exercer seu papel de filho, que não precisa escolher.

Apesar de aparentarem muitas vezes relutância em escutar ou estar perto do alienado, as crianças estão muito atentas ao que lhes é dito e, principalmente, às atitudes do adulto.

3.11 ONZE ANOS DA LEI DE ALIENAÇÃO PARENTAL

No dia 26 de agosto deste ano de 2023, completou a Lei de Alienação Parental treze anos de estudos em meio a muita polêmica, mas também muita conscientização, não obstante o esforço contrário de um setor da sociedade que pretende, em verdadeiro retrocesso social, revogar a referida Lei.

Em verdade, é apenas um passo rumo à igualdade trazida ao ordenamento pela Constituição Federal de 1988, que preconiza serem homens e mulheres iguais perante a lei, mas na prática é sabido que não basta contar da Carta Legal para existir no mundo real, ou seja, avançamos a passos curtos.

Porém, para que haja verdadeiramente algum avanço, faz-se necessário o conhecimento das diferenças, a fim de que, só assim, possam existir soluções, pois quando desconhecemos haver um problema sequer podemos tratá-lo. Quando desconhecemos algo que traz consequências prejudiciais significa que temos isso tão implantado, tão ficticiamente normalizado pelo tempo, que se torna algo estrutural, difícil de ser observado.

E a alienação parental é uma destes temas, uma questão tão arraigada em toda a sociedade que é amplamente considerada natural.

Entretanto, nesses treze anos da Lei de Alienação Parental muito já se avançou, já foi percebido que a alienação pode ser empreendida tanto pelas mães quanto pelos pais, dentre outros familiares, e até mesmo por terceiros que mantém infantes sob seus cuidados diretos – apesar de muitas mulheres deixarem de utilizar a Lei 12.318 a seu favor, preferindo amparar-se em outros mecanismos como a Lei Maria da Penha.

Também neste período foi constatada a existência da autoalienação, quando aquele que é afastado atua fortemente na promoção da distância injustificada.

Existe ainda a alienação parental mútua – muito comum, principalmente tendo em vista a cultura e educação que negam as emoções, como se assim elas deixassem de existir e influenciar os indivíduos, uma das razões pelas quais os seres humanos apenas reagem ao comportamento uns dos outros, por vezes de maneira ríspida, impensada e que causa arrependimentos ou conflitos maiores.

Entretanto, ainda que esta mútua dinâmica ocorra, nada impede que a lei seja utilizada para ambos os pais, ambos podem ser advertidos, ambos podem ser compelidos a pagar multas ou frequentar terapia. O que não pode ocorrer é justificar uma violência por outra, pois é sempre uma violência contra os filhos alijá-los da presença de um pai ou uma mãe por motivos injustificados ou desfigurados da realidade.

O que é deveras oposto de afastar fisicamente um pai que abusou sexualmente dos filhos, porém, mesmo que a presença física seja afastada – e isto é o melhor a fazer nesses casos – a presença internalizada deste pai não pode ser excluída.

A criança deve ter claro que o mal causado por aquele pai ou mãe não é responsabilidade sua, mas sim do adulto. Falar mal e reforçar toda a dor causada na criança só corrobora na criança o quanto uma parte sua deve ser escondida e rechaçada.

Atualmente é muito usual o termo falsas alegações de alienação parental, que por vezes se confundem com os atos mútuos de rechaçar um dos pares parentais, o que deve-se ter em mente é a busca dos contextos anteriores, de como a família era antes do desenlace ou das ações judiciais; também qual o ganho de cada genitor com aquilo que ele alega e se há realmente a preocupação com o menor – muitas vezes deixado de lado por ambos os pais.

3.11.1 A pandemia mundial de SARS-COVID-19

Durante este período atípico vivenciado por todo o globo terrestre desde o início do ano de 2020, com a pandemia provocada pelo chamado Novo Coronavírus, que colocou o mundo em isolamento social, as situações acerca da alienação parental se agravaram.

O alastramento do vírus escancarou as "inúmeras diferenças vividas pelas famílias brasileiras, dificultando a adoção de soluções únicas e generalizantes para o enfrentamento da crise",[49] mas, por cautela e desconhecimento do que de fato acontecia e como de fato o vírus se espalhava, há farta jurisprudência suspendendo a convivência física de pais separados eclodiram país afora.

Exemplos não faltam, como no Distrito Federal:

---

[49] MOURA, Líbera Coppeti; COLOMBO, Maici Barboza dos Santos. Exercício do direito à convivência familiar em situações extremas: princípio do melhor interesse da criança e colisão de direitos fundamentais. In: MARZAGÃO, Silvia Felipe; XAVIER, Marília Pedroso; NEVARES, Ana Luiza Maia (Coord.). Indaiatuba: Editora Foco, 2020. p. 204.

CIVIL. FAMÍLIA. AGRAVO DE INSTRUMENTO. CUMPRIMENTO DE SENTENÇA. REGULAMENTAÇÃO DE VISITAS. CONVERSÃO DA VISITAÇÃO PRESENCIAL EM VIRTUAL. PROVISÓRIA. MEDIDAS SANITÁRIAS. RECURSO PROVIDO. 1. Agravo de instrumento contra decisão, proferida no cumprimento de sentença, que recebeu o cumprimento de sentença de obrigação de fazer, em relação ao direito de visitas do agravado, e determinou a intimação da executada para cumprir a obrigação imposta no acordo homologado, sob pena de multa. 1.1. A agravante pede que as visitas sejam realizadas de forma virtual diante o estado de pandemia ou suspensas. 2. O artigo 1.586 do Código Civil autoriza ao juiz a alteração de aspectos da guarda em nome do princípio da proteção integral da criança e do adolescente. 2.1. No caso dos autos, é necessário seja ponderada a exposição da menor ao risco de contaminação no trajeto de uma residência para outra. 2.2. Soma-se ainda o fato de tanto a agravante, como também a esposa do agravado, estarem gestantes, portanto, fazem parte do grupo de risco. 3. Apesar da antecipação do recesso escolar, a medida de isolamento social possui função precípua de evitar exposição e reduzir a disseminação do coronavírus. 4. Tendo em vista o interesse existencial da menor, é imperiosa a reforma da decisão que determinou a intimação da executada para cumprir a obrigação imposta no acordo homologado, sob pena de multa, de forma que as visitas sejam realizadas de forma virtual. 5. Jurisprudência: O princípio da adstrição ou congruência determina que a resposta dada pelo Judiciário a uma demanda deve guardar estreita vinculação com aquilo que a parte pediu, não sendo lícito ao magistrado proferir decisão sem que esteja diretamente relacionada ao que foi pedido pelas partes. Revela-se descabido o pedido de inversão da guarda, formulado em sede recursal, pelo fato de a parte autora ter condicionado seu acolhimento à prova da ocorrência de alienação parental, não verificada na espécie. Demonstrado que o regime de visitação livre, estabelecido na sentença, não se coaduna com o estado de espírito das partes e é capaz de produzir constantes conflitos entre elas, a fixação de regime de visitas preestabelecido, requerido por uma das partes e aceito pela outra, é medida que se impõe. Em virtude das medidas sanitárias atualmente adotadas pelas autoridades governamentais e das restrições delas decorrentes, e da constatação de que o menor é portador de problemas respiratórios, recomenda-se que as visitas sejam realizadas por via remota, enquanto perdurar a determinação de afastamento social. 6. Destarte, (...) "3. Mostra-se recomendável a estipulação, enquanto durar a determinação de afastamento social, de visitas pelo genitor à infante em ambiente virtual" (Procurador de Justiça Eduardo Albuquerque). 7. Recurso provido (TJDF, Agravo de Instrumento 0711054-52.2020.8.07.0000, 6ª Turma Cível, Rel. Des. João Egmont, j. 12.08.2020).

São Paulo:

Agravo de Instrumento. Medida cautelar. Incidental c/c declaração de alienação parental. Pretensão de retomada de convivência presencial com o petiz M. Impossibilidade. Suspensão desse tipo de regime em razão da pandemia de COVID-19. Medida excepcional justificada em razão da atual situação vivenciada no país. Menor, ademais, que possui problemas respiratórios, com necessidade de isolamento social prescrito por atestado médico. Possibilidade de comunicação por meio virtual expressamente ressalvada na decisão recorrida. Precedentes. Decisão preservada. Agravo desprovido (TJSP, Agravo de Instrumento 2103203-46.2020.8.26.0000, 3ª Câmara de Direito Privado, Rel. Des. Donegá Morandini, j. 06.07.2020).

Rio de Janeiro:

Agravo de instrumento. Regulamentação de visitas. Deferimento parcial da tutela de urgência para determinar o convívio virtual diário entre menor de apenas um ano de idade e seu genitor, enquanto perdurar a pandemia covid-19. Irresignação do autor. Atual contexto fático que demanda a adoção de medidas restritivas de convivência a fim de evitar maiores riscos à saúde da criança e das pessoas com quem convive. Regulamentação fixada em caráter provisório, que poderá ser revista a qualquer momento diante da alteração das condições em que proferida. Recurso a que se nega provimento (TJRJ, Agravo de Instrumento 0038219-82.2020.8.19.0000, 2ª Câmara Cível, Rel. Luiz Roldão de Freitas Gomes Filho, j. 24.08.2020).

Sergipe:

Agravo de instrumento. Tutela antecipada de urgência. Suspensão do direito paterno de visitas enquanto durar a pandemia causada pelo coronavírus. Menor que se enquadra em grupo de risco por ser portadora de doença congênita. Patologia cardíaca. Relatório médico que demonstra a necessidade de isolamento social. Manutenção da criança na residência da genitora enquanto durar a pandemia. Princípio do melhor interesse da criança. Art. 227 da Constituição Federal. Visitas que podem ser realizadas através de videochamada. Recurso desprovido. Decisão unânime (TJSE, Agravo de Instrumento 0005483-43.2020.8.25.0000, 2ª Câmara Cível, Rel. Des. José dos Anjos, j. 20.08.2020).

No Paraná, um caso em que se adotou o regime de convivência semelhante ao de férias:

Agravo de instrumento. Procedimento de Regulamentação de Visitas. Decisão que suspendeu as visitas presenciais paternas em razão do cenário pandêmico vivenciado (Covid-19 – Coronavírus). Deliberação do regime de convivência via videoconferência. Insurgência do autor/genitor. Acolhimento. Agravante/pai que exerce teletrabalho e está adotando as medidas de prevenção ao vírus. Deslocamento da infante realizado em veículo particular. Inexistência de perigo à saúde da criança. Necessidade de manutenção do vínculo afetivo entre pai e filha. Adoção do regime de convivência semelhante ao do período de férias escolares. 15 dias consecutivos com cada genitor. Garantia de contato com a criança por videoconferência ou ligação telefônica, pelo menos a cada 03 dias, ao genitor que não estiver na companhia da filha. Recurso conhecido e provido, com confirmação da decisão liminar.

1. Inexistindo indícios de efetivo perigo à saúde da criança em conviver com o genitor, e, não havendo previsão para término do atual cenário pandêmico, não parece razoável a extensão indeterminada do regime de convivência via videoconferência, sobretudo porque, embora esta modalidade mantenha minimamente o contato entre pai e filha, certamente não equivale ao estreitamento afetivo proporcionado pela presença física.

2. Frente à conjuntura atípica vivenciada, em decorrência da pandemia da doença infectocontagiosa – Covid-19, o cenário mais acertado ao caso é a convivência da criança por quinze (15) dias consecutivos com cada genitor, garantindo-se o direito de contato via videoconferência ou ligação telefônica, pelo menos a cada três (03) dias, ao genitor que não estiver na companhia da filha (TJPR, Agravo de Instrumento 0018203-91.2020.8.16.0000, 12ª Câmara Cível, Rel. Des. Rogério Etzel, j. 17.08.2020).

Já o Conselho Nacional dos Direitos da Criança e do Adolescente – CONANDA, criado pela Lei 8.242, de 1991, recomenda que, durante a pandemia, para a proteção integral de crianças e adolescentes:[50]

---

[50] Disponível em: <https://www.gov.br/mdh/pt-br/acesso-a-informacao/participacao-social/conselho--nacional-dos-direitos-da-crianca-e-do-adolescente-conanda/recomendacoes-conanda/recomenda-cao-no-01-de-23-de-marco-de-2020.pdf>. Acesso em: 16 set. 2020.

18. Que crianças e adolescentes filhos de casais com guarda compartilhada ou unilateral não tenham sua saúde e a saúde da coletividade submetidas à risco em decorrência do cumprimento de visitas ou período de convivência previstos no acordo estabelecido entre seus pais ou definido judicialmente. Para tanto, devem ser observadas as seguintes orientações:

a. As visitas e os períodos de convivência devem, preferencialmente, ser substituídos por meios de comunicação telefônica ou *on-line*, permitindo que a convivência seja mantida;

b. O responsável que permanece com a criança deve manter o outro informado com regularidade e não impedir a comunicação entre a criança ou adolescente com o outro responsável;

c. Em casos que se opte pela permissão de visitas ou períodos de convivência, responsáveis que tenham voltado de viagem ou sido expostos a situações de risco de contágio devem respeitar o período de isolamento de 15 dias antes que o contato com a criança ou o adolescente seja realizado;

d. O deslocamento da criança ou do adolescente deve ser evitado;

e. No caso de acordada a visita ou permissão para o período de convivência, todas as recomendações de órgãos oficiais devem ser seguidas;

f. O Judiciário, a família e o responsáveis devem se atentar, ao tomarem decisões relativas à permissão de visitas ou períodos de convivência, ao melhor interesse da criança e do adolescente, incluindo seu direito à saúde e à vida, e à saúde da coletividade como um todo.

No panorama mundial, exemplos como o de Portugal, que, apesar de restringir a circulação de sua população, deixou, no Decreto do Presidente da República 2-A/2020, art. 5º, *j*,[51] cristalino e sem margem para escusas a autorização da circulação de pais e menores no cumprimento de suas responsabilidades parentais como a convivência:

Deslocações por outras razões familiares imperativas, designadamente o cumprimento de partilha de responsabilidades parentais, conforme determinada por acordo entre os titulares das mesmas ou pelo tribunal competente.

Já na Alemanha, uma mãe foi condenada à multa de 300 euros por, culposamente, ainda que com justificas plausíveis de residir com familiar em grupo de risco, violar o direito de visitação fixado judicialmente:

Trata-se do processo OLG Frankfurt a.M. Az. 1 WF 102/20, julgado dia 8/7/2020 (...) Para o Tribunal, as restrições legais de contato social, impostas como medidas de contenção à pandemia de Covid-19, não têm, em princípio, eficácia sobre o direito de visitação e guarda dos filhos.[52]

É, entretanto, de difícil condução o aparente conflito entre a convivência familiar ampla e uma questão de saúde tão extraordinária quanto a vivenciada pela pandemia de Covid-19, porém, justamente por ser uma situação excepcional, a adoção de medidas radicais como

---

[51] Disponível em: <https://dre.pt/home/-/dre/130473161/details/maximized>. Acesso em: 16 set. 2020.

[52] FRITZ, Karina Nunes. Pandemia não pode impedir pai de visitar filho. Disponível em: <https://www.migalhas.com.br/coluna/german-report/333342/pandemia-nao-pode-impedir-pai-de-visitar-filho>. Acesso em: 16 set. 2020.

a suspensão total pode gerar precedentes para que este princípio quase sagrado da prole conviver com sua família seja mitigado.

Além da situação mundial, devem ser levados em conta também o histórico familiar, se já havia indícios de alienação que encontram terreno fértil nestes tempos e se os pais cumprem as medidas de segurança.

Da lição de Glicia Brazil,[53] se faz imperativa a:

> necessidade de adoção da premissa da garantia da continuidade do vínculo, pois isso resguarda a necessidade de o filho desenvolver-se de modo saudável psicologicamente e, por isso, entendemos que devam ser evitadas decisões de mudança do atual arranjo, exceto se o caso concreto exigir.

Tomando o cuidado, ainda, de verificar se o genitor ou familiar alienador não se enquadra no tipo mais grave, pois este pode levar seu intento a situações inimagináveis, como expor o filho a situações de risco e culpabilizar o outro.

3.12 SÍNTESE CONCLUSIVA

A família, ao longo dos tempos, teve as mais diversas formatações, a começar por uma reunião de pessoas em busca de segurança e de satisfação de instintos básicos, em que o parentesco não era relevante, irmãos se uniam a irmãs e assim por diante, homens e mulheres eram vistos de forma semelhante.

Daí para um clã no qual o chefe da família era seu membro masculino mais antigo, que tinha o poder da vida e da morte sobre seus escravos, sua esposa e seus filhos, que, por sua vez, também não eram dotados da importância hodierna, pois eles eram apenas os homens relevantes para fins patrimoniais, no propósito de assumirem os bens da família e, assim, deixar que não se perdessem. Por esse motivo, a filiação começou a ser valorizada – antes, devido à troca de parceiros, a divisão era feita entre todas as irmãs e seus respectivos maridos e todos os irmãos com suas respectivas esposas, como nas famílias punaluanas –, passando a ser dado valor, em estágio subsequente, apenas aos filhos legítimos do casamento. Os filhos ilegítimos, de relações concubinas, eram simplesmente relegados a um segundo plano de total displicência.

Com o surgimento da Igreja, o formalismo e o rigor do matrimônio tomaram proporções consideráveis e a instituição matrimonial se tornou indestrutível, sendo assim, a família passa a ter como objetivo principal a criação de seus filhos. Contudo, com a Igreja perdendo sua força, surge a noção de família calcada no afeto, em que os cônjuges podem se escolher independente das convenções ou dos bens, ou seja, por amor, pelo carinho e pelo afeto. As crianças começam a ter importância, e tem início a ideia de que a sociedade do futuro é feita a partir delas. Inicia então uma maior intervenção do Estado na mantença da família – com ajuda assistencial e escolas, a fim de investir na sua formação para se beneficiar tanto militarmente quanto pela riqueza que ela poderia produzir.

Já no século XX, as reviravoltas surgidas com as novas tecnologias, o movimento feminista e o predomínio do amor nas relações pós-guerra impulsionam uma completa mudança de atitude: o casamento deixa de ser indissolúvel e a família passa a ser interligada e interdependente, que se dá quando um membro depende dos demais.

---

[53] BRAZIL, Glicia. Efeitos do convívio virtual para o vínculo de afeto dos vulneráveis. In: MARZAGÃO, Silvia Felipe; XAVIER, Marília Pedroso; NEVARES, Ana Luiza Maia (coord.). Indaiatuba: Editora Foco, 2020. p. 254.

Surgem novos arranjos familiares, que no Brasil são acatados pela Constituição Federal de 1988, que introduz os princípios da dignidade humana, da isonomia, do melhor interesse do menor e da afetividade, entre outros, e, na sua esteira, o Supremo Tribunal Federal reconhece efeitos jurídicos às uniões homoafetivas, porquanto a afetividade vem como peça chave da formação familiar e a família deixa definitivamente de ser exclusivamente biológica, e prevalece a família calcada no afeto, a qual passa a merecer a atenção do Estado.

As crianças e os adolescentes têm seus direitos priorizados, os quais devem ser respeitados em primeiro lugar, por se tratar de ser humano em pleno desenvolvimento de suas capacidades físicas, intelectuais, mentais e morais. Os pais deixam de ter direitos e passam a ter deveres para com sua prole, não apenas no tocante às suas necessidades básicas, mas inerente ao dever de formar cidadãos aptos a viverem em sociedade e de forma a ter preservada sua higidez psíquica.

Nas dissoluções das relações parentais, em que desde sempre os filhos foram joguetes nas mãos do casal que desfaz seu vínculo familiar, o Estado tem o dever de intervir e de "quebrar o ciclo" da impune destruição psicológica dos filhos, porquanto os pais devem ter em mente que o que se dissolve é sua união, e não seu parentesco e suas responsabilidades com sua prole, e que seus filhos não vieram ao mundo para servi-los em seus mais recônditos, abjetos e egoísticos desejos.

Mecanismos judiciais são lembrados com o objetivo de quebrar o ciclo da síndrome da alienação parental, relevando fortalecer e assegurar o efetivo exercício das instituições da guarda e da visitação, para, a partir delas, estreitar vínculos saudáveis de filiação que precisam ser preservados, apesar da separação dos pais, utilizando-se, quando possível e recomendável, do instituto da guarda compartilhada, pois é um meio eficaz de evitar a concentração do poder familiar em um só genitor, cujo terreno é altamente propício para gerar a alienação parental, caracterizada com a programação, ou seja, com a alteração de consciência do menor, cuja síndrome aparece como definição de uma série de atos de abuso emocional, observada há anos no Poder Judiciário, mas jamais compreendida, identificada, vale dizer, nunca antes denunciada como hoje em dia ela se mostra tão clara, e perversamente presente, como permitiram enxergar os profundos conhecimentos das áreas da psicologia e da psiquiatria, comprovando, ademais, os efeitos nocivos desses pais alienadores na criação de seus filhos.

Movidos por um desejo de vingança, sentimentos de abandono, raiva, amor reprimido, comportamentos patológicos ou simples imaturidade, pais e mães não pensam em seus filhos, usando-os apenas para destruir o ex-parceiro ou obter atenção exclusiva, criando adultos que terão problemas de adaptação ou serão adultos problema para a sociedade, com transtornos antissociais, isto se sobreviverem até a idade adulta, pois muitas crianças cujos pais incutiram a Alienação Parental cometem inclusive o suicídio.

A AP é um processo de difícil solução, que necessita de uma rede de ajuda, a qual deve começar pela informação da existência da síndrome para o maior número de pessoas possível, pois somente entendendo suas características é possível conhecer um meio de impedir sua implantação. A sociedade não pode fechar os olhos para um crime que acontece dia a dia no lar de seres indefesos e em plena formação, mas, para que esta malfadada síndrome da alienação parental não se dissemine como uma descontrolada praga, não bastam leis inteligentes e excepcionais, como sucede com a Lei 12.318/2010 (Lei de Alienação Parental), porquanto é preciso saber fazer com que os mecanismos legais e processuais postos à disposição da sociedade sejam eficientemente colocados a serviço da criança e do adolescente alienados de seu outro genitor, urgindo que todos os operadores do Direito trabalhem em união de esforços na salvaguarda das crianças e adolescentes em situação crescente e latente de risco, posto que a Lei 12.318/2010 é um dispositivo legal que precisa ser compreendido, para que, com o seu auxílio, sejam superados os tabus sociais e jurídicos que ainda travam em sua plenitude, a sua aplicação.

Da lição de Bruna Waquim:

> Qualquer que seja a qualificação que se atribua à Alienação Parental, se "síndrome" ou "constelação de comportamentos", é incontroverso que, como bem pontuam Nolte e Haris (2009), a maneira como o filho observa seus genitores convivendo como casal estabelece um padrão para a sua própria vida, podendo se tornar um dos fatores de maior peso em seu futuro sucesso, realização pessoal e satisfação interior, além de determinar o tipo de pessoa pela qual o filho vai sentir atração e as formas de relacionamento que criará para sua própria família futura, sejam positivas ou negativas.[54]

Tudo que acima foi dito torna a alienação parental e, consequentemente, a síndrome ou fenômeno da alienação parental uma questão de utilidade pública, que deve ser combatida com conhecimento, com campanhas de conscientização, com o estudo da infância e a tomada de atitude por cada profissional que se depara com o tema.

---

[54] WAQUIM, Bruna. *Alienação Parental induzida*. Aprofundando o estudo da Alienação Parental. 2. ed. Rio de Janeiro: LumenJuris, 2018. p. 262.

4

COMENTÁRIOS À LEI DE ALIENAÇÃO PARENTAL E SEUS ASPECTOS PROCESSUAIS

4.1 COMENTÁRIOS AO ART. 1.º – A EXISTÊNCIA DA ALIENAÇÃO PARENTAL

Art. 1.º Esta Lei dispõe sobre a alienação parental.

No Direito romano, o filho estava inteiramente sujeito aos rigores do pátrio poder, o *pater familias*, pelo qual o pai detinha inclusive o direito sobre a vida e sobre o patrimônio dos seus filhos, em um tempo onde sequer existia a maioridade pelo transcurso da idade e alcance da puberdade, pois a aquisição da plena capacidade do filho só tinha lugar com a morte do pai, não obstante houvesse a figura atenuante da emancipação.[1] Durante muito tempo transitaram livremente no seio familiar imunidades e privilégios que isentavam os pais de responsabilidades pelos danos que, deliberada ou inconscientemente, causavam aos seus filhos.

Também muito tempo transcorreu para que a personalidade do menor deixasse de ser considerada, unicamente, como uma simples extensão da personalidade de seus pais, consolidando-se os sistemas democráticos após a Segunda Guerra Mundial, com o surgimento dos direitos e das liberdades fundamentais então enunciadas pela Declaração Universal dos Direitos Humanos. Os conceitos constitucionais da pessoa e de sua dignidade operaram uma mudança substancial na tradicional *menos valia* do menor de idade, que não era visto como um sujeito de direitos. Nesse período, o pátrio poder dos pais diante de seus filhos sofreu uma transformação radical; o poder familiar se converteu em uma atribuição que os pais têm ao lado do Estado para o cabal cumprimento dos deveres inerentes à sua potestade. Diante desse novo enfoque, os pais e o Estado devem velar pelos interesses e pelo bom desenvolvimento da plena personalidade do menor, e garantir a efetiva proteção integral da criança e do adolescente, único destinatário dos cuidados próprios de pessoa vulnerável e sujeita de direitos.

Como explica Miguel Angel Asensio Sánchez, aquele processo no qual o menor estava submetido ao poder absoluto de seus pais, ficando em um visível plano de inferioridade

---

[1] SÁNCHEZ, Miguel Angel Asensio. *La patria potestad y la libertad de conciencia del menor*. Madrid: Tecnos, 2006. p. 25.

sociojurídica em relação aos maiores e capazes, confronta-se com a completa inversão desses valores, passando o menor a ser um sujeito pleno de fundamentais direitos, com personalidade própria e distinta de seus progenitores, prevalecendo o conceito de supremacia dos *interesses do menor* como critério prevalente de toda a atuação pública e privada.[2]

O foco constitucional de proteção dos melhores interesses da criança e do adolescente busca o desenvolvimento pessoal do infante, não apenas com a sua adequada inserção no núcleo familiar, devendo haver uma articulação tanto pública como privada de proteção dos interesses superiores do menor, que deixa de figurar como um mero prolongamento da personalidade de seus genitores, que exerciam poder extremo e à margem de qualquer intervenção pública. Daí existir, de acordo com a definição de Miguel Sánchez, um sistema dual de proteção do menor para que ele alcance seu pleno desenvolvimento e crescimento por meio do acesso de seus fundamentais direitos, constitucionalmente assegurados, não mais, como sucedia no passado, exclusivamente por intermédio das medidas de *heteroproteção* dos pais, mas cuja defesa reste garantida pela efetiva atuação do Estado, especialmente em situações de abandono, inexistência ou inação dos progenitores, vivenciando-se certo caráter público de proteção dos menores e, quando necessário, sendo submetido ao controle judicial.[3]

O interesse prevalente do menor foi princípio introduzido pela Convenção sobre os Direitos da Criança, de 20 de novembro de 1989, e carrega um conceito abstrato, mas que visa assegurar a atuação pública e privada, consistente no exercício dos direitos fundamentais da criança e do adolescente como meio mais adequado para seu desenvolvimento e amadurecimento, como um indivíduo sujeito de direitos. E esse princípio jurídico impõe ao Estado concretizar os direitos fundamentais em todas as suas frentes, sempre que os pais se desviarem ou se desvirtuarem de suas funções parentais, e, no que interessa ao presente estudo, igualmente quando algum dos genitores se utiliza dos filhos para tentar dirimir velhas disputas dos pais e com elas tentar obter qualquer espécie de vantagem, ou qualquer forma insana de vingança pessoal, obstaculizando a relação do filho com o genitor não convivente.

Embora a Lei 12.318/2010 represente o marco histórico que introduz na legislação nacional um mecanismo jurídico de eficiente combate à alienação parental e finque definitivamente na raiz da consciência brasileira a existência desta tormentosa chaga criada pela maldade humana e que faz com que genitores vivam sempre atormentados pela prática corrente da alienação parental, ela ainda trafega livremente no âmago das famílias brasileiras, sem que no passado a sua existência tivesse sido claramente identificada, e sem que seus males tivessem sido igualmente identificados e em toda a sua extensão.

O art. 1.º da Lei de Alienação Parental provoca o importante efeito de dar visibilidade e compreensão à alienação parental, definido na década de 1980 como um distúrbio infantil presente entre casais em litígio conjugal. Especialmente mulheres detentoras da guarda fática e legal dos filhos de pais divorciados ou em crise afetiva, movidas por vingança e ressentimentos desencadeados pela indiferença e separação, que induzem os filhos, em silenciosa prática, a odiarem o outro genitor, servindo-se da inocência, proximidade, confiança e dependência dessas pequenas e impotentes vítimas, cuja realidade fática é produto dessa misteriosa dinâmica de milhares de dissensões afetivas que terminam afetando diretamente as crianças em função dos conflitos e altercações de seus pais.

Rondando como um fantasma a destruir o estado emocional dos filhos sob a guarda unilateral, apenas porque um dos genitores intenta desesperadamente proteger sua autoestima fragilizada

---

[2]   Idem, p. 26.
[3]   Idem, p. 28-29.

Cap. 4 • COMENTÁRIOS À LEI DE ALIENAÇÃO PARENTAL E SEUS ASPECTOS PROCESSUAIS | 67

pela separação, o ascendente alienador manipula sua prole para afastá-la em conflito de lealdade do outro genitor, que, invariavelmente, ignorava a existência e desconhecia completamente a larga e secreta prática desta que veio a ser identificada como a síndrome da alienação parental, ficando o genitor alienado completamente indefeso, sem reação, sem noção alguma de como deveria reagir para interromper a nefasta, insidiosa, covarde e criminosa prática da alienação parental.

Conforme Ignacio Bolaños Cartujo, as primeiras investigações acerca da alienação parental ocorreram na década de 1980 e foram centradas na comparação de famílias divorciadas com as famílias unidas, sendo observado que os filhos de pais divorciados, especialmente os meninos, apresentavam mais problemas de ajuste, sendo mais agressivos, impulsivos e antissociais, assim como em paralelo foram sendo realizados estudos que mostravam a ocorrência de conflitos parentais apontando para as dificuldades que certos pais tinham de colaborar na reorganização da vida familiar, com tarefas essenciais como a de restabelecer e preservar novas e velhas rotinas familiares, e com elas garantir um mínimo de segurança emocional para os filhos superarem as dificuldades da separação de seus pais.[4]

O fato é que a alienação parental, sem ter esse nome, e sem sequer ser perceptível antes de haver sido alçada pelos estudos de Richard Gardner, sempre rondou livre e impunemente entre casais em litígio, com filhos pequenos, não sendo diferente nos lares brasileiros, cujo corriqueiro exercício da alienação consciente ou inconsciente segue destruindo personalidades e convivências de crianças e adolescentes que deveriam crescer em ambiente mentalmente seguro e sadio, protegidos justamente por seus pais.

Lembra Analicia Martins de Sousa que, nas sociedades contemporâneas ocidentais, sempre foi corrente o discurso sobre a existência de um *instinto materno*, que tornaria a mulher predisposta para os cuidados infantis.[5] Conta a autora que a sociedade sempre cobrou e exortou as funções naturais da mulher em relação aos cuidados abnegados de seu papel materno, sendo ela encarregada e diretamente responsável pela criação da prole, estando o homem voltado para a subsistência do grupo familiar, cuja preleção permanece mesmo diante da propalada igualdade constitucional dos gêneros, firmando-se uma enorme culpa e igual cobrança social daquela mãe tradicional e renunciada, que deve encontrar na dedicação dos filhos a sua tarefa materna e sua gratificação emocional.[6]

Não obstante a atual apologia constitucional da igualdade entre homens e mulheres, antes do discurso da paridade exercia tradicionalmente a sociedade brasileira a intransigente guarda materna dos filhos, sendo a mãe o abrigo natural e incondicional de proteção física e moral da descendência, adicionando a Lei 6.515/1977 um verniz de legitimidade jurídica à usual custódia materna, recebendo o aval estatal, pois pressupunha a legislação que os filhos ficassem com a mãe, salvo se o juiz verificasse que de tal solução pudesse advir algum prejuízo de ordem moral para eles. Dessarte, a criança, durante seu lento e constante caminho para a construção de sua identidade pessoal, ficava e até pouco tempo atrás seguia inclinada a ficar sob a custódia materna, mas cuja tendência vem sendo aos poucos substituída pelos juízes e tribunais por uma guarda compartilhada jurídica, pela qual ambos os pais se responsabilizam pela efetiva formação de seus filhos, decidindo em conjunto os aspectos mais relevantes da criação e educação de sua prole. Contudo, adverte Wilfrid von Boch-Galhau na introdução que faz à obra de Richard Gardner em sua versão alemã que, na

---

[4] CARTUJO, Ignacio Bolaños. *Hijos alienados y padres alienados*. Mediación familiar en rupturas conflictivas. Madrid: Reus, 2008. p. 48-50.

[5] SOUSA, Analicia Martins. *Síndrome da alienação parental*. Um novo tema nos juízos de família. São Paulo: Cortez, 2010. p. 49.

[6] Idem, p. 68.

atualidade, mesmo havendo uma custódia conjunta, a alienação parental tem se deslocado para disputas de impedimento de contato.[7]

A Assembleia Geral das Nações Unidas, ao promulgar a Declaração dos Direitos da Criança, buscou garantir as oportunidades e facilidades necessárias ao desenvolvimento físico, mental, moral, espiritual e social da criança por meio de dez enunciados e, dentre estes princípios, consignou ser necessário para o desenvolvimento completo e harmonioso de uma criança que ela disponha de amor e compreensão, em ambiente de afeto e de segurança moral e material, sempre que possível sob os cuidados e a responsabilidade dos pais, mas ressalvou que, salvo circunstâncias excepcionais, a criança de tenra idade jamais seria apartada da mãe, exaltando, por todos os ângulos, a prioritária guarda materna dos filhos, porque só como exceção a guarda deixaria de ser outorgada à mãe, e mesmo quando ambos os pais fossem culpados pela separação, ainda assim a genitora teria o direito de conservar em sua companhia os filhos menores, ficando ela encarregada de reorganizar o grupo familiar e, como funcionava impunemente no passado, era ela que decidia se o pai iria ou não conviver com seus filhos.

Por conta destas e de muitas outras diretrizes fáticas, e pelo critério apegado à maior assistência doméstica que os filhos recebem da mãe, disse Mário Aguiar Moura haver o legislador optado pelo deferimento materno da guarda dos filhos, só cedendo tal orientação se o juiz verificasse, por fatos comprovados, que pudesse advir algum prejuízo de ordem moral para os menores.[8] Sendo da mulher a custódia jurídica e social dos filhos, também sempre foi dela o controle sobre o destino da prole, cuja guarda ela só perderia sobrevindo motivos graves que reclamassem confiar os filhos a outra pessoa, apenas quando condições extremas recomendassem a revisão judicial da guarda materna. Com os rebentos em seu poder, e uma vez presentes os conflitos conjugais, ao guardião magoado e onipotente servem os filhos como eficiente e cruel processo de desvio do seu afeto em relação ao outro genitor, construindo a mãe alianças com a prole sob o seu domínio e dependência.

Um dos argumentos utilizados para a aprovação da Lei 13.058, de 22 de dezembro de 2014 (Lei da Guarda Compartilhada), que foi a primeira Lei da Guarda Compartilhada,[9] e que cuidou de criar um novo significado da expressão *guarda compartilhada*, foi no sentido de que a divisão equilibrada do tempo de convívio dos filhos com a mãe e com o pai seria um relevante instrumento para combater a alienação parental, tirando da mãe essa cultura da guarda exclusiva dos filhos, cujo impasse tem sido resolvido por meio da identificação da guarda materna de referência. Não obstante reste atribuída a guarda conjunta jurídica, os filhos seguem, em regra, residindo com a progenitora, regulada uma convivência deles mais larga com o pai, sem, no entanto, ser promovida a guarda compartilhada física, com a divisão igualitária de tempo de permanência dos filhos com cada um dos pais.

Diante das secretas alianças estabelecidas pela mãe com os filhos sob o seu exclusivo poder, e sem ninguém perceber, a mãe vingativa ou ressentida, disposta a atingir seus objetivos, indiferente ou imperceptível às terríveis consequências negativas para o futuro dessas crianças, sendo forçadas a escolher um de seus pais, e sem que ninguém em um passado bem recente conseguisse combater, tinha fácil tráfego essa lenta destruição dos vínculos de filiação e que jamais poderia ser refreada não fossem as pesquisas iniciadas por Richard Gardner que, com

---

[7]   BOCH-GALHAU, Wilfrid von. In: GARDNER, Richard A. *Das elterliche Entfremdungssyndrom*. Berlim: VWB Verlag, 2010. p. 7.

[8]   MOURA, Mário Aguiar. *Tratado prático da filiação*. Porto Alegre: Síntese, 1981. v. 3, p. 165.

[9]   Posteriormente, foi promulgada uma segunda Lei da Guarda Compartilhada (Lei 13.058/2014).

seus estudos, trouxe para o sistema jurídico brasileiro, ainda que com lamentável tardança, a Lei de Alienação Parental. Por meio dessa lei, criam-se os mecanismos de ativo duelo a qualquer tentativa ou movimento contrário e prejudicial aos melhores interesses da criança e do adolescente, especialmente quando essa ofensa surge de atitudes causadas pelo próprio genitor e seus familiares mais próximos, situação em que todos eles deveriam ser os primeiros defensores do respeito ao direito fundamental de uma criança ou adolescente vulneráveis, e mais grave se torna a conduta parental de gratuita alienação quando ela é justamente endereçada ao outro ascendente, deixando crianças e adolescentes privados da sua mais cara, conexa e natural proteção. Esse é o valor adicional da Lei 12.318/2010 na defesa intransigente do *princípio da prioridade absoluta* dos interesses fundamentais da criança e do adolescente, taxativamente disciplinado pela Convenção Internacional dos Direitos da Criança, como ao seu tempo e modo dispõe o art. 227 da Constituição Federal ser dever da família, da sociedade e do Estado assegurar à criança e ao adolescente, com absoluta prioridade, entre tantos outros direitos fundamentais, a convivência familiar, além de colocá-los a salvo de toda forma de negligência, violência, crueldade ou opressão.

É especialmente na família que a criança e o adolescente encontram o espaço comunitário e o afeto essenciais ao seu pleno desenvolvimento, independentemente da forma como se iniciou e como eventualmente se desfez o vínculo afetivo dos pais do infante, porquanto ambos têm a obrigação de propiciar aos filhos um ambiente saudável, seguro e livre de qualquer forma de violência ou de maus-tratos. É no espaço familiar, estejam os pais unidos ou separados, que a criança e o adolescente devem encontrar sua estabilidade e sua socialização, sobre cujos valores e fundamentos formarão sua própria e estável personalidade.

Para Elisabeth Schreiber, os maus-tratos emocionais são divididos em abuso psicológico, consistente na constante exposição da criança e do adolescente a situações de humilhação e constrangimento, advindas de agressões verbais, ameaças, cobranças e punições, que conduzem a vítima a sentimentos de rejeição e desvalia, além de impedi-las de estabelecer com os adultos uma relação de confiança, ao passo que o abuso emocional ocorre quando os adultos são incapazes de proporcionar carinho, estímulo, apoio e proteção para a criança e o adolescente em seus diferentes estágios de desenvolvimento, inibindo seu bom funcionamento.[10]

Toda e qualquer violência contra a criança representa uma covarde forma de abuso e, usualmente, de difícil verificação, contrariando a função precípua dos pais de não só prover os recursos ao sustento de seus filhos, como igualmente lhes dirigir a sua educação, pondo-as a salvo desse perverso e imperceptível mundo de adultos patologicamente comprometidos quando usam sua prole para seus atos insanos de alienação parental, na qual os filhos são alvos de graves manipulações psicológicas, programando a prole contra o outro genitor e cujo tema só foi preocupação do legislador brasileiro a partir de 2010, embora os sintomas da então chamada *Síndrome* da Alienação Parental (SAP) tenham sido identificados por Richard Gardner em 1985. Na Alemanha, a referência à SAP consta do artigo 1.626º do Código Civil (BGB), em vigor desde 1998, dispondo que a guarda física dos filhos menores deve ser retirada do progenitor que impossibilite ou crie de forma reiterada obstáculos e dificuldades ao contato dos menores com o progenitor não guardião.[11] De acordo ainda com Wilfrid von Boch-Galhau, que faz a apresentação da publicação alemã da obra de Richard Gardner, na Alemanha, a SAP

---

[10] SCHREIBER, Elisabeth. *Os direitos fundamentais da criança na violência intrafamiliar*. Porto Alegre: Ricardo Lenz Editor, 2001. p. 100-101.

[11] CARVALHO, Filipa Daniela Ramos de. *A (síndrome de) alienação parental e o exercício das responsabilidades parentais*: Algumas considerações. Coimbra: Coimbra Editora, 2011. p. 65.

foi mencionada pela primeira vez em 1995, por Klenner e desde então vem sendo amplamente discutida em diversas publicações científicas e não científicas.[12]

Na Argentina, a Lei 24.270, de 3 de novembro de 1993, tipifica penalmente a conduta daquele que impede ou obstrui o contato de menores de idade com seus pais não conviventes, sem que seja necessária a prévia fixação judicial de um regime de visitas. O art. 1.º da Lei 24.270/1993 reprime com a prisão de um mês a um ano o progenitor ou terceiro que, ilegalmente, impede ou obstaculiza o contato de menores de idade com seus pais não conviventes e, se se tratar de menor de dez anos ou de incapaz, a pena será de seis meses a três anos, incorrendo nas mesmas penas o genitor ou terceiro que, para impedir o contato, muda de domicílio. Desde 1993, o Direito argentino dispõe de uma legislação criminal voltada a garantir, sob a ameaça de privação da liberdade, o direito de comunicação dos filhos com seus pais não conviventes. A proibição de contato compreende não apenas o regime de convivência (direito de visitar e de ser visitado), mas também as mais distintas variantes de comunicação, como os contatos telefônicos, a comunicação pelas redes sociais e epistolar, entre outras vias.[13]

Com efeito, não se trata de legislação destinada a combater a alienação parental, porquanto sujeito penal ativo é o genitor ou terceiro que comete o delito de obstrução ou impedimento da convivência, ao passo que na alienação parental há manipulação da vontade da criança ou adolescente, dissimulando o agente sua participação direta, que faz parecer ser desejo do menor distanciar-se do outro genitor. Entrementes, o Direito argentino ignora e considera irrelevante se tratar de aparente negativa provinda da livre vontade do menor de entabular comunicação com seu pai, porquanto o objetivo da Lei 2.470/1993 é justamente o de não dar nenhuma solução de continuidade na relação entre pais e filhos, salvo se realmente existirem causas graves que façam inconveniente esse vínculo. Está presente a mesma raiz psicológica da preservação dos vínculos de filiação e de uma sadia comunicação entre pais e filhos, e se, efetivamente, existir alguma causa provocada e que possa ser claramente atribuída ao genitor ascendente, que justifique a vedação de contato com o pai não convivente, então não se trata de alienação, como por igual não se tipifica nenhum crime, eis que ausente qualquer ilegalidade no impedimento ou obstrução justificada da convivência, sendo realmente preservados os superiores interesses da criança. O fato de o Direito argentino nada dispor acerca da alienação parental no seu vigente Código Civil e Comercial não significa que a alienação parental seja estranha ao seu sistema jurídico, pois, como refere Mauricio Luis Mizrahi, o que importa destacar é sua grave e complexa patologia social e de alta malignidade, e qualquer que seja o nome que lhe seja atribuído, a alienação parental existe na realidade familiar e os juízes podem-na comprovar na sua diária atividade jurisdicional.[14]

Há muito buscou o legislador alienígena desalentar condutas negativas daqueles progenitores ou terceiros que intentam impedir a relação de comunicação e convivência de pai e filho, sendo que entre nós a alienação parental foi primeiramente enfrentada por meio do atento trabalho da jurisprudência detectando condutas de pais e parentes coniventes em situações específicas da síndrome da *alienação parental*, sobrevindo a partir das evidências jurisprudenciais a legislação de combate à Alienação Parental, pois, como observa Caetano Lagrasta Neto, a Lei de Alienação Parental é fruto do esforço do juiz trabalhista Elizio Luiz Peres e da proposta do Deputado Regis Fernandes de Oliveira, tendo sido promulgada em 27 de agosto de 2010, com vetos aos artigos 9.º e 10,[15] cujas oposições não tiraram o brilho, a inteligência, a boa

---

[12] BOCH-GALHAU, Wilfrid von. Ob. cit., p. 10.

[13] ROMERO, José Alberto. *Delitos contra la familia*. Córdoba: Editorial Mediterrânea, 2001. p. 89.

[14] MIZRAHI, Mauricio Luis. *Responsabilidad parental*. Buenos Aires: Astrea, 2016. p. 673.

[15] LAGRASTA NETO, Caetano. *Direito de família*. Novas tendências e julgamentos emblemáticos. São Paulo: Atlas, 2011. p. 152.

Cap. 4 • COMENTÁRIOS À LEI DE ALIENAÇÃO PARENTAL E SEUS ASPECTOS PROCESSUAIS | 71

redação e, sobremodo, a eficiência da Lei 12.318/2010, que contém os dispositivos necessários para a sua pontual aplicação judicial, ao prever multas severas e progressivas, dentre outras penalidades mais graves aplicáveis ao alienador, como a inversão da guarda, a imposição de visitas monitoradas, a escolha de locais neutros para visitação, a proposta de internação do alienador, a depender do estágio de sua conduta doente, além do acompanhamento das visitas por terapeuta. Mas, infelizmente, se trata de legislação mal compreendida, ainda não tão bem absorvida pelos julgadores e quase nunca aplicada por juízes e tribunais com a necessária e esperada contundência, advertindo Caetano Lagrasta Neto que o "juiz deve não só ameaçar como aplicar"[16] os instrumentos disponibilizados pela Lei de Alienação Parental, para, dessa forma, e com eficiência e respeito, obter a efetividade judicial contra aqueles que usurpam e corrompem a inocência de uma criança covardemente alienada, que não guarda nenhum motivo pessoal para deixar de amar e de bem querer a cada um de seus pais.

Também existem movimentos que buscam o aniquilamento da Lei de Alienação Parental, porque progenitoras zelosas estariam perdendo a guarda de seus filhos para os pais maltratantes, como se o processo não fosse capaz de apurar a verdade ou se aproximar da verdade, especialmente diante das conhecidas *falsas memórias* que têm posto pais atrás das grades e liminarmente afastados de seus filhos enquanto tramitam ações que depois revelam estas *falsas denúncias*, cujo movimento de revogação da Lei de Alienação Parental anda na contramão da proteção da prole em completo retrocesso, como ocorre com o Projeto de Lei do Senado 498/2018, que propõe a revogação da Lei de Alienação Parental (LAP – Lei 12.318, de 2010), além do Projeto de Lei da Câmara dos Deputados nº 6.371/2019, que também propõe a revogação da Lei de Alienação, olvidando o uso abusivo das falsas denúncias, tendo sido apensado ao Projeto de Lei 7.347/2017, que, por sua vez, dispõe sobre medidas de promoção ao envelhecimento ativo, bem como o Projeto de Lei da Câmara dos Deputados nº 10.639/2018, que igualmente visa a revogação da Lei nº 12.318/2010 sob a justificativa de permitir que pais que abusaram sexualmente dos seus filhos pudessem exigir a manutenção da convivência com essas crianças, como se realmente fosse este o propósito da Lei da Alienação Parental e que revela, em realidade, um completo desconhecimento da relevância e completa pertinência de manutenção da Lei nº 12.318/2010, que sempre pode ser melhorada, nunca revogada. Como nesse sentido foi a promulgação da Lei nº 14.340, de 18 de maio de 2022, ao estabelecer procedimentos adicionais para a suspensão do poder familiar, garantindo por meio do acréscimo do parágrafo único do art. 4º da Lei 12.318/2010, uma convivência mínima assistida, nos casos em que há iminente risco de prejuízo à integridade física ou psicológica da criança ou do adolescente, com isso evidente a solução de continuidade desse relacionamento entre ascendente e descendente, ao lado de outras cautelas preservando a integridade física e psicológica dos infantes.

Por sua vez, o Código de Processo Civil trouxe algum alento na defesa da criança ou do adolescente vítima de alienação parental, ao ordenar no artigo 699 que o juiz se faça acompanhar de especialista para tomar o depoimento do incapaz, que poderá ser um psicólogo, um psiquiatra ou assistente social, ou até nenhum destes, mas alguém que tenha conhecimento técnico e experiência para auxiliar o juiz na detecção ou não da prática da alienação parental, pois, como escreveu Richard Gardner com absoluta propriedade:

> Terapeutas têm de ter experiência com abordagens conflituosas, os quais têm como objetivo reduzir a programação de crianças com síndrome de alienação parental. Eles têm de entender que satisfazer os desejos da criança nem sempre corresponde ao bem-estar

---

[16] Idem, p. 151.

da criança. Em casos de SAP, o que corresponde ao bem-estar da criança é forçá-la a ter contato com o genitor alienado. Terapeutas que não sabem lidar com este tipo de *teoria da ameaça* como eu chamo não deveriam trabalhar com famílias SAP. Terapeutas que não estão dispostos a modificarem as suas estratégias de trabalho desta maneira muito provavelmente não podem ajudar crianças com síndrome da alienação parental.[17]

De outra parte, cabe registrar a observação feita por Caroline de Cássia Francisco Buosi, quando realça que, em nenhum momento, a Lei 12.318/2010 aborda a alienação parental como uma *síndrome*, mas tão somente regula a alienação parental, lembrando que a expressão *síndrome* significa uma doença que não está codificada no Código Internacional de Doenças e se trata de um termo bastante criticado, limitando-se a lei a abordar esse processo criado por pais de forma consciente ou inconsciente, e que envolve uma campanha de difamação do outro genitor para afastar o progenitor não guardião do convívio com o filho comum.[18] Acontece que a palavra síndrome constitui-se em um conjunto de sintomas que caracterizam uma doença, a qual vem sendo questionada por alguns setores médicos e jurídicos, até o ponto de negar sua existência, conta Maria Eloina González Orviz,[19] pois não estão previstas na lista de enfermidades mentais da Associação Americana de Psiquiatria nem na lista da Organização Mundial de Saúde, muito embora os estudiosos do tema (psicólogos e psiquiatras) continuem estudando essa síndrome e, como tal, sigam denominando-a como síndrome em razão de um somatório de fatos e de sintomas, não havendo como negar essa ruinosa e ruidosa realidade. É dessa forma que encerra seu texto a autora Maria Eloina González Orviz.[20]

Para Maria Clara Sottomayor, a alienação parental sequer tem validade científica, sendo amplamente divulgado faltarem às teses de Richard Gardner qualquer rigor científico e aceitação pela comunidade acadêmica, porquanto seus pseudocritérios diagnósticos não se relacionam com nenhuma patologia identificável.[21] A conceituada doutrinadora portuguesa narra ser a Síndrome de Alienação Parental totalmente desacreditada pela comunidade científica americana, e que o raciocínio desenvolvido por Richard Gardner para diagnosticar a SAP é circular, periférico, sem base científica, que se assenta na diabolização das mulheres e na negação da violência de gênero e do abuso sexual das crianças.[22] Para Maria Clara Sottomayor, o trabalho de Richard Gardner faz presumir que a criança e a mãe mentem, descurando-se de perquirir se o progenitor dito alienado é realmente desleal ou se se comportou de forma a explicar a real aversão da criança, servindo a alienação parental como manobra de defesa para encobrir o comportamento negativo do próprio genitor que se apresenta como vítima da suposta alienação.[23]

Acrescenta essa notável jurista de Portugal ser imprestável a terminologia *alienação*, como referência às crianças que recusam o convívio com um dos pais, pois o seu significado simbólico e prático está contaminado pela ideologia sexista de Richard Gardner, induzindo os profissionais a acreditarem na presença de atitudes maternas de manipulação, sem averiguação

---

[17] GARDNER, Richard A. *Das elterliche Entfremdungssyndrom*. Ob. cit., p. 36.

[18] BUOSI, Caroline de Cássia Francisco. *Alienação parental*. Uma interface do direito e da psicologia. Curitiba: Juruá, 2012. p. 117.

[19] ORVIZ, Maria Eloina González. *Modelos de guarda y custodia*. Síndrome de alienación parental. Barcelona: Bosch, 2010. p. 37.

[20] Ibidem.

[21] SOTTOMAYOR, Maria Clara. *Regulação do exercício das responsabilidades parentais nos casos de divórcio*. 5. ed. Coimbra: Almedina, 2011. p. 160-161.

[22] Idem, p. 166.

[23] Idem, p. 173.

séria dos motivos da criança e, por fim, porque a expressão *alienação* estigmatiza as crianças que recusam as visitas do progenitor, passando a ser vistas como pessoas que têm as faculdades mentais perturbadas,[24] posicionando-se a autora totalmente contra a utilização do que ela denomina de *terapia da ameaça*, tal como propugnada por Gardner ao impor multas, perda da guarda e penas de prisão para as mães acusadas de descumprirem os regimes de visitas, e, diante da impossibilidade de conseguir, pela mediação familiar, a aproximação da criança, devem os tribunais aceitar que o menor, como um adulto qualquer, tem o direito de escolher as pessoas com quem quer ou não conviver.[25]

Na mesma linha de argumentação contrária à denominada síndrome de alienação parental se posiciona Dolores Padilla Miguel Clemente, refutando o trabalho de Richard Gardner, que diz ser acientífico e, em especial, com sua *Terapia da Ameaça*, consistente em um conjunto de medidas coercitivas, que vão desde multas, arresto domiciliar ou encarceramento do progenitor diagnosticado como manipulador e nocivo para o infante até a troca da guarda e custódia da criança ou do adolescente a favor do progenitor rechaçado.[26]

Conforme Mauricio Luis Mizrahi, a expressão *síndrome* parece referir-se a um termo vinculado à medicina, quando em realidade o seu significado pretende apenas designar uma *patologia relacional*, vale dizer, de índole social e que, por isso, não deve a palavra ser interpretada no seu sentido estrito de diagnóstico médico.[27]

Contrapondo aqueles que se opõem à validade da teoria de Richard Gardner, Delia Susana Pedrosa e José Maria Bouza afirmam que a alienação parental encontra eco e validade nos tribunais de diversos países, onde não só foi debatida sua utilidade, assim como criticada, existindo outro corpo empírico de dados convalidando as teorias de Gardner e que são demonstradas no campo forense, havendo outros estudos confirmando a existência da alienação parental ao encontrarem presente a maioria das características enumeradas por Gardner.[28]

O próprio Richard A. Gardner afiançava ser necessário distinguir as situações de eventual alienação parental, pertencentes àquelas abordagens mais leves de *alienação afetiva*, nas quais seria suficiente a intervenção judicial buscando reafirmar as visitas do progenitor alienado, sem conter, ainda, os casos denominados de alienação *moderada*, ou *severa*, de abuso emocional, psicológico ou sexual, cujas ações configuram uma síndrome, um distúrbio presente nos casos de extrema litigância.[29] Presentes os contornos mais graves do que a mera alienação parental, observa Filipa de Carvalho que, para a sua identificação e o seu tratamento, o julgador precisa se socorrer dos especialistas das searas médico-científica,[30] psicológica e da assistência social. Portanto, os estágios mais agudos melhor caracterizam a (síndrome) da alienação parental e cuja realidade os tribunais não se cansam de desmentir, ainda que por vezes sejam apenas ensaiadas ações dos pais que poderiam ser identificadas como atos de *alienação do afeto*.

---

[24] Idem, p. 182.

[25] Idem, p. 193.

[26] CLEMENTE, Dolores Padilla Miguel. *El Síndrome de Alienación Parental*. Uma herramienta acientifica que desprotege a los menores en el sistema de justicia. Valencia: Tirant Lo Blanch, 2018. p. 48.

[27] MIZRAHI, Mauricio Luis. Ob. cit., p. 672.

[28] PEDROSA, Delia Susana; BOUZA, José Maria. *(SAP) Síndrome de alienación parental*. Proceso de obstrucción del vínculo entre los hijos y uno de SUS progenitores. Buenos Aires: Garcia Alonso, 2008. p. 170-171.

[29] CARVALHO, Filipa Daniela Ramos de. *A (Síndrome de) Alienação Parental e o exercício das responsabilidades parentais*: Algumas considerações. Coimbra: Coimbra Editora, 2011. p. 54-55.

[30] Idem, p. 55.

4.2 COMENTÁRIOS AO ART. 2.º – DEFINIÇÃO DE ALIENAÇÃO PARENTAL

Art. 2.º Considera-se ato de alienação parental a interferência na formação psicológica da criança ou do adolescente promovida ou induzida por um dos genitores, pelos avós ou pelos que tenham a criança ou adolescente sob a sua autoridade, guarda ou vigilância para que repudie genitor ou que cause prejuízo ao estabelecimento ou à manutenção de vínculos com este.

Parágrafo único. São formas exemplificativas de alienação parental, além dos atos assim declarados pelo juiz ou constatados por perícia, praticados diretamente ou com auxílio de terceiros:

I – realizar campanha de desqualificação da conduta do genitor no exercício da paternidade ou maternidade;

II – dificultar o exercício da autoridade parental;

III – dificultar contato de criança ou adolescente com genitor;

IV – dificultar o exercício do direito regulamentado de convivência familiar;

V – omitir deliberadamente a genitor informações pessoais relevantes sobre a criança ou adolescente, inclusive escolares, médicas e alterações de endereço;

VI – apresentar falsa denúncia contra genitor, contra familiares deste ou contra avós, para obstar ou dificultar a convivência deles com a criança ou adolescente;

VII – mudar o domicílio para local distante, sem justificativa, visando a dificultar a convivência da criança ou adolescente com o outro genitor, com familiares deste ou com avós.

Embora toda separação cause desequilíbrios e estresse, os genitores, quando rompem seus relacionamentos afetivos, deveriam empreender o melhor de si para preservarem seus filhos e ajudá-los na compreensão e superação dessa fase, que é sempre muito dolorosa. São crianças e adolescentes que dependem do diálogo franco e da transparência e honestidade dos seus progenitores, os quais devem ajudar seus filhos nessa tarefa de adaptação das perdas ocasionadas pela separação dos pais, reorganizando seus vínculos em conformidade com a circunstancial ausência física de um desses genitores, mas que pode ser perfeitamente readaptado para garantir a continuidade das funções parentais, cuja importância está na sua qualidade, e não na quantidade de tempo em que o pai está presente.

Os pais devem ser sinceros em seus informes e esclarecimentos, mostrando aos filhos que seguem íntegras suas relações de amor e de afeto para com seus descendentes, e salientando, ao mesmo tempo, a importância dos filhos para a existência e felicidade dos pais. Deve ser enfatizado que não é o filho a causa da separação dos seus progenitores, sendo importante preparar a prole para o momento da ruptura conjugal, assim como deve ficar bem definido que a unidade familiar entre pais e filhos segue íntegra, e que não deixaram de ser amados pelos pais.

É fundamental para a prole existir um elo de compreensão, de respeito recíproco e cooperação entre seus pais, porque assim serão capazes de aceitar e compreender o rompimento da relação conjugal. Quando da separação dos pais, é relevante manter uma linha adequada de comunicação dos progenitores, principalmente porque os filhos já se encontram abalados e extenuados pela ruptura da convivência e coabitação dos progenitores e completamente indefesos quanto ao sentimento de um vazio causado pelo ato de abandono, por isso não conseguem ter a exata, isenta e serena compreensão. Certamente a ruptura será menos dolorosa se os pais forem exitosos em manter um saudável e primordial canal de harmônica comunicação, compartilhando os cuidados e responsabilidades que continuam tendo, agora em maior dimensão para com seus filhos, com os quais deixam de coabitar em uma única célula familiar. Para os filhos é extremamente fácil se sentirem eventualmente culpados pelo abandono do seu genitor não guardião do lar comum e que antes era habitado por todos. Os filhos são preservados quando não estão sendo usados como veículos de vingança dos pais, porquanto, quando se deixam tomar pelo mais puro ódio, os adultos que deveriam ser ponderados, equilibrados e responsáveis pela hígida formação de seus filhos acabam por corromper covardemente a inocência das crianças e adolescentes ao se utilizarem da *Alienação Parental* (AP). Aos filhos não podem ser impostas funções de proteção do genitor alienador, que faz papel de frágil e debilitado, de uma pessoa injustamente abandonada a ser defendida pelo casto filho, cujo conflito de lealdade o empurra a rejeitar o outro progenitor.

Conforme Jorge Trindade, trata-se de programar uma criança para que ela odeie, sem justificativa, um de seus genitores, cuidando a própria criança ou adolescente de contribuir na trajetória de desmoralização do genitor visitante,[31] em razão da distorção da realidade que lhe impingiu o progenitor alienador. A alienação foi percebida pelo psiquiatra americano Richard A. Gardner em processos de guarda, quando o cônjuge, na posse do filho, desencadeia uma alienação obsessiva e está empenhado em desaprovar a aproximação do genitor visitante. Segundo Gardner, no processo de alienação parental podem ser identificados alguns sintomas que serão encontrados inteira ou parcialmente, dependendo da progressão da AP, que ele tripartiu em um tipo *ligeiro*, *moderado* ou *severo*, podendo ainda surgir, nos casos mais conflituosos, falsas alegações de abuso sexual.[32]

A alienação parental é usualmente alimentada pelo ascendente guardião, que projeta na criança ou adolescente os seus sentimentos negativos, de indignação e de rancor do antigo parceiro. Não se compara com a lavagem cerebral, porque nesta se supõe que alguém trabalhe conscientemente para alcançar um resultado de distúrbio na comunicação, o que não ocorre necessariamente na alienação parental. Com o uso de chantagens de extrema violência mental, que não deixam nenhuma chance de defesa da criança ou do adolescente alienado, sendo levado a acreditar, piamente, que o genitor visitante não lhe faz nenhum bem e, pelo contrário, sente o menor visitado uma grande aflição pela presença supostamente indesejada do progenitor visitante, e o rebento vulnerável exterioriza isso de forma exagerada e injustificada para rejeitar o contato com seu progenitor alienado. O próprio medo de a criança ou adolescente vir a ser também abandonado pelo ascendente que tem sua guarda faz com que o rebento se torne presa fácil do alienador, pois precisa provar sua lealdade atendendo às expectativas de rejeição ao progenitor alienado e, dessa forma, assegurar o carinho ao menos de um de seus ascendentes.

José Manuel Aguilar Cuenca informa existirem diferentes fases da prática nefasta da alienação parental, começando pela campanha de desprestígio e de injúrias do ascendente custodiante, contando amiúde com o apoio de seu círculo familiar e social, fazendo com que a criança ou adolescente absorva os argumentos e inicie os ataques ao outro progenitor, até o ponto de interromper o contato, existindo duas claras estratégias na execução da alienação parental, pois, para a criança, a família do ascendente alienador gera segurança, mantém a custódia do infante, lhe transfere afeto e, aparentemente, sem de nada desconfiar, sempre lhe contam a hipotética verdade, enquanto a família alienada é responsável por todos os aspectos negativos vivenciados pelo infante, sendo nocivos seus afetos, que representam uma constante ameaça, minando paulatinamente a imagem do pai alienado, que não encontra recursos producentes, capazes de frear a *destruição de seus direitos como progenitor*.[33]

---

[31] TRINDADE, Jorge. *Manual de psicologia jurídica para operadores do Direito*. 2. ed. Porto Alegre: Livraria do Advogado, 2007. p. 282.

[32] SOTTOMAYOR, Maria Clara. *Regulação do exercício das responsabilidades parentais nos casos de divórcio*. 5. ed. Coimbra: Almedina, 2011. p. 159.

[33] CUENCA, José Manuel Aguilar. *Recientes modificaciones legislativas para abogados de familia*: Modificaciones fiscales, el síndrome de alienación parental, previsiones capitulares. Madrid: Dykinson, 2008. p. 76-77.

Isso quando, nos casos mais severos de alienação, um genitor fanático não acrescenta uma falsa acusação de agressão física ou de abuso sexual, que representa um estágio mais grave da alienação parental, porquanto ideias de abuso sexual podem ser inseridas na criança, que repete o fato como se realmente tivesse acontecido, levando o filho a um estado de ansiedade, medo e pânico de ser visitado pelo progenitor alienado.[34] Uma mãe ou um pai paranoico, que tenha programado no filho sentimentos igualmente paranoicos em relação ao outro genitor, provavelmente terá desenvolvido elos psicológicos mais fortes com seu filho, porém não será um vínculo sadio e sua presença infausta e doentia é um forte argumento para recomendar inclusive a medida extrema da troca de guarda da criança ou do adolescente. Dentro dessa dura realidade de pais que jogam com a estrutura psíquica dos filhos para atordoarem com suas desinteligências mentais a harmonia familiar, urgentes demandas devem interromper esse círculo criminoso de alienação parental, com soluções que por vezes devem passar pela inevitável troca da guarda, cuja decisão os tribunais muito relutam por acreditarem que seria ainda mais gravoso para o filho que foi levado a acreditar e externar o falso abuso sexual de seu pai.

Richard Gardner reclama em seus escritos dos julgadores recalcitrantes e que não tomam decisões que levem a mudanças substanciais na vida das crianças, sendo desenhadas decisões tendentes a manter o *status quo* do infante, parecendo ser uma decisão positiva, pois não ocasiona mudanças radicais, como a troca de domicílio, o afastamento dos amigos, da escola e vizinhança.[35] No entanto, nas perícias em que recomendou a troca da guarda, e assim foi determinado pelo juiz, foi constatado alguns anos depois que as crianças não apresentavam mais sintomas da síndrome e se adaptaram bem à permanência com o pai e visitas da mãe, e ao revés, quando o tribunal ignorou o parecer de Richard Gardner e manteve a guarda com a genitora alienadora, quatro anos depois as crianças continuavam fortemente alienadas do pai.[36]

A sociedade quer pais vigilantes e juízes atentos na busca da eficiente correção processual desses covardes desmandos contra a inocência, fragilidade e impotência de um infante. Por conta desse insano mal que pais ressentidos podem causar e usualmente causam aos filhos como vítimas indefesas parental e a regulou justamente por meio da Lei nº 12.318, de 26 de agosto de 2010 (Lei de Alienação Parental), embora volta e meia sempre retornem tentativas de desacreditar a Lei da Alienação Parental.

O art. 2.º da Lei de Alienação Parental considera como ato de alienação a maligna interferência na formação psicológica da criança ou do adolescente, promovida ou induzida por um dos genitores, ou mesmo por terceiros que estão próximos do menor, quer em decorrência dos vínculos de parentesco, como ocorre com avós, tios e até mesmo irmãos maiores e capazes, ou pessoas que tenham a criança ou adolescente sobre sua autoridade em razão da guarda ou vigilância, sempre tendo como objetivo o repúdio pela criança da pessoa do outro genitor, ou que ocorra alguma falha e solução de continuidade na manutenção desses vínculos. O efeito perverso e ponto nevrálgico de caracterização da alienação parental decorre do ato inconsciente de rejeição da criança ao progenitor alienado, provocando irrecuperáveis prejuízos às relações de contato e de convivência do filho alienado com seu genitor visitante e cuja sadia comunicação constitui um imprescindível instrumento de manutenção e fomento da relação paterno-filial, afirmando, com razão, Filipa Daniela Ramos de Carvalho ser um dos maiores desafios dos

---

[34] BUOSI, Caroline de Cássia Francisco. Ob. cit., p. 66.
[35] GARDNER, Richard A. *Das elterliche Entfremdungssyndrom*. Ob. cit., p. 38.
[36] Idem. Ob. cit., p. 50-52.

tribunais a garantia e manutenção da relação de convívio entre o progenitor não guardião e os seus filhos, diante das dificuldades causadas pelos pais.[37]

A assistente social Maria Luíza Campos da Silva Valente é enfática ao identificar na alienação parental o propósito de eliminar a figura e o papel do *visitante* na vida da criança, sendo a prática mais usual a mãe impor obstáculos à convivência com o pai da criança, o que pode ser desencadeado, por exemplo, mas não necessariamente, pelo fato de o varão manter um novo relacionamento afetivo; pais também são alienados quando a gravidez surge de um namoro eventual, sem maiores afinidades entre os pais, tomando os avós maternos um papel relevante na criação, na formação da criança e, por vezes, na exclusão da família do pai; assim como sentimentos de posse também podem surgir quando terceiros se ocupam excessivamente dos cuidados de uma criança em decorrência das ausências prolongadas da mãe que precisa trabalhar; também ocorrem exemplos de alienação em famílias onde a violência doméstica traumatiza qualquer nova aproximação de um pai agressor.[38]

Denise Maria Perissini da Silva elenca como comportamentos clássicos de um alienador 17 atitudes mais frequentes da prática da síndrome, a saber: 1. Recusar-se a passar as chamadas telefônicas aos filhos; 2. Organizar atividades mais atraentes nos dias de visitas do genitor sem a custódia; 3. Apresentar o novo companheiro como *o novo pai* ou *a nova mãe*; 4. Interceptar qualquer correspondência física ou virtual, e telefonemas dos filhos; 5. Desvalorizar e insultar o outro progenitor diante dos filhos comuns; 6. Recusar-se a repassar as informações das atividades extraescolares da prole; 7. Obstruir o exercício das visitas; 8. Não avisar o outro progenitor de compromissos dos filhos com médico, dentista ou psicólogo; 9. Envolver pessoas próximas na alienação; 10. Decidir sozinha acerca de escolhas relevantes na educação dos filhos; 11. Boicotar informações médicas ou escolares dos filhos; 12. Deixar os filhos com terceiros em vez do genitor não guardião quando o custodiante sai de férias; 13. Proibir os filhos de usarem as roupas e os objetos (telefone celular, computador, brinquedos) dados pelo genitor não guardião; 14. Ameaçar os filhos ou prometer atentar contra si próprio se os filhos mantiverem contato com o outro genitor; 15. Culpar o progenitor não guardião pelo mau comportamento dos filhos; 16. Não só ameaçar mudança para residência geograficamente distante, como assim proceder, mudando-se para outro Estado da Federação, isto quando não esboça buscar autorização judicial para morar fora do País; 17. Telefonar com frequência e sem motivos sérios durante as visitas do outro genitor.[39]

A Lei 13.058/2014 (Lei da Guarda Compartilhada) alterou o inciso IV ao art. 1.634 do Código Civil, ordenando ser da competência de ambos os pais concederem ou negarem consentimento para seus filhos viajarem ao exterior.

A alienação parental é um mal de globalizada incidência e de constante enfrentamento pelos foros judiciais mundiais, não sendo diferente perante os juízos e tribunais nacionais, carecendo o Judiciário brasileiro de uma aplicação mais rigorosa e efetiva dos mecanismos de proteção e preservação dos contatos de filiação, conforme previsto pela Lei de Alienação Parental, cuja legislação é bem articulada, com dispositivos legais de ponta, que permitem uma resposta mais pronta para a transformação real de um direito fundamental, facilmente ameaçado pela maldade humana, e pelo extremo do egoísmo de algumas pessoas desprovidas de escrúpulos, de sentimentos de

---

[37] CARVALHO, Filipa Daniela Ramos de. *A (síndrome de) alienação parental e o exercício das responsabilidades parentais*: Algumas considerações. Coimbra: Coimbra Editora, 2011. p. 46.

[38] VALENTE, Maria Luíza Campos da Silva. "Síndrome da alienação parental: A perspectiva do serviço social". In: PAULINO, Analdino Rodrigues (Org.). *Síndrome da alienação parental e a tirania do guardião*. Aspectos psicológicos, sociais e jurídicos. São Paulo: Equilíbrio, 2008. p. 74.

[39] SILVA, Denise Maria Perissini da. *Guarda compartilhada e síndrome de alienação parental*. O que é isso? Campinas: Autores Associados, 2010. p. 55-56.

amor e de solidariedade. Lamentavelmente, a vítima da alienação parental não vem encontrando a necessária eficácia judicial no menor tempo possível e com o menor dispêndio possível de energia, merecendo reflexão o alerta de José Roberto dos Santos Bedaque ao afirmar não serem suficientes as alterações legislativas se o aplicador das regras processuais mantiver-se apegado ao formalismo exacerbado e inútil.[40] Genitores alienados têm se sentido processualmente frustrados quando denunciam a prática abusiva da alienação parental, mesmo contando com o rito moderno e eficiente da Lei 12.318/2010, cuja legislação, no mais das vezes, não tem dado resposta e adequada proteção aos anseios e expectativas do progenitor vítima impotente da prática perversa de alienação parental. Usualmente o alienador tem sido favorecido e até incentivado pelos resultados frustrantes observados pelo genitor alienado, que busca resguardo processual contra esse uso corriqueiro, desmesurado, debochado e impune conjunto de atos de alienação parental, fazendo com que ele acabe se arrependendo de haver ingressado em juízo, pois não encontra nenhuma saída para o drama, o verdadeiro dilema que vivencia como vítima direta dos atos de alienação parental, e justo quando deveria contar com os mecanismos da Lei 12.318/2010, criada como promessa e esperança de um excelente instrumento processual de efetivo combate à alienação parental, e como aparelho capaz de vencer a secular morosidade processual, porquanto imantada esta inteligente legislação de disposições realmente aptas para conferir a urgente tutela desejada, sem ferir o devido processo legal, garantindo o contraditório e seu extremo valor constitucional. Oferece essa legislação especial de combate à alienação parental os instrumentos necessários e suficientemente eficientes para evitar que filhos sigam sendo afastados dos seus pais não conviventes, como vítimas silenciosas de uma prática reiterada e crescente de impune obstrução e impedimento de contato dos pais que não têm a custódia desses filhos indefesos, crianças e adolescentes inocentes, incapazes de perceber que estão sendo manipulados por um de seus pais.

A Lei 12.318/2010 está intimamente relacionada com o melhor interesse da criança e do adolescente, cujas necessidades fundamentais, dentre elas o sagrado direito à saudável convivência com ambos os genitores, precisam ser prioritariamente asseguradas com a tomada preventiva de alguma das diferentes medidas judiciais descritas no texto legal, em prol dos transcendentes interesses da criança e do adolescente, sempre tão vulneráveis à prática criminosa da alienação parental. A essência da salvaguarda dos filhos manipulados por perversos abusadores da alienação parental contempla diferentes intervenções legais e terapêuticas, dependentes do estágio em que se encontra o ato de alienação, podendo o problema, quando rapidamente detectado, ser solucionado com uma simples, mas necessária, firme e imediata decisão judicial, que não mais se incline pelo cacoete da intransigente defesa do genitor guardião, com medidas que geralmente costumam interromper as relações de comunicação, especialmente quando presentes falsas acusações de abuso sexual, invariavelmente premiando indevidamente o ascendente alienador com a lentidão de um sistema judicial que deveria responder de forma rápida e eficaz, cuidando justamente a Lei 14.340/2022 de garantir uma convivência mínima assistida em casos de acusação verdadeira ou não de abuso sexual, justamente ao acrescentar o parágrafo único ao art. 4º da Lei 12.318/2010.[41]

---

[40] BEDAQUE, José Roberto dos Santos. *Efetividade do processo e técnica processual*. 3. ed. São Paulo: Malheiros, 2010. p. 53.

[41] Na publicação alemã de sua obra intitulada *Das elterliche Entfremdungssyndrom* (ob. cit., p. 53), Richard A. Gardner descreve exatamente um caso que bem retrata a desesperança de uma demanda na qual a alienação parental não recebe a imediata reação: "O pai conseguiu durante todo o tempo do processo ver a criança somente em alguns poucos momentos. Eu aconselhei a mudança do regime de guarda, beneficiando o pai. Nunca chegou a ter uma audiência, pois o pai, aproximadamente um ano após eu ter sido chamado e justamente no momento no qual eu iria depor, considerou que todas as suas tentativas tinham fracassado (e provavelmente ele tinha razão). O tribunal decidiu que o direito de guarda continuaria com a mãe, de forma que, dois anos e meio depois e oito anos e meio após o início da SAP, a criança continuava sem contato com o pai".

Por sua vez, o parágrafo único do art. 2.º da Lei 12.318/2010 identifica, exemplificativamente, algumas das hipóteses de alienação parental e prescreve que seu exercício fere direito fundamental da criança e do adolescente, consistente de uma saudável e fundamental convivência familiar, prejudicando, com a obstrução ou impedimento de contato, a realização de afeto nas relações com o genitor e com o restante do seu grupo familiar, no que se constitui de verdadeiro abuso moral o descumprimento dos deveres inerentes à autoridade parental, ou daqueles decorrentes da guarda ou tutela judicial. Em qualquer indício de ato de alienação parental, a requerimento ou de ofício, em ação autônoma ou incidental, a demanda deve ter preferência processual, ou seja, devem ser priorizadas decisões judiciais capazes de preservar com rapidez a estabilidade emocional e a formação espiritual de filhos, vítimas castas e indefesas da alienação parental. O texto da Lei é bastante claro naquilo que respeita à sua finalidade de abortar qualquer início ou tentativa de alienação parental, pois impõe ao juiz a tomada de providências de urgência, com uma tramitação processual prioritária no caso de haver sinais de alienação, concedendo tutelas de urgência quando houver elementos que evidenciem a probabilidade do direito e o perigo de dano, ou o risco ao resultado útil do processo, nos termos do art. 300 do Código de Processo Civil, mormente quando surgem na rotina diária falsas acusações de abuso sexual, dificuldades de contato e do exercício da autoridade parental do progenitor.

Será imediata a reação do juiz de restabelecer a convivência do ascendente alienado e, se os fatos assim recomendarem e havendo necessidade, deve o magistrado ordenar a realização de perícia psicológica ou biopsicossocial, com perito que tenha aptidão, por comprovado histórico profissional ou acadêmico, para diagnosticar a AP, sequer devendo o juiz interrogar um infante sem a presença e o auxílio de um especialista (CPC, art. 699), acrescentando a Lei 14.340/2022 o § 4º ao art. 5º da Lei da Alienação Parental, de maneira que o juiz possa se servir dos arts. 156 e 465 do Código de Processo Civil para a realização de estudo psicológico, biopsicossocial ou qualquer outra espécie de avaliação técnica na ausência ou insuficiência de serventuários responsáveis por esses estudos. Há dentro desse descalabro mental uma completa inversão de funções, porque são os pais que devem satisfazer as necessidades afetivas dos filhos, deixando-os a salvo de toda forma de negligência, discriminação, exploração, violência, crueldade e opressão. E ainda nessas fases iniciais da síndrome, sendo detectados casos típicos de alienação, cumpre ao juiz, independentemente da responsabilidade civil ou criminal e sem ainda necessitar provar a autoria da alienação, empenhar-se em evitar que cresçam ou se agravem os atos de alheamento da prole. Para tanto, dispõe o julgador, para utilização imediata, de mecanismos legais, como: (i) a advertência; (ii) a ampliação das visitas; (iii) a possibilidade de estipular multa contra o possível alienador; (iv) ordenar terapia dos pais;[42] (v) impor a guarda compartilhada como forma de inviabilizar a prática de alienação ou alterar a guarda para o ascendente alienado, tendo a Lei 14.340/2022 revogado o inciso VII do art. 6º da Lei 12.318/2010, que suspendia a autoridade parental do genitor alienador. Como informado *supra*, o Código de Processo Civil ordena ainda, no art. 699, que, ao tomar o depoimento do incapaz, o juiz se faça acompanhar por especialista quando o processo envolver discussão sobre fato relacionado a abuso ou alienação parental, de modo que um profissional possa obter, sem causar prejuízo ao incapaz, dados verdadeiros e relevantes na

---

[42] "Apelação. Ação de alteração de guarda. Tratamento psiquiátrico ou psicológico. Alimentos. Visitas. Distribuição da sucumbência. Valor de honorários. Adequada a determinação sentencial de que o núcleo familiar se submeta a tratamento psiquiátrico ou psicológico, porquanto intenso o conflito vivenciado entre as partes, inclusive com bons indícios de alienação parental (...)" (Apelação Cível n. 70049432305, 8.ª Câmara Cível do TJRS, Relator Desembargador Rui Portanova, j. 06.12.2012).

solução do conflito,[43] sendo todos esses cuidados mecanismos legais postos a serviço de uma efetiva detecção e combate à alienação parental e buscando neutralizar os efeitos perversos provocados pela ascendência do alienador.

Qualquer um desses instrumentos legais não só pode, mas deve ser utilizado quando houver indícios da técnica de alienação parental, cujos sinais, conforme dispõe o texto legal, podem ser constituídos pela percepção de alguns dos exemplos colacionados pelo legislador no parágrafo único do art. 2.º da Lei 12.318/2010, que, sem serem exaustivos, pois, como lembra Marcos Duarte, eles relevam o poder discricionário do juiz, que poderá declarar outros atos percebidos no contato com as partes ou constatados por perícia,[44] configuram-se em alguns dos indicadores mais frequentes da ocorrência da alienação parental.

Sinalizado algum estágio da alienação parental, sem ser preciso se ater às hipóteses do parágrafo único do art. 2.º da Lei de Alienação Parental, pois outros níveis de alienação podem transbordar para práticas mais graves e de mais difícil reversão, sugerem doutrinadores que o juiz promova a realização de estudo multidisciplinar, cuja perícia precisará constatar com convicção científica a existência da alienação parental.

No pensar de Fábio Vieira Figueiredo e Georgios Alexandridis, será imprescindível a perícia multidisciplinar para pesquisa da criança, do alienante e do alienado, de forma a capacitar o julgador à compreensão da presença e do respectivo estágio de desenvolvimento da alienação parental, tirando do resultado dessa pesquisa o melhor e mais eficiente caminho de ação contra o alheamento do menor.[45]

Essa perícia teria por escopo apurar a ocorrência da alienação parental e seu nível de desenvolvimento, muitas vezes já em grau de extrema gravidade, e no pior de todos os seus estágios, representado pelas *falsas memórias* que costumam desbordar para a criminosa acusação de *abuso sexual*, cuja denúncia costuma paralisar os julgadores com extremos de cautelas, como se realmente o País fosse infestado de pais abusadores, como nunca antes visto em toda a existência dos tribunais brasileiros, ordenando, desse modo, a imediata suspensão da convivência e proibindo qualquer contato do genitor acusado com seus filhos, padecendo a vítima falsamente acusada de um verdadeiro calvário processual, posto sob medida a serviço do maquiavélico alienador, mas cuja prática antes perversa e estratégica do alienador autor das falsas memórias, encontrou no acréscimo do parágrafo único do art. 4ºda Lei da Alienação Parental, colacionado pela Lei 14.340/2022, um necessário freio ao garantir uma convivência mínima no fórum em que tramita a ação ou em entidades conveniadas com a Justiça, evitando a solução de continuidade nas relações paterno-filiais.

De qualquer modo, o legislador preferiu colacionar algumas das práticas mais usuais de alienação parental, que servem não só como exemplos, mas como verdadeiro alerta à sociedade e aos profissionais das diferentes ciências direta ou indiretamente ligadas com esta chaga que corrói as fundamentais relações e os sagrados cuidados esperados dos vínculos de filiação. Embora sejam mais comuns como exemplos de alheamento de crianças e de adolescentes, não são, contudo, exaustivas as hipóteses constantes do parágrafo único, do art. 2.º da Lei 12.318/2010, a saber:

---

[43] WAMBIER, Teresa Arruda Alvim; CONCEIÇÃO, Maria Lúcia Lins; RIBEIRO, Leonardo Ferres da Silva e MELLO, Rogerio Licastro Torres de. *Primeiros comentários ao novo Código de Processo Civil, artigo por artigo.* São Paulo: RT, 2015. p. 1031-1032.

[44] DUARTE, Marcos. *Alienação parental.* Restituição internacional de crianças e abuso do direito de guarda. Teoria e prática. Fortaleza: Leis e Letras, 2011. p. 119.

[45] FIGUEIREDO, Fábio Vieira; ALEXANDRIDIS, Georgios. *Alienação parental.* São Paulo: Saraiva, 2011. p. 50.

I – realizar campanha de desqualificação da conduta do genitor no exercício da paternidade ou maternidade.

O primeiro exemplo de alienação parental está entre aqueles de maior incidência processual, consistindo no ato de desqualificação pessoal da conduta do genitor que não se encontra no exercício efetivo da paternidade ou maternidade, de modo a aparentar que esse ascendente depreciado e moralmente diminuído não teria as mínimas condições de exercer a custódia física e jurídica do seu filho menor e incapaz. Trata-se de uma campanha de permanente desqualificação do genitor guardião, diretamente dirigida ao infante, criando, com a reiteração de ataques injuriosos e com difamantes argumentos, uma atmosfera de insegurança e de instabilidade emocional, capaz de fazer que o progenitor injuriado assuma o papel que lhe é atribuído e resultar no afastamento psicológico da criança em relação ao seu guardião oficial, ou gerar no próprio guardião um sentimento de impotência e uma sensação de incapacidade pessoal para o exercício da guarda.[46]

Como bem observa Eduardo de Oliveira Leite, para o alienador ter o controle total de seus filhos é uma questão de vida ou de morte, e como ele não é capaz de individualizar – reconhecer em seus filhos seres humanos separados de si – o primeiro percurso de que lança mão é a campanha de desqualificação do genitor no exercício da paternidade ou maternidade.[47]

Um dos temas recorrentes na prática judicial da desqualificação do guardião é de ordem econômico-financeira e por vezes até mesmo cultural, podendo esta depreciação se dar de forma silenciosa, simplesmente na comparação das possibilidades financeiras e dos recursos de um genitor em checagem com o outro, estratégia com potencial possibilidade de sucesso quando os filhos já atingiram a adolescência. A depreciação cultural muitas vezes fica umbilicalmente associada à disponibilidade financeira, como observam Delia Susana Pedrosa e José Maria Bouza, terminando o infante por aceitar que quem tem menos também sabe menos e pode menos.[48] Sem sombra de dúvida, o poder econômico pode exercer invencível e irresistível influência sobre a decisão dos filhos no tocante à substituição de seu guardião, especialmente na adolescência, quando são atraídos pelo poder de compra e pela sedução das grifes de um consumo desenfreado, e pelo relaxamento das suas obrigações pessoais para com seus estudos, horários e demais tarefas específicas de sua idade e condição. Os mesmos autores muito bem apanharam a razão da menor ocorrência dessa espécie de alienação parental, haja vista ela demandar um tempo mais dilatado de convivência com o pai não convivente para que possa pôr em prática os desníveis de ordem social, cultural e econômica, em um lento e paulatino processo de sedução pelo poder de aquisição.[49]

É tarefa que um Judiciário atento precisa reconhecer e enfrentar corajosamente, como sucede com essa perniciosa influência exercida por um genitor munido de dinheiro, mas carente de escrúpulos, que usa e abusa do seu poder econômico e financeiro para corromper maliciosamente seus filhos, mais facilmente cooptados na sua adolescência, pois nessa idade são naturalmente aliciados, seduzidos e manipulados pelo poder do dinheiro, pela aquisição dos artigos de marcas famosas, e tantos bens de consumo ofertados pelo alienador, acrescido de muitas outras comodidades ou licenciosidades que só o dinheiro pode proporcionar, e

---

[46] Idem, p. 53.

[47] LEITE, Eduardo de Oliveira. *Alienação parental*. Do mito à realidade. São Paulo: RT, 2015. p. 267-268.

[48] PEDROSA, Delia Susana; BOUZA, José Maria. *(SAP) Síndrome de alienación parental*. Proceso de obstrucción Del vínculo entre los hijos y uno de SUS progenitores. Buenos Aires: Garcia Alonso, 2008. p. 68.

[49] Ibidem.

qualquer intervenção da guardiã é interpretada como uma reação de inveja ou de atos típicos de uma mãe desequilibrada, louca para usar uma linguagem mais chula, e que só sabe proibir. Isso quando o pai não provoca seus filhos aos quais conclama que confrontem sua guardiã acerca da pensão alimentícia mensalmente depositada pelo varão, cujo dinheiro ele convence pertencer exclusivamente aos filhos, que devem reivindicá-lo como se não existissem despesas de infraestrutura e de subsistência da prole, e que necessariamente precisam ser administradas com coerência e cautela pela mãe responsável pela administração dessa pensão.

Como pode ser percebido, configura ato de alienação qualquer empreitada desses pais, avós e quaisquer outros parentes ou pessoas legalmente responsáveis pela criança ou adolescente, que buscam desqualificar a conduta do genitor responsável pela guarda fática ou jurídica dos filhos comuns, procurando com tais provocações gerar um clima de insegurança, intranquilidade e até de coisificação da mãe ou do pai guardião, causando uma falsa sensação de abandono desse progenitor, pois, por conta dessas vantagens materiais e da permissividade do alienador, esses filhos já passam mais tempo com o alienador do que com a censora guardiã, sendo que ao lado do alienador os rebentos não têm horários, tarefas, afazeres e lições escolares, e quaisquer outras obrigações, mas somente regalias e vantagens materiais que a mãe não tem condições de adquirir e proporcionar, tudo conduzido no propósito de obstruir ou dificultar a convivência espontânea presente entre o guardião e a prole sob a sua custódia.

II – dificultar o exercício da autoridade parental;

A separação dos pais não deve ter nenhuma interferência na autoridade parental, conhecida nos idos tempos do Código Civil de 1916 e antes do advento da Carta Política de 1988 como pátrio poder, depois transmudado em poder familiar diante da hegemonia dos direitos do homem e da mulher garantidos pela Carta Federal de 1988 e que o direito alienígena denomina de *responsabilidade parental*. A mudança proveniente da ruptura dos pais deve decorrer exclusivamente da coabitação que deixa de existir em relação ao genitor não guardião, que não mais irá conviver diuturnamente com seus filhos, gerando a guarda unilateral e também a compartilhada, um direito e ao mesmo tempo um dever que tem o ascendente não guardião de conviver e de se comunicar com sua prole. A par do dever de sustento e de guarda dos filhos, complementa o rol de direitos e de deveres do poder familiar que deve ser exercido em igualdade de condições pelo pai e pela mãe (art. 21 do ECA), os deveres de educação e a atenção para com os cuidados próprios da idade dos filhos em formação. Como visto, a separação dos pais não altera a titularidade desse direito-dever que decorre do estado de filiação e não do matrimônio ou da união informal dos progenitores. O ascendente guardião tem o dever de facilitar e incentivar as relações do filho para com o outro progenitor, colaborando para que a interação entre eles ocorra da maneira mais ampla possível, tendo sempre como propósito assegurar os melhores interesses do infante. O progenitor não guardador tem o direito e o dever de vigilância sobre sua prole, pois não perdeu com a separação ou com o divórcio a faculdade de decidir sobre os assuntos relativos à educação, saúde e formação de seus filhos menores, como afirma o texto constitucional. Cumpre aos pais a obrigação de assistir e velar por seus filhos (art. 227 da CF). Vigilância que não reclama e nem tem espaço para uma atuação sufocante dos pais, porque isso representaria limitar a liberdade de movimentos tão prejudicial à educação dos filhos, mas representada pelos cuidados compreendidos em um juízo ponderável de normalidade e de adequada informação, capazes de garantir a segurança da descendência direta e cujo compromisso foi reforçado com a redação atribuída pela Lei 13.058/2014 (Lei da Guarda Compartilhada) ao § 5° do art. 1.583 do Código Civil, reconhecendo ser parte legítima qualquer dos genitores para solicitar informações e ou prestação de contas, objetivas e subjetivas, em assuntos ou situações que direta ou indiretamente afetem a saúde física e psicológica e a educação de seus filhos, não querendo dizer que ficam abertas as portas para o cogenitor pedir prestação de contas dos alimentos que presta aos filhos.[50]

Esse dever de vigilância implica informar o progenitor não guardião sobre a vida dos filhos, seu estado de saúde, físico e espiritual, seus estudos, sua educação religiosa, moral e cívica, como explica Fuensanta Sánchez-Lafuente, não cometendo a ninguém negar esses informes por vingança ao outro progenitor, censurando e divergindo de todas as suas opiniões e critérios de educação.[51]

Isso porque, efetivamente, constitui outra perversa configuração de alienação parental essa campanha do progenitor guardador de sempre desautorizar a autoridade do genitor não guardião, cujo império de suas decisões e orientações é invariavelmente questionado e automaticamente desprezado, sugerindo o alienador que a criança ou o adolescente ignorem os comandos do ascendente alienado e considerem unicamente a palavra de ordem prestada pelo guardião alienador. Desse modo, a alienação encontra tráfego justamente na contramão do respeito ao direito de vigilância outorgado ao genitor não guardador, de participar das decisões próprias de um poder familiar que não se desfez com a separação dos pais, e cujos informes são relevantes para aperfeiçoar e melhorar os resultados psíquicos que uma boa interação disponibiliza em benefício dos filhos.

Sendo dito pelo alienador que tudo aquilo que é realizado pelo progenitor alienado está errado e é imprestável, não tem valor algum, deixando o progenitor alienante com que o poder familiar conjunto ocorra apenas no plano teórico, posto que o seu exercício e em toda a sua plenitude não encontra espaço para a presença e convivência deste pai criminosamente afastado da vida do filho e se a sua presença, que é sempre considerada uma grave ameaça, é percebida ou notada pelo genitor alienante, este pai persistente é prontamente desqualificado e desrespeitado pelo ascendente custodiante, que assim não só dificulta, mas inviabiliza o exercício da autoridade parental daquele progenitor que realmente não consegue participar na construção da sadia formação moral, social, cultural e intelectual de seus filhos, diante das atitudes negativas da mãe ou do pai guardião, que já faria bastante se pelo menos se abstivesse de interferir nas ações empreendidas por aqueles pais privados da convivência direta para com a sua prole, e que deveriam estar em um plano de igualdade no exercício conjunto da sua titularidade parental, mas, bem ao revés, despreza a existência do progenitor alienado de todas as formas, manifestando-se desde a recusa de passar as chamadas telefônicas aos filhos, como lembrado por Eduardo de Oliveira Leite, passando por ler e responder mensagens do outro genitor pelo WhatsApp, até a organização de várias atividades com os filhos durante o período em que o outro genitor deve normalmente exercer o direito de visitas.[52]

---

[50] "Recurso Especial. Direito de Família. Alimentos. Ação de prestação de contas. Devedor. Ausência de interesse de agir. Crédito. Inexistência. Administração. Valores. Guarda. Exclusividade. Irrepetibilidade. Utilidade. Ausência. 1. Recurso especial interposto contra acórdão publicado na vigência do Código de Processo Civil de 1973 (Enunciados Administrativos nºs 2 e 3/STJ). 2. A ação de prestação de contas tem a finalidade de declarar a existência de um crédito ou débito entre as partes. 3. Nas obrigações alimentares, não há saldo a ser apurado em favor do alienante, porquanto, cumprida a obrigação, não há repetição de valores. 4. A ação de prestação de contas proposta pelo alimentante é via inadequada para fiscalização do uso de recursos transmitidos ao alimentando por não gerar crédito em seu favor e não representar utilidade jurídica. 5. O alimentante não possui interesse processual em exigir contas da detentora da guarda do alimentando porque, uma vez cumprida a obrigação, a verba não mais compõe o seu patrimônio, remanescendo a possibilidade de discussão do montante em juízo com ampla instrução probatória. Recurso especial não provido" (STJ. Resp. 1.637.378/DF. Terceira Turma. Relator Ministro Ricardo Villas Bôas Cueva. Julgado em 19.02.2019).

[51] SÁNCHEZ-LAFUENTE, Fuensanta Rabadán. *Ejercicio de la patria potestad cuando los padres no conviven*. Navarra: Thomson Reuters, 2011. p. 140.

[52] LEITE, Eduardo de Oliveira. Ob. cit., p. 271-272.

> ### III – dificultar contato de criança ou adolescente com genitor;

A ruptura da relação de convivência dos pais implica no estabelecimento da guarda unilateral ou compartilhada, mas, em qualquer hipótese, importa no estabelecimento de um regime de convivência destinado ao progenitor desprovido da diuturna guarda física dos filhos. Isso porque, com a crise matrimonial, usualmente a um dos pais é delegada a função de guarda e custódia da prole, mesmo que sob a modalidade da residência de referência, levando em consideração a proteção dos interesses superiores da criança e do adolescente. O juiz considera alguns fatores que atendam a um critério objetivo da guarda da prole, como a capacidade de disposição de tempo e atenção que os pais podem despender para o melhor desenvolvimento da formação e educação de seus filhos, assim como a atenção por eles dispensada durante a existência da mútua convivência e a compatibilidade dos horários de trabalho dos pais, sem descurar, principalmente, do efetivo desejo e aspirações dos filhos com relação à sua guarda, logicamente considerado seu estado de maturidade.

Não configura qualquer forma de alienação a contrariedade materna ao pernoite do filho na casa paterna, quando se trata de criança de pouca idade, quando ela ainda exige a constante presença da mãe,[53] referindo Eduardo de Oliveira Leite que, se a criança ainda mama, a hipótese do pernoite fica afastada.[54]

Definida a guarda da prole, são regulamentados os dias de convivência, sendo certo que o contato do progenitor não guardião não deve se restringir aos horários de convivência ajustados ou judicialmente determinados, porquanto a relação da criança ou do adolescente também para com o seu genitor não guardião deve ser contínua, permanente e, inclusive, em muitas ocasiões, não presencial, valendo-se do telefone, da correspondência, da internet, de e-mails e quaisquer redes sociais, ou meios de comunicação, mesmo pelas vias mais ultrapassadas, como o fax ou o telegrama, pois todas as formas são válidas para uma constante e sadia conversação com a prole, como expressão máxima e relevante na construção integral da personalidade dos filhos, contribuindo para a hígida formação psíquica dos filhos, que, para isso, contam e devem contar, sem restrições, com a ilimitada cooperação dos seus pais, pois, como escreve pontualmente Mariano Otero, a conversação com os filhos deve ser a mais fluída possível, para que não seja tão diferente da comunicação que mantinham enquanto os pais conviviam, fundando-se no

---

[53] "Agravo de instrumento. Direito Civil. Família. Ação de oferta de alimentos e de regulamentação de visitas. Pedido do genitor. Menor de tenra idade. Visitação sem pernoite. Embora louvável o interesse paterno em estreitar os laços afetivos com a filha, direito, aliás, de ambos, no caso, a menor tem apenas 4 anos de idade, e o próprio genitor refere que não tinha o costume de participar da rotina da menina, como a hora de dormir, razão pela qual não se recomenda que as visitas sejam, desde logo, com pernoites. Recurso provido em parte" (Agravo de instrumento nº 70071494587, Sétima Câmara Cível, Tribunal de Justiça do RS, Relatora Liselena Schifino Robles Ribeiro, julgado em 30.11.2016).
"Direito Civil – Família – Guarda de menor – Visitas – Denúncia da mãe de abuso sexual por parte do genitor – Provas não conclusivas – Visitas mantidas – Pernoite com o pai – Menor em tenra idade – Conflitos familiares – Pernoite indicado a partir dos 04 (quatro) anos de idade. Recursos desprovidos. 1 – Não havendo provas conclusivas de abuso sexual, no laudo psicossocial forense, no laudo do instituto médico legal e no laudo emitido por psicólogo particular, contratado pela genitora da criança, há que se manter as visitas do pai. 2 – Encontrando-se a criança em tenra idade e inserida num relacionamento conflituoso entre seus genitores é aconselhável que o direito de visita do genitor seja mantido sem o pernoite, até que a menor complete 04 (quatro) anos de idade. 3 – A criança, por mais que tenha um desenvolvimento normal, traz os resquícios dos conflitos havidos entre seus pais, sendo indicado que não se realizem mudanças bruscas em sua rotina" (TJ-DF – Apl: 884522200098070006 DF 0008845-22.2009.807.0006, Relator Lécio Resende, data de julgamento: 28.10.2010, 1ª turma cível, data de publicação: 09.11.2010, *DJe*, p. 143).
[54] Idem. Ob. cit., p. 273.

Cap. 4 • COMENTÁRIOS À LEI DE ALIENAÇÃO PARENTAL E SEUS ASPECTOS PROCESSUAIS | 85

princípio de um direito natural capaz de permitir que continue sendo cultivado o afeto e estabilizados os vínculos familiares.[55]

É direito do infante não ser cortado ou cerceado por qualquer um de seus pais com atitudes que visivelmente impeçam essa comunicação, seja proibindo o acesso ao computador, seja impedindo que os filhos respondam aos *e-mails, mensagens* ou comunicados eletrônicos do outro genitor, bem como se omitam os genitores guardiães de proibir a prole de atender aos chamados telefônicos dos pais, por vezes se apropriando dos aparelhos celulares dados pelo ascendente não guardião, ou apresentando desculpas de furto, extravio ou quebra dos telefones utilizados pelos filhos para falarem com seus pais. Comete abuso do direito de guarda o progenitor que, sem justa causa, inviabiliza o livre exercício do direito de comunicação do menor com o progenitor não guardião.

IV – dificultar o exercício do direito regulamentado de convivência familiar;

Com a separação física dos pais, eles entram em um consenso ou, por decisão judicial, é ordenado um calendário de convivência mínima a ser exercida pelo progenitor não guardião, como um direito inerente ao filho e um dever de seu progenitor, que não deixa de ser concomitante um direito que ambos têm e devem dispor para a mais completa e saudável interação do estado natural de filiação. Entrementes, é bastante frequente a ocorrência de uma espécie de *boicote* dessa convivência, ou dessa convivência familiar entre pai e filho, ou entre mãe e filho se a guarda ocasionalmente for paterna. São atitudes veladas, silenciosas, atribuídas usualmente à vontade ou desejo do próprio filho, que sempre termina encontrando pela voz mal-intencionada e provocativa de seu guardião tarefas ou lazeres mais atrativos que sempre coincidem com os dias e horários de convivência do outro progenitor.

O genitor alienador age com extrema facilidade e sutileza para obstaculizar o direito convivencial do progenitor não guardião, encontrando rotas fáceis de acesso para atrair o filho para outras programações mais sedutoras do que a "tediosa" convivência de um genitor que vem sendo, por igual, paulatina e religiosamente depreciado, e, na sua esteira, também os avós da criança, provenientes da linha parental do genitor não guardião. Nessa perversa tática guerrilheira de atuação, o alienador busca empurrar o progenitor obstruído para uma zona de exclusão, obrigando o filho a informar sua preferência por outras atividades mais lúdicas e que estariam sendo perdidas pela criança em razão de sua obrigação de precisar honrar o calendário de convivência.

Os anais forenses estão prenhes dessas situações e seus efeitos podem atingir outros parentes que são destinatários de um direito de visitas e de comunicação, como sucede no caso dos avós e, circunstancialmente, de outras pessoas que de alguma forma têm com a criança um vínculo de afetividade, como, por exemplo, acontece com tios e padrastos e com pessoas mais achegadas. Os avós também se tornarão pessoas desprezadas pelo neto, sem que tenham concorrido para esta situação, sendo responsabilidade do Poder Judiciário fazer cumprir as visitas ajustadas ou ordenadas, impondo sanções de ordem pecuniária, como as multas (*astreintes*) estabelecidas por ato de obstrução do direito de convivência, inclusive com a ameaça de troca da guarda se antes não surtir efeito a compulsória submissão do progenitor alienador à terapia psicológica a ser deferida em provimento judicial liminar e fiscalizada pelo juiz do processo, pois, como menciona Conrado Paulino da Rosa, "a aplicação coativa do compartilhamento, desde o início de um processo litigioso nas Varas de Família, expressa a intervenção já existente do espaço público no privado e, justamente, se faz imperiosa em decorrência da incapacidade de que os genitores possam, de forma autônoma, decidirem o que é melhor para o futuro de sua prole".[56]

---

[55] OTERO, Mariano C. *Tenencia y régimen de visitas*. Buenos Aires: La Ley, 2012. p. 51.
[56] ROSA, Conrado Paulino da. *Guarda compartilhada coativa*. A efetivação dos direitos de crianças e adolescentes. Salvador: JusPodivm, 2018. p. 165.

V – omitir deliberadamente a genitor informações pessoais relevantes sobre a criança ou adolescente, inclusive escolares, médicas e alterações de endereço;

A alienação parental tem como meta excluir o genitor não guardião da vida dos filhos comuns, os quais se tornam prisioneiros da separação dos pais, em meio ao conflito existencial dos progenitores que utilizam as crianças para destruírem vínculos de afeto na filiação. Cerca de 80% das vítimas de alienação são os pais que ficam sem a guarda dos filhos, e sabem serem muitos escassas suas chances judiciais de sucesso pela custódia da prole, sendo realmente pequenas suas possibilidades jurídicas de reversão do quadro de alienação, sem que os progenitores alienados encontrem no processo qualquer esperança de alteração nessa disputa desigual pela *lealdade* dos filhos manipulados pelo nefando genitor alienador. Mesmo quando os fatos e as provas se mostram processualmente relevantes, a experiência judicial demonstra que em curto espaço de tempo o ascendente alienado não encontrará nenhuma alteração processual nessa infausta prática da alienação parental, pois o Judiciário tem se mostrado inoperante e sobremaneira cauteloso, quase que ineficaz na resolução efetiva dos atos de alienação. Ainda se vivencia uma justiça preconceituosa e extremamente morosa, sobremodo no trato da alienação parental, sem nenhuma infraestrutura com listagem de peritos e equipes multidisciplinares de apoio e um total despreparo para enfrentar com vigor a prática torrente da impune alienação parental, e cujas carências não parece que serão suprimidas diante da edição da Lei 14.340/2022 no que respeita à nomeação de peritos estranhos aos quadros da Justiça.

Por sinal, uma proposição adicional com relação aos instrumentos processuais de enfrentamento da debochada técnica criminosa de atos de alienação parental passa certamente pela aplicação de multa pela litigância de má-fé contra o progenitor alienador e que transita pelo processo promovendo livre e impunemente falsas acusações contra o outro genitor, muitas delas de gravíssimos efeitos que põem em sério risco a preservação dos vínculos de filiação, como sucede com as falsas memórias de abuso sexual e de cuja prática Richard Gardner relata um caso no qual não elaborou nenhum parecer, mas atuou apenas como consultor, em que a progenitora acusou falsamente o pai da criança de abuso sexual, no que foi apoiada pelo terapeuta da mãe que elaborou um parecer correspondente, tendo o tribunal americano afastado a alegação de alienação parental e concluiu que houve abuso sexual e decretou visitas supervisionadas do pai, e logo depois mãe e filho desapareceram sem deixar rastros.[57]

VI – apresentar falsa denúncia contra genitor, contra familiares deste ou contra avós, para obstar ou dificultar a convivência deles com a criança ou adolescente;

Esta é certamente a modalidade mais cruel de alienação parental que trata da apresentação de falsa denúncia contra genitor, ou contra os familiares, e entre esses familiares estão os avós, tudo no propósito doentio de obstar a convivência do progenitor não convivente com o seu filho. Alicia Husni e María Fernanda Divas chamam a atenção para o fato de predominar em muitas separações dos pais um profundo ódio e a ocorrência corriqueira de mútuas agressões, comportando-se ambos os genitores de forma perigosa e com muita dificuldade de elaborarem o duelo da separação.[58]

Entre nós a prática das falsas denúncias é denominada *síndrome das falsas* memórias, suscitando sempre a polêmica da utilização do termo "síndrome", por não se tratar de uma doença, enquanto outra vertente doutrinária afirma que a expressão "síndrome" não é de uso

---

[57] GARDNER, Richard A. *Das elterliche Entfremdungssyndrom*. Ob. cit., p. 70.
[58] HUSNI, Alicia; RIVAS, María Fernanda. *Familias en litígio*. Perspectiva psicosocial. Buenos Aires: LexisNexis, 2008. p. 118.

Cap. 4 • COMENTÁRIOS À LEI DE ALIENAÇÃO PARENTAL E SEUS ASPECTOS PROCESSUAIS

exclusivo da medicina, o fato realmente importante é que a síndrome das falsas memórias comporta acusações injustas de abuso infantil e, portanto, diferem do conceito específico da síndrome da alienação parental,[59] posto que na implementação das falsas memórias ocorre uma mentirosa acusação de abuso infantil.

Jorge Trindade é objetivo ao referir ser a *síndrome das falsas memórias* uma conotação de memórias forjadas, total ou parcialmente, induzindo relatos de fatos inverídicos, supostamente esquecidos na lembrança da criança ou do adolescente, que é induzida a se comportar de acordo com a crença de que os fatos efetivamente teriam ocorrido,[60] sendo esse menor totalmente vulnerável, ainda mais diante da fé de seu genitor guardião ser responsável por sua existência física e afetiva, convencido a acreditar que tenha sido realmente paciente de maus-tratos físicos, psíquicos ou vítima de abuso sexual. Os maus-tratos lesionam o direito à dignidade pessoal protegida pela Declaração Universal dos Direitos Humanos e pela Convenção Americana sobre Direitos Humanos, que consistem no direito à vida, à liberdade, à segurança e à integridade da pessoa, sendo inequívoco que ninguém pode ser submetido a torturas e nem a penas e tratamentos cruéis, desumanos ou degradantes. O abandono e a negligência física e emocional configuram maus-tratos infantis, sancionando o Código Penal maus-tratos físicos como delito de lesão agravada quando ocasionada por algum integrante do núcleo familiar. O abuso sexual pode ser conformado por diversos delitos, agravados quando o autor é um ascendente, afim, colateral, tutor ou curador, ou qualquer pessoa encarregada pela guarda e educação da vítima, exatamente diante dessa relação de dependência dessa vítima frente ao autor.

As demandas forenses têm apresentado crescentes alegações de abusos sexuais de um genitor em relação aos seus filhos, havendo uma vertiginosa taxa de falsas denúncias decorrentes de ocorrências completamente inexistentes, conforme anota Alváro de Gregorio Bustamante no VI Simpósio Anual de Psicologia Forense, realizado em Las Vegas em 1990, no qual foram citados os importantes trabalhos de Richard Gardner e outros estudiosos. Concluíram os especialistas que as falsas acusações de abuso sexual têm aumentado nos últimos tempos, especialmente durante a tramitação dos processos de divórcio ou nas batalhas sobre a custódia da prole.[61]

As falsas denúncias de abuso sexual, como crime que representam e por colocarem a criança e o adolescente em risco, quando realmente presente o abuso intrafamiliar, constroem um poder muito grande sobre a palavra da vítima, que tem um papel determinante nos processos de crimes contra a liberdade sexual, já que na maioria dos casos o único meio de prova é o testemunho da pessoa abusada. A prova do abuso é de difícil demonstração, e quando surge, especialmente dentro dos processos de divórcio ou de dissolução de relacionamentos estáveis, suscita nos julgadores enormes dúvidas quanto à sua comprovação, porque representa, de um lado, excluir drasticamente um dos genitores da vida da criança e, de outro, pôr em perigo extremo a criança ou o adolescente quando um ou outro sofre efetivo abuso daqueles que deveriam protegê-lo em sua incolumidade física, psicológica e moral, e, no entanto, um e outro dizem lutar pela integridade do filho, um para não perdê-la e o outro para preservá-la.[62]

---

[59] PINTO, Luciano Haussen; PUREZA, Juliana da Rosa; FEIJÓ, Luíza Ramos. Síndrome das falsas memórias. In: STEIN, Lilian Milnitsky (Coord.). *Falsas memórias*. Fundamentos científicos e suas aplicações clínicas e jurídicas. Porto Alegre: Artmed, 2010. p. 249.

[60] TRINDADE, Jorge. *Manual de psicologia jurídica para operadores do Direito*. 4. ed. Porto Alegre: Livraria do Advogado, 2010. p. 203.

[61] BUSTAMANTE, Alváro de Gregorio. *Abuso sexual infantil*. Denuncias falsas y erróneas. Buenos Aires: Omar Favale Ediciones Jurídicas, 2008. p. 174.

[62] HUSNI, Alicia; RIVAS, María Fernanda. *Familias en litígio*. Perspectiva psicosocial. Buenos Aires: LexisNexis, 2008. p. 114.

Buscando identificar em laudos os sintomas presentes em crianças e adolescentes vítimas de violência sexual, Beatriz Dias Braga Lorencini e Dalka Chaves de Almeida Ferrari dizem que eles:

> podem ter um forte sentimento de inferioridade, uma necessidade grande em agradar, ideias e atitudes sexuais estranhas e precoces e muito medo ao chegar em casa. Também familiar, especialmente nos casos moderados e severos podem isolar-se, ter poucos amigos e viver chorando sem causa aparente. Essas crianças podem apresentar tiques nervosos, gagueira ou outras manias que não tinham antes da agressão. Podem ainda ser irritadas e sentir medo dos adultos, procurando se esconder deles.[63]

O uso das falsas denúncias destroça as relações de filiação, pois o impedimento liminar de contato e de convivência do genitor falsamente acusado termina por eternizar a demanda e afastar, por ordem judicial, a aproximação do progenitor apontado como abusador, especialmente quando os juízes costumam se inclinar por resguardar o infante diante da sua dúvida inicial, não obstante estejam os juízes obrigados a assegurarem uma convivência mínima e assistida, consoante parágrafo único do artigo 4°da Lei 12.318/2010, com a redação dada pelo artigo 1° da Lei 14.340/2022. Falsos testemunhos sobre um suposto crime também podem levar uma pessoa inocente à prisão, mesmo em caráter provisório, tornando a injustiça igualmente perigosa por traçar o destino e a liberdade da pessoa falsamente acusada. Não bastassem essas previsíveis, desejadas e planejadas estratégias daquele genitor que faz caluniosa denúncia de abuso sexual, contando com a notória dificuldade na comprovação dessas presunções lançadas a esmo, sem qualquer cunho de realidade, disto se vale e se favorece o genitor alienador sem se dar conta do profundo dano psicológico causado aos seus filhos com esse súbito e grotesco expediente criado para impedir o contato do outro progenitor, e sobremodo se trata de um desumano propósito de excluir injustamente o outro ascendente da vida da prole comum, com denúncias que costumam aparecer em processos de divórcio, guarda de filhos e de alimentos,[64] sem nenhum histórico antecedente de abuso sexual na família que se desfaz.

Buscando atribuir ao processo um encaminhamento judicial de pesquisa acerca da veracidade do denunciado abuso, encontra-se em uma verdadeira encruzilhada o juiz que se depara com o dilema de um ascendente argumentando a obstrução do regime de visitas do não convivente em nome da integridade dos filhos, e este clamando por não perder o contato com sua prole. Diante desse impasse e com temor de cometer um erro de avaliação, o julgador costuma convocar um corpo de peritos voltados a determinar os danos físicos ou psíquicos sofridos pela vítima e a situação de perigo, se ela realmente existe, além de apurar o meio social e ambiental da família. Trata-se de um diagnóstico pesquisado pelo juiz com o auxílio de psiquiatras, médicos, psicólogos e assistentes sociais, que têm a tarefa de determinar se o abuso efetivamente ocorreu,[65] o que acontece naquelas situações processuais que carecem de

---

[63] LORENCINI, Beatriz Dias Braga; FERRARI, Dalka Chaves de Almeida. Oficinas de prevenção. In: FERRARI, Dalka Chaves de Almeida; VENCINA, Tereza C. C. (Org.). *O fim do silêncio na violência familiar*: Teoria e prática. 4. ed. São Paulo: Ágora, 2002. p. 259.

[64] "Agravo de Instrumento. Ação cautelar. Pedido de suspensão do direito de visitas do pai à filha. Imputação de abuso sexual. Deferimento. Inconformismo. Conjunto probatório que afasta, a princípio, a possibilidade de violência ventilada. Ausência de prova de conduta desabonadora do pai. Decisão reformada. Recurso conhecido e provido" (Agravo de Instrumento 2022.058390-3, 4.ª Câmara de Direito Civil do TJSC, Rel. Des. Victor Ferreira, j. 20.02.2013).

[65] HUSNI, Alicia; RIVAS, María Fernanda. *Familias en litígio*. Perspectiva psicosocial. Buenos Aires: LexisNexis, 2008. p. 115.

elementos de comprovação porque ausentes testemunhas, inequívocas conclusões periciais, ou claros indícios médicos, tudo sendo apurado a partir da palavra do genitor guardião, e a partir de uma confusa verbalização da suposta vítima de abuso, especialmente quando se trata de criança de tenra idade e com naturais dificuldades de expressão, como por sinal tem sido a prática corriqueira da alienação parental com o recurso extremo das *falsas memórias*.

Na pesquisa de dados fáticos de relações incestuosas atribuídas aos genitores, Cecilia Grosman e Silvia Mesterman contam ser bastante usual o fato de o autor confessar o ocorrido, justificando sua ação mediante diversas desculpas, que passam por ter sido provocado ou incitado pela vítima; por estar embriagado; em decorrência dos problemas sexuais existentes com sua mulher ou companheira, e até mesmo que teria atuado com propósitos educativos.[66]

Hélio Cardoso de Miranda Júnior diz que a simples suspeita de ocorrência de abuso sexual incita o juiz a determinar o afastamento entre o suposto abusador e a criança ou adolescente, e complementa mostrando ser curioso existirem mulheres que criam histórias existentes apenas em suas próprias fantasias acerca do abuso, enquanto outras convivem com fatos dessa natureza sem se afastarem dos companheiros ou maridos.[67] De qualquer forma, essas falsas denúncias, sejam de maus-tratos ou de abusos sexuais, tendem a sacrificar não apenas aquele progenitor que é falsamente acusado, como interferem de forma igualmente cruel e devastadora em relação ao filho que sofre com a ruptura da relação e do contato que deveria manter com o pai afastado de seu eixo de comunicação.

Enfim, não há como esconder ou negar a existência sinistra das *falsas denúncias*, formuladas na maior parte das vezes pelas mulheres, as quais podem ou não estar mentindo, competindo ao Judiciário encontrar o melhor caminho que não lhe deixe à mercê dessa danosa e patológica prática que distorce a realidade da convivência dos pais para com seus filhos, inclusive o juiz se fazer acompanhar de um especialista, quando for tomar o depoimento do incapaz em processo relacionado a abuso ou alienação parental, conforme determina o art. 699 do CPC. Sempre relevante será a pronta reação do Poder Judiciário no intuito de coibir a perpetuação da alienação que, na dúvida da procedência ou não da denúncia, afasta da convivência um pai acusado de assédio sexual contra seu rebento. Já não bastasse o genitor haver perdido com sua separação a relação de cotidianidade no trato com sua prole, apenas porque arrostado diante de uma mera suspeita, tem o Poder Judiciário o dever de repor o mais breve possível convivência e sequer suspendê-la conforme previsto pelo parágrafo único do art. 4º da Lei da Alienação Parental, com a redação dada pelo art. 1º da Lei 14.340/2022 e com mais razão ainda, as denúncias se mostram visivelmente frágeis,[68] pois logo o juiz percebe que a mãe não apresenta em seu proceder os sintomas esperados, quando os fatos são verdadeiros, de uma angústia e tristeza duradouras, e com mais certeza ainda não deve a convivência sofrer qualquer solução de continuidade quando estudos periciais preliminares, realizados no processo por psicólogos, psiquiatras e assistentes sociais, apontam para a notória ocorrência do processo de alienação parental.[69]

---

[66] GROSMAN, Cecilia; MESTERMANN, Silvia. *Maltrato al menor*. El lado oculto de la escena familiar. Buenos Aires: Editorial Universidad, 1998. p. 233-234.

[67] MIRANDA JÚNIOR, Hélio Cardoso de. *Um psicólogo no tribunal de família*. A prática na interface – Direito e Psicanálise. Belo Horizonte: Artesã, 2010. p. 226.

[68] "Agravo de instrumento. Ação cautelar. Pedido de suspensão do direito de visitas do pai à filha. Imputação de abuso sexual. Deferimento. Inconformismo. Conjunto probatório que afasta, a princípio, a possibilidade de violência ventilada. Ausência de prova de conduta desabonadora do pai. Decisão reformada. Recurso conhecido e provido" (Agravo de Instrumento n. 2012.058390-3 da Quarta Câmara de Direito Civil do TJSC. Relator Desembargador Victor Ferreira. Julgado em 20.02.2013).

[69] "Direito de visitas. Pai. Acusação de abuso sexual. Pedido de suspensão. Possibilidade de alienação parental. 1. Como decorrência do poder familiar, o pai não guardião tem o direito de avistar-se com a filha,

Abalizada doutrina respaldada por corrente jurisprudência sugere que não se restrinja a atuação judicial à mera apuração da verossimilhança das denúncias, porquanto se faz certo que, diante do abuso real ou fantasiado, a criança ou o adolescente estão sendo vítimas de agressões por um de seus pais.[70] A abordagem judicial não pode se limitar a elucidar a verdade, e os peritos devem proporcionar informações e orientações que permitam que os progenitores enfrentem seus problemas.[71] Eduardo de Oliveira Leite enxerga um Poder Judiciário ainda mal aparelhado para apreciar essa complexa temática, e assim prefere medidas paliativas ao enfrentamento objetivo e eficaz do problema, criando dessa forma uma zona nebulosa de criticável indefinição em manifesto prejuízo da vítima maior, que é a criança.[72] Por conta do temor de que o tempo possa contribuir para a completa destruição da relação afetiva dos filhos com o genitor alienado, em decorrência da delituosa ação do agente alienador, alerta Caetano Lagrasta, com sua peculiar acuidade, ocorrer inúmeras vezes de juízes e promotores, sensibilizados pelas acusações, determinarem o imediato afastamento do agressor, revelando-se alguns anos mais tarde a mentira da acusação, e mostrando os fatos que, nesse estágio dos acontecimentos, não há mais como reatar a convivência,[73] concluindo Priscila Corrêa da Fonseca não ser tolerável que, diante da presença de seus elementos identificadores, não adote o julgador urgentes providências e, dentre elas, o exame psicológico e psiquiátrico das partes envolvidas,[74] E como agora ordenado pela Lei 14.340/2022, que não haja solução de continuidade na convivência ao menos mínima.

> *VII – mudar o domicílio para local distante, sem justificativa, visando a dificultar a convivência da criança ou adolescente com o outro genitor, com familiares deste ou com avós.*

Domicílio, na concepção do art. 70 do Código Civil, é o lugar onde a pessoa natural estabelece sua residência com ânimo definitivo, divergindo da noção de residência e moradia,

---

acompanhando-lhe a educação, de forma a estabelecer com ela um vínculo afetivo saudável. 2. A mera suspeita da ocorrência de abuso sexual não pode impedir o contato entre pai e filha, mormente quando existe laudo de estudo social sugerindo a ocorrência de processo de alienação parental. 3. As visitas ficam mantidas conforme estabelecido, com assistência e intermediação de Oficial de Justiça e membro do Conselho Tutelar, com o que restará assegurada a integridade física e psicológica da menor durante o convívio com o genitor. Recurso desprovido" (Agravo de Instrumento 70051595841, 7.ª Câmara Cível do TJRS, Rel. Des. Sérgio Fernando de Vasconcellos Chaves, j. 12.12.2012).

[70] "Agravo de instrumento. Convivência familiar com o pai. Acusação de abuso sexual praticado pelo pai e de alienação praticada pela mãe. O caso dos autos afigura-se complexo: por um lado, a genitora acusa o agravante de ter abusado sexualmente da filha; em contrapartida, paira a forte desconfiança de que não houve abuso algum e que a genitora estaria praticando alienação parental. Qualquer destas situações, inquestionavelmente, representa prejuízo à integridade psicológica da criança e, consequentemente, ao seu desenvolvimento sadio. Considerando a ausência de elementos concretos para se ter certeza do que realmente vem se passando com a criança, e sabendo que a medida de suspensão das visitas é extremamente drástica, deve ser autorizado que as visitas paternas ocorram mediante a supervisão de órgão da rede de proteção (CAPM), a fim de salvaguardar os interesses da infante, que tem direito à convivência familiar com o pai, mas também precisa ter plenamente resguardada sua integridade física e psicológica. Deram provimento unânime" (TJRS, Agravo de Instrumento 70077116887 da Oitava Câmara Cível. Relator Des. Luiz Felipe Brasil Santos, j. 19.07.2018).

[71] HUSNI, Alicia; RIVAS, María Fernanda. *Familias en litígio*. Perspectiva psicosocial. Buenos Aires: LexisNexis, 2008. p. 131.

[72] LEITE, Eduardo de Oliveira. *Alienação parental*. Do mito à realidade. Ob. cit., p. 281.

[73] LAGRASTA NETO, Caetano; TARTUCE, Flávio; SIMÃO, José Fernando. *Direito de Família*. Novas tendências e julgamentos emblemáticos. São Paulo: Atlas, 2011. p. 153.

[74] FONSECA, Priscila M. P. Corrêa da. Síndrome da alienação parental. *Revista Brasileira de Direito de Família*, Porto Alegre: IBDFAM-Síntese, v. 40, fev./mar. 2007, p. 14.

Cap. 4 • COMENTÁRIOS À LEI DE ALIENAÇÃO PARENTAL E SEUS ASPECTOS PROCESSUAIS | 91

porquanto a moradia, ao contrário da residência, não implica permanência, enquanto o domicílio pressupõe a permanência com ânimo definitivo. Uma pessoa pode ter diversas residências, onde alternadamente viva, sendo qualquer uma delas considerada como domicílio (art. 71 do CC), desde que concorram nas diferentes localidades os pressupostos do ânimo e da residência,[75] e, tendo mais de um domicílio, a pessoa pode ser demandada em qualquer um deles. Certamente, a existência de dois domicílios não favorece a realização das visitas se o filho é mantido mais tempo em domicílio fisicamente distante, mas, com efeito, a regra disposta neste inciso VII do art. 2.º da Lei de Alienação Parental protege o pai alienado ao determinar que se processe a ação de alienação parental no primitivo domicílio do menor, desestabilizando os planos do genitor alienador, que antes se beneficiava da regra processual de as ações de guarda e de visitas serem obrigatoriamente ajuizadas no domicílio do representante da criança ou adolescente, ao determinar, no art. 8.º da Lei 12.318/2010, ser irrelevante para a determinação da competência relacionada às ações fundadas em direito de convivência familiar a alteração de domicílio.

A súbita e inexplicável mudança de domicílio do genitor alienador com o filho vítima de alienação para um lugar distante é outra típica ação posta em prática pelo ascendente alienador para obstruir o direito de convivência e de comunicação do ascendente não guardião para com a prole comum.

Na década de 1980, enfrentei como advogado processo de execução de visitas no qual a progenitora, depois de ser vencida nas suas falsas acusações de abuso sexual do pai de uma adolescente, cuja ação tramitou durante seis intermináveis anos, decidiu mudar seu domicílio e fixar nova residência familiar para uma cidade distante 500 quilômetros da Capital gaúcha que faz fronteira com o Uruguai, forçando o pai da criança a viajar 1000 quilômetros entre ida e volta, para ver literalmente frustradas todas as suas tentativas de visitas à rebenta, sendo reiteradamente privado da convivência com a filha, porque a mãe simplesmente cruzava a fronteira com a infante nos dias das visitas paternas, refugiando-se no país vizinho e, assim, impedindo sua citação ou intimação judicial, e qualquer outra forma de cumprimento de medida cautelar de busca e apreensão da menor ou de execução das visitas, segundo a legislação vigente à época. Não é difícil imaginar quão problemático seria para um pai ou uma mãe que não tem a guarda de seu filho ter de exercer seu direito de convivência e de comunicação, se um rebento morasse com sua guardiã no norte do País e, repentinamente, mãe e filho transferissem sua residência para outro extremo geográfico, como, por exemplo, para alguma cidade do interior do Rio Grande do Sul, movida a mãe da criança por puro capricho, e muitos anos depois da sua maliciosa migração realizada em um estado mental completamente alheio aos melhores interesses da prole, e sem nenhum compromisso e responsabilidade próprios de um progenitor preocupado com a estrutura psíquica de seus filhos naturalmente vulneráveis, com os quais deveria manter estreitos vínculos de proteção, mas ao revés, mostrando-se o genitor alienador como uma pessoa insensível com a formação da identidade psíquica da criança, e completamente alheio em relação aos vínculos do rebento com seus demais parentes e para com as amizades granjeadas pelo infante em seus espaços próprios de convivência com estas pessoas que lhe são caras e importantes, descurando-se o alienador do fato destes elos de intercâmbio serem formas complementares de aprendizado e de interação social, nada questionando o alienador acerca dos reais interesses do filho, pois se movimenta unicamente animado pelo cego propósito de se afastar física e geograficamente do raio de ação e de participação do progenitor que quer tirar da vida dos filhos havidos em comum.

---

[75] TEPEDINO, Gustavo; BARBOZA, Heloísa Helena; MORAES, Maria Celina Bodin de. *Código Civil interpretado conforme a Constituição Federal*. Rio de Janeiro: Renovar, 2004. v. I, p. 158.

ALIENAÇÃO PARENTAL • Ana Carolina Carpes Madaleno e Rolf Madaleno

Trata-se de visível impedimento de contato criado pela distância geográfica imposta pelo agente alienador ao trocar de domicílio sem o prévio aviso, ou até mesmo carecendo de uma autorização judicial. O Direito argentino tipifica como crime contra a família a mudança de domicílio do progenitor que exerce a guarda do filho menor e não se previne de buscar a precedente autorização judicial. A ação típica do crime de obstrução de contato consiste em mudar de domicílio sem autorização judicial, e de cuja tipificação criminal de impedimento de contato também não se distancia aquele progenitor que traslada o filho para um lugar distante e desconhecido, quase sempre de difícil e oneroso acesso, privando e penalizando o outro genitor do contato e comunicação com seu descendente, e desta forma tirando ou dificultando o direito que tem o progenitor alienado de saber em que lugar se encontra seu filho,[76] e como a criança ou o adolescente se acha em termos de saúde e de bem-estar físico e emocional.

Um progenitor que tem a custódia de seus filhos menores e incapazes não está proibido de alterar seu domicílio e de se transferir ou ser transferido em razão de seu trabalho e de seus interesses profissionais para outras Comarcas que afastem o menor geograficamente do contato com seu outro ascendente, sem que esse ato possa representar uma brusca e injustificada mudança na rotina do filho, subitamente despojado de seus amigos, de seus parentes, da sua casa e de todas as suas referências pessoais, e cujos valores sempre lhe foram muito próximos e importantes enquanto a sua personalidade ainda se encontrava em pleno crescimento e desenvolvimento.

Escreve Graciela N. Manonellas não serem poucas as mães que de um dia para o outro projetam mudar-se para longe de onde sempre viveram, apelando para as desculpas mais disparatadas, dizendo pretender se afastar do entorno do cenário onde protagonizaram a ruptura de sua relação afetiva, pois querem começar nova vida em outro contexto geográfico, sugerindo a doutrinadora citada que seja a genitora informada de sua liberdade para deslocar-se para onde bem entenda, porém sem levar os filhos,[77] cuja liberdade de deslocamento ficou mais restringida em decorrência da atribuição oficial da guarda compartilhada jurídica, subentendida como o exercício conjunto das responsabilidades parentais, vale dizer, do efetivo exercício do poder familiar, cuja condição é própria de ambos os progenitores. Prescreve o inciso V do artigo 1.634 do Código Civil que ambos os guardiães precisam conceder ou negar consentimento para que os filhos mudem sua residência permanente para outro Município.

A Lei de Alienação Parental também institui que o domicílio da criança ou do adolescente será o de origem, e não o da nova moradia estabelecida pelo ascendente alienador para afastar o filho do contato e da proximidade que lhe transparece ameaçadora, excluindo, contudo, o uso da mediação como instrumento adicional de tratamento da Alienação Parental. No entanto, o Código de Processo Civil de 2015, no Capítulo X, da Parte Especial, Livro I, do Título III, art. 694, ordena sejam envidados todos os esforços para a solução consensual da controvérsia, devendo o juiz dispor de auxílio de profissionais de outras áreas de conhecimento para a mediação e conciliação e reforça no art. 696 que a audiência de mediação e conciliação poderá dividir-se em tantas sessões quantas sejam necessárias para viabilizar a solução consensual, sem prejuízo de providências jurisdicionais para evitar o perecimento do direito, como no caso da alienação parental, sem solução de continuidade na manutenção de contato entre a criança e o genitor acusado de alienação.

---

[76] ROMERO, José Alberto. *Delitos contra la familia*. Córdoba: Editorial Mediterránea, 2001. p. 97.

[77] MANONELLAS, Graciela N. *La responsabilidad penal del padre obstaculizador*. Ley 24.270. Síndrome de alienación parental (SAP). Buenos Aires: Ad-Hoc, 2005. p. 64.

4.3 COMENTÁRIOS AO ART. 3.º – DOS DIREITOS FUNDAMENTAIS VIOLADOS

> *Art. 3.º A prática de ato de alienação parental fere direito fundamental da criança ou do adolescente de convivência familiar saudável, prejudica a realização de afeto nas relações com genitor e com o grupo familiar, constitui abuso moral contra a criança ou o adolescente e descumprimento dos deveres inerentes à autoridade parental ou decorrentes de tutela ou guarda.*

Direitos fundamentais são aqueles considerados indispensáveis à pessoa humana, sendo essenciais para uma existência digna, livre e igualitária, e o Estado não só precisa reconhecê--los como o faz por meio da Constituição Federal, como deve incorporá-los na vida de seus cidadãos.[78] O preâmbulo da *Declaração Universal dos Direitos Humanos* preconiza ser o reconhecimento da dignidade inerente a todos os membros da família humana e dos seus direitos iguais e inalienáveis, como fundamento da liberdade, da justiça e da paz no mundo, tratando o Direito Constitucional brasileiro de consolidar esse vital direito na porta de entrada do art. 1.º, III, da Carta Constitucional. A dignidade humana consolida a força dos direitos fundamentais e a proteção do homem desde o direito à vida, ensina Edinês Maria Sormani Garcia, não se tratando de meros enunciados, não existindo no mundo valor que supere o da pessoa humana.[79]

A Carta Política de 1988 e, na sequência, o Estatuto da Criança e do Adolescente, e algum tempo depois o Código Civil de 2002, resguardam o *princípio dos melhores interesses das crianças e dos adolescentes*, havidos como pessoas vulneráveis e titulares de direitos fundamentais, especialmente no âmbito das relações jurídicas de Direito de Família,[80] dispondo o art. 227 da Constituição Federal e o art. 3.º do Estatuto da Criança e do Adolescente (Lei 8.069/1990) ser dever da família, da sociedade e do Estado assegurar à criança, ao adolescente e ao jovem, com absoluta prioridade, o direito à vida, à saúde, à alimentação, à educação, ao lazer, à profissionalização, à cultura, à dignidade, ao respeito, à liberdade e à convivência familiar e comunitária, além de colocá-los a salvo de toda forma de negligência, discriminação, exploração, violência, crueldade e opressão. Ainda na esteira da proteção dos direitos fundamentais da pessoa humana, foi promulgada em 6 de julho de 2015 a Lei 13.146, que instituiu a Lei Brasileira de Inclusão da Pessoa com Deficiência, também denominada *Estatuto da Pessoa com Deficiência*, cujo art. 1.º afirma ser a lei *destinada a assegurar e a promover, em condições de igualdade, o exercício dos direitos e das liberdades fundamentais por pessoa com deficiência, visando à sua inclusão social e cidadania.*

Destaque para o direito fundamental da convivência familiar constitucionalmente garantido à criança, ao adolescente, ao jovem, e ao deficiente, sendo passível de reparação civil qualquer dano injusto à vida familiar, molestada por ingerências nefastas advindas justamente de pessoas às quais a lei atribui a responsabilidade de proteger e resguardar os interesses superiores dos entes vulneráveis e em formação, pois, quando se trata de dano familiar, existem restrições doutrinárias e jurisprudenciais afirmando só serem indenizáveis os danos morais que se revistam de especial gravidade ou relevância. Ensina Ricardo J. Dutto não mais vivenciarmos aquela concepção tradicional de uma família autoritária, fechada e hierarquizada, que impunha limitações e resignações aos circunstanciais danos intrafamiliares, cujo desenho da família privava qualquer tutela

---

[78] PINHO, Rodrigo César Rebello. *Teoria geral da Constituição e direitos fundamentais.* 5. ed. São Paulo: Saraiva, 2005. p. 67.

[79] GARCIA, Edinês Maria Sormani. *Direito de Família*: Princípio da dignidade da pessoa humana. Leme: LED Editora de Direito, 2003. p. 38.

[80] GAMA, Guilherme Calmon Nogueira da. *Princípios constitucionais de Direito de Família.* Guarda compartilhada à luz da Lei n. 11.698/08, família, criança, adolescente e idoso. São Paulo: Atlas, 2008. p. 198.

reparatória, unicamente pelo fato de o dano sofrido prover de outro familiar,[81] prevalecendo um novo *personalismo jurídico* com exigência de proteção dos direitos fundamentais da pessoa, mesmo quando a ação de reparação deva ser voltada contra integrante da família.[82]

Vistos os direitos fundamentais da criança e do adolescente sob o prisma constitucional, qualquer lesão causada pelos pais ou por qualquer pessoa que usa de sua ascensão, proximidade ou influência para privar menor vulnerável da sua liberdade, do seu direito essencial à convivência familiar, ferindo de morte a dignidade dessa criança ou adolescente, está atuando de maneira criminosa, cruel, violenta e covardemente opressiva e, sem sombra de dúvida, o artigo 3.º da Lei 12.318/2010 identifica o ato como sendo uma ação de alienação parental.

A alienação parental prejudica a realização de afeto nas relações com o genitor alienado e seu grupo familiar, constituindo-se em desprezível abuso do exercício da guarda ou de tutela, por adulto que deveria preservar a dignidade da pessoa humana dessa criança ou do adolescente confiado à sua custódia, mas provoca atitudes obstrucionistas na contramão do seu dever fundamental de não só consentir, mas de incentivar e propiciar as relações com o outro progenitor, mantendo a triangulação natural e necessária entre pais e filhos, com vistas ao adequado desenvolvimento da personalidade da prole em formação.

Do progenitor detentor da guarda dos filhos em caso de separação dos pais, é de vital importância que adote uma postura de absoluta colaboração na conexão da prole com o outro genitor, sendo manifestamente contrário aos deveres maternos ou paternos valer-se do exercício da guarda para privar o filho de maneira antijurídica, portanto, abusiva da companhia do outro ascendente.

E, mais ainda, abusa o progenitor que impede seu filho de se relacionar com seu outro ascendente e do qual está separado, embora este pague pontualmente a pensão alimentícia e cumpra integralmente suas demais obrigações, mas mesmo assim vem sendo imotivadamente privado do contato com sua prole, gerando um simbólico exemplo de abuso contra a própria criança ou adolescente, em uma atuação claramente contrária aos efetivos interesses superiores do menor, em uma sequência de danos causados tanto aos filhos como ao progenitor alienado.

Justamente porque os reais interesses da criança ou do adolescente em formação exigem para seu sadio crescimento psíquico a cooperação precisa de seus pais, dando continuidade na relação afetiva da qual seus filhos devem e precisam ser destinatários, é que não podem ser afetados pela propositada solução de continuidade no que diz respeito para com a quantidade e para com a qualidade das relações de convivência e de interação que se devem fazer presentes entre pais e filhos.

Como bem salientam Maria Belén Sáinz-Cantero Caparrós e Ana Maria Pérez Vallejo, em paralelo ao dever de colaboração dos pais separados está relacionada uma série de deveres acessórios ou secundários, consistentes na obrigação de informação sobre as amizades e os relacionamentos dos filhos, os traslados do menor, as informações advindas do colégio, bem como a assistência conjunta às reuniões de pais e mestres da escola dos filhos, afora notícias das atividades extracurriculares, de educação religiosa e tantos outros temas compreendidos com a saúde da prole, devendo ser comunicados a ambos os progenitores, pois resultam todos eles imprescindíveis para o natural desenvolvimento das relações paterno-filiais.[83]

Quando o ascendente guardião falta com essas obrigações inerentes ao poder familiar, cuja responsabilidade resta reforçada pela custódia unilateral dos filhos comuns, e com seu

---

[81] DUTTO, Ricardo J. *Daños ocasionados en las relaciones de família*. Buenos Aires: Hammurabi, 2007. p. 30.

[82] Idem, p. 33.

[83] CAPARRÓS, Maria Belén Sáinz-Cantero; VALLEJO, Ana Maria Pérez. *Valoración y reparación de daños entre familiares*. Fundamentos para sua reclamación. Granada: Editorial Comares, 2012. p. 163.

agir fere qualquer direito previsto no art. 227 da Constituição Federal, embaraçando com seu proceder o exercício da sadia convivência familiar, e assim realizando atos típicos de alienação parental, inquestionavelmente, esse genitor alienador abusa do seu direito de custódia, abusa do exercício do poder familiar e, como sabido, qualquer conduta frontalmente contrária aos melhores interesses da criança e do adolescente constituem abuso de um direito (art. 187 do CC), e se constituem em ato ilícito passível de ser financeiramente ressarcido.

Não sem outro motivo prescreve o art. 5.º do Estatuto da Criança e do Adolescente (Lei 8.069/1990) que nenhuma criança ou adolescente será objeto de qualquer forma de negligência, discriminação, exploração, violência, crueldade e opressão, punindo, na forma da lei, qualquer atentado, por ação ou omissão, aos seus direitos fundamentais. Não passa despercebido reagirem os pais separados, por vezes motivados por uma reação espontânea e pontual, ao negarem as visitas como reflexo de um estado emocional proveniente de alguma desinteligência ou de uma circunstancial altercação do casal, como existem as interferências sistemáticas, surgidas de um processo consciente e sistemático de obstrução de contato, qualificado como sendo uma voluntária intervenção parental, posta em prática para o alheamento físico e afetivo do menor com o outro genitor, frustrando o direito de visitas e de comunicação, relações próprias de uma ação de alienação parental que permite e impõe sejam imputadas medidas processuais de saneamento.

Calha o alerta externado por Sumaya Saady Morhy Pereira de que:

> O fato de determinado conflito entre familiares não encontrar na lei previsão adequada para sua solução não pode representar obstáculo para que o julgador não garanta a efetividade dos direitos fundamentais ameaçados, recorrendo diretamente às normais constitucionais.[84]

As sanções legais manejadas nos casos de alienação parental passam pela reversão da guarda, esta de difícil e acanhada determinação judicial, especialmente nos casos moderados e severos de alienação parental, tendo sido revogado pela Lei 14.340/2022, o inciso VII do art. 6º da Lei 12.318/2010 que previa, conforme a gravidade do caso, a suspensão da autoridade parental. Lamentavelmente, não apenas no Brasil, mas também na experiência alienígena, como, por exemplo, no sistema jurídico espanhol, a maioria das resoluções judiciais é contrária à troca da guarda dos filhos com a aparição da alienação parental, preferindo o estabelecimento de algumas sessões de terapia que acudam os progenitores e os despertem a pôr fim às mensagens negativas que emitem para seus filhos,[85] um em relação ao outro.[86]

---

[84] PEREIRA, Sumaya Saady Morhy. *Direitos fundamentais e relações familiares*. Porto Alegre: Livraria do Advogado, 2007. p. 121.

[85] A despeito da terapia como tratamento que substitua a troca da guarda, retrata Richard A. Gardner (*Das elterliche Entfremdungssyndrom*, ob. cit., p. 78) que: "O tribunal negou passar o direito de guarda para a mãe, e também não decretou visitas. Ao invés disto, ordenou uma terapia para melhorar a relação mãe--filho (ela a alienada). Um ano mais tarde o filho mais velho continuava gravemente alienado da mãe e não tinha mais contato com ela. O filho mais novo tinha desenvolvido uma forma grave de SAP e não tinha mais contato com a mãe há oito meses. Quando Gardner foi consultado, o tribunal tinha decidido pedir mais um parecer e chamar mais um terapeuta, já que o terapeuta anterior não tinha conseguido chegar à reconciliação de mãe e filho. Esse caso é mais um exemplo para o fenômeno amplamente difundido que tribunais decretam uma terapia, mas não reduzem o contato do alienador para com a criança vítima da SAP, podendo a terapia resultar no tratamento compulsório do ascendente alienador, como de uma mãe que se utiliza do processo para apartar os filhos da figura paterna, fazendo uso de sua natureza manipuladora, perversa e vingativa. Por vezes, o demorado trâmite de um processo é exatamente o objetivo do alienador, pois, dessa maneira, ele consegue sabotar a terapia e ganhar tempo para o processo de doutrinação, servindo a terapia coativa, quando determinada de plano, como instrumento útil para corrigir os comportamentos da criança ou do adolescente e do progenitor alienador.

[86] GALLARDO, Bernardo Cruz. *La guarda y custodia de los hijos en las crisis matrimoniales*. Madrid: La Ley, 2012. p. 136.

Medida judicial igualmente prevista em lei é a imposição de tratamento psicológico ou psiquiátrico (art. 129, III, do ECA) com a cominação de *astreintes*, ou o cumprimento de sentença ou acordo homologado, podendo optar pela configuração do crime de desobediência judicial e pela reparação do dano moral sofrido pelo genitor alienado, cujo pedido pode ser cumulado com o de dano material (Súmula 37 do STJ), como ocorre, por exemplo, no ressarcimento dos gastos de viagem realizados pelo pai para visitar sua prole que não lhe foi entregue. O dano moral tem sua gênese nas perturbações psíquicas, na dor, na ansiedade, depressão e sofrimento experimentados pelo progenitor que teve suas visitas e comunicações impedidas pela alienação parental causada pelo outro genitor, como em concreto a alienação produz inquestionáveis danos ao desenvolvimento da personalidade do menor em formação.

Para Valéria Silva Galdino Cardin, são mais graves os danos aos direitos do menor quando causados por pessoa que desfruta de posição privilegiada no tocante à custódia e confiança que lhe deve ou deposita a criança ou adolescente alienado, sendo de três anos o prazo para ingresso da ação civil de reparação de danos (art. 206, § 3.º, V, do CC).[87]

Na intelecção de Caroline de Cássia Francisco Buosi, o abuso do direito do progenitor guardião gera, com o advento da Lei de Alienação Parental, danos morais, que tratam de compensar a prática ilícita, em nada se confundindo com a indenização pelo abandono afetivo, até porque o pai alienado não abandona sua prole, mas dela é alijado pelos métodos ilícitos e abusivos de afastamento do ascendente guardião, sendo titulares da reparação civil o pai e o menor.[88] Trata-se de ato ilícito que faz nascer a responsabilidade civil do autor do dano, conquanto presente o dolo ou a culpa, não incorrendo nenhuma indenização quando a recusa da convivência é calcada em fundamentada negativa do filho, cuja negação precisa ser válida, afirmando Guillermo A. Borda não ser suficiente a oposição dos filhos, muito frequente sua incidência e não apenas porque os filhos menores de idade não têm suficiente discernimento para julgar seus pais, bem como porque também são facilmente influenciados pelo genitor que tem sua guarda, devendo ser descartada a negativa induzida, denominada de *inculcação maliciosa*, ou quando presente o *discurso pejorativo*, sendo ambas estratégias de cooptação da criança ou adolescente.[89]

O art. 9.º da Lei de Alienação Parental, que previa o uso da mediação para a resolução dos conflitos de obstrução da convivência, foi excluído do elenco legal por decreto presidencial entendendo se tratar de direito indisponível que não está à disposição das partes, pois não caberia a mediação sobre determinadas matérias reguladas pelo direito cogente, contudo, fala mais alto a lição sempre pertinente de Sumaya Pereira e sua defesa intransigente dos direitos fundamentais nas relações familiares, ao lembrar ser preciso estimular a busca de solução de conflitos pelas próprias partes e reconhecendo a importância das técnicas de mediação familiar[90] como mecanismo hábil para viabilizar a solução pacífica dessa desastrosa subversão familiar, identificada na prática nefasta da alienação parental, que precisa reencontrar seu ponto de equilíbrio em prol dos filhos menores e ainda incapazes, e certamente a mediação saberia exercer com êxito este importante papel na solução deste contundente conflito interno dos pais, tanto que restou incluída como prioridade no artigo 334 do Código de Processo Civil para efeitos de

---

[87] CARDIN, Valéria Silva Galdino. *Dano moral no Direito de Família*. São Paulo: Saraiva, 2012. p. 236-237.

[88] BUOSI, Caroline de Cássia Francisco. *Alienação parental*. Uma interface do Direito e da Psicologia. Curitiba: Juruá, 2012. p. 123.

[89] BORDA, Guillermo A. *Manual de Derecho de Família*. 8. ed. Buenos Aires: Perrot, 1979. p. 246.

[90] PEREIRA, Sumaya Saady Morhy. *Direitos fundamentais e relações familiares*. Porto Alegre: Livraria do Advogado, 2007. p. 121.

autocomposição da lide.[91] Contudo, Richard Gardner relata um caso no qual o pai alienador não foi sancionado com nenhuma medida mais drástica, tendente a sustar os atos de alienação e, em vez disso, o juiz decretou uma mediação, para a qual o pai não cooperava com a mediadora, agravadas as circunstâncias pela nomeação de dois psicólogos que nada sabiam acerca da alienação parental. Assim, concluiu Richard Gardner ser contraproducente e insuficiente a mediação em casos de AP, nos quais ela é utilizada pelo alienador como tática para ganhar tempo, além de restar comprovado ser fácil ao genitor alienador sabotar uma terapia tradicional e desse modo perpetuar os sintomas.[92]

4.4 COMENTÁRIOS AO ART. 4.º – DO INDÍCIO LEVE DE ALIENAÇÃO E GARANTIAS

Artigo 4.º Declarado indício de ato de alienação parental, a requerimento ou de ofício, em qualquer momento processual, em ação autônoma ou incidentalmente, o processo terá tramitação prioritária, e o juiz determinará, com urgência, ouvido o Ministério Público, as medidas provisórias necessárias para preservação da integridade psicológica da criança ou do adolescente, inclusive para assegurar sua convivência com genitor ou viabilizar a efetiva reaproximação entre ambos, se for o caso.

Parágrafo único. Assegurar-se-á à criança ou adolescente e ao genitor garantia mínima de visitação assistida no fórum em que tramita a ação ou em entidades conveniadas com a Justiça, ressalvados os casos em que há iminente risco de prejuízo à integridade física ou psicológica da criança ou do adolescente, atestado por profissional eventualmente designado pelo juiz para acompanhamento das visitas.

O artigo 4.º da Lei de Alienação Parental é de vital importância para um enfrentamento minimamente eficiente capaz de frear os atos de alienação parental que começam a ser detectados nas relações de filiação de casais em litígio, sendo imprescindível, para o sucesso e a preservação da integridade psicológica da criança ou do adolescente, a ocorrência de uma rápida, segura e enérgica intervenção do Poder Judiciário quando alertado da existência de indícios de alienação parental.

Esse dispositivo é comparável a uma espécie de *unidade de tratamento intensivo* (UTI) de combate à alienação parental, porquanto sua imediata e rigorosa aplicação, tão pronto detectado qualquer indício da prática de atos de exclusão do genitor não guardião do convívio com seus filhos, será a *pedra de toque* da efetividade e da relevância da Lei de Alienação Parental, pois somente medidas judiciais preventivas, determinadas de ofício ou a requerimento da parte ou do Ministério Público, em contexto judicial liberto de um formal e moroso rito processual, serão realmente capazes de evitar ou minimizar os deletérios efeitos da infausta alienação parental, a qual conta justamente com a morosidade do processo judicial, em que dúvidas e incertezas propositadamente plantadas por meio de *falsas memórias* e denúncias criminosas de abuso de menor de idade terminam minando as relações de filiação do progenitor vítima da alienação, que se vê impotente, sendo ele paulatina e vitoriosamente afastado da convivência com seus filhos, estes igualmente vitimados pelos atos criminosos do ascendente alienador.

---

[91] CPC/2015, art. 334: "Se a petição inicial preencher os requisitos essenciais e não for o caso de improcedência liminar do pedido, o juiz designará audiência de conciliação ou de mediação com antecedência mínima de 30 (trinta) dias, devendo ser citado o réu com pelo menos 20 (vinte) dias de antecedência".

[92] GARDNER, Richard A. *Das elterliche Entfremdungssyndrom*. Ob. cit., p. 85.

Justamente a não execução, desatenção ou má execução das determinações ordenadas pelo artigo 4.º da Lei 12.318/2010 tem contribuído significativamente para uma proliferação da prática dos atos de alienação parental e, mais acentuadamente, como nunca antes registrado nos anais forenses, a constatação de frequentes denúncias de *abuso sexual*, como forma de cortar bruscamente, com o auxílio involuntário do Poder Judiciário, a convivência e o contato do progenitor apontando falsa e impunemente como abusador infantil.

O ponto alto da legislação de combate à alienação parental está na pronta ação e na informalidade da atuação do juiz, tão logo tenha ciência ou identifique possíveis sinais e movimentos destinados a excluir criança ou adolescente da vida e da convivência do progenitor destituído da guarda da prole. Presente algum indício em qualquer momento processual, em qualquer ação e grau de jurisdição, quer se trate de demanda autônoma ou incidental, mas dispensado o ingresso de uma ação específica de alienação parental, o progenitor vitimado utiliza o processo em andamento, que pode ser relativo a uma ação de divórcio, de dissolução de união estável, de alimentos, de guarda de filhos ou de regulamentação da convivência do progenitor não guardião e, nesse mesmo caderno processual, a parte interessada ou o representante do Ministério Público denunciam os atos de alienação, se é que o magistrado, ao detectar sinais de alienação, já não agiu de ofício e já não ordenou ele mesmo, com tramitação prioritária, as providências ou diligências judiciais destinadas a preservar e assegurar a convivência do rebento com o genitor alvo da exclusão parental, e com essas diligências preservar o melhor possível a integridade psicológica do infante, inclusive viabilizando a reaproximação do ascendente alienado com o filho igualmente excluído, evitando, até onde for possível, uma temerária solução de continuidade na relação de convivência entre filho e progenitor alienados, tanto que o parágrafo único deste mesmo artigo intenta impedir que ocorra qualquer solução de continuidade na comunicação e convivência do ascendente alvo de alienação parental, assegurando e buscando garantir um mínimo de convivência assistida, seja no fórum em que tramita a ação ou em entidades conveniadas com a Justiça, ressalvados os casos em que há iminente risco de prejuízo à integridade física ou psicológica da criança ou do adolescente, atestado por profissional eventualmente designado pelo juiz para acompanhamento das *visitas*.

Assim que, uma vez constatada a alienação parental, caberá ao juiz fazer com que o processo tenha tramitação prioritária; devendo determinar as medidas judiciais que preservem a integridade psicológica da criança ou adolescente; assim como determinar a urgente elaboração de laudo pericial e, uma vez confirmada a existência da alienação parental, advertir com severidade o alienador, sem prejuízo da ampliação da convivência da criança ou do adolescente vítima da alienação com seu progenitor prejudicado por essa mesma alienação, podendo o juiz determinar eventual alteração da guarda unilateral para a guarda compartilhada (art. 6.º, V, da Lei 12.318/2010), ou, se for o caso, invertê-la, podendo, ainda, estipular multa ao alienador e determinar o acompanhamento psicológico e/ou biopsicossocial, tudo independentemente de eventual responsabilização cível ou criminal do alienador.

Ausente qualquer ação precedente, deve ser proposta ação judicial na qual o ascendente alienado descreve e denuncia os atos de alienação praticados pelo genitor guardião, com o idêntico objetivo de cortar na raiz a propagação e o risco crescente de não reversão da obstrução de contato por atos de alienação, sendo fundamental a rápida e certeira atuação do Poder Judiciário, criando e ordenando mecanismos de resguardo dos vínculos afetivos e das relações de convivência tão essenciais à formação da criança e do adolescente com ambos os pais e, de um modo geral, com toda a extensa família.

Evidentemente, a prioridade da tramitação haverá de garantir o direito ao contraditório, que não restará violado se o juiz determinar a execução das medidas provisórias necessárias para a preservação da higidez psíquica da criança ou adolescente, indicadas no parágrafo único do artigo 4.º da Lei 12.318/2010, estabelecidas para assegurar à criança, ao adolescente e ao genitor a garantia mínima de visitação no mínimo assistida, mesmo que somente no fórum onde tramita a ação ou em entidades conveniadas com a Justiça, como ordenou a Lei 14.340/2022 ao alterar o parágrafo único do art. 4º da Lei 12.318/2010, ressalvados os casos em que houver iminente risco de prejuízo à integridade física ou psicológica da criança ou do adolescente, atestado por profissional eventualmente designado pelo juiz para acompanhamento das visitas.

Tem sido muito comum se deparar com alegações processuais de abuso sexual do genitor não guardião, cujos fatos, por sua gravidade, quando verdadeiros, determinam de parte do julgador o afastamento de plano do convívio do menor de idade com o genitor acusado de assédio sexual, especialmente quando o alienador se utiliza das falsas memórias, que incluem alegações mentirosas de ocorrência de abusos físicos ou de suposta molestação sexual praticada pelo ascendente visitante, provocando no magistrado a imediata reação de suspender o regime vigente de convivência, motivado pelo impacto da notícia e por temer pela segurança da criança ou do adolescente, posto que, sem o auxílio de peritos e diante da possível ausência de vestígios do crime alegado, mostra-se difícil ao juiz não resguardar o infante sem a pontual interrupção da convivência.

Entretanto, resguardar a criança ou adolescente nesse campo das meras acusações de casais que se utilizam dos processos judiciais para se atacarem mutuamente como uma forma patológica de comunicação de um amor *travestido* de ódio, não pode servir de desculpa para transformar um processo judicial que tem o objetivo de estabelecer uma boa e saudável convivência de pais e filhos, além de resguardar os superiores interesses de crianças e adolescentes vulneráveis, em uma radical solução judicial de romper bruscamente o contato de um pai falsamente acusado de abuso infantil, por ato de molestação física ou sexual, servindo o sistema judicial aos patológicos propósitos de um progenitor alienador, que usa o processo como eficiente instrumento formal de alienação parental, pois justamente encontra neste Judiciário que fica em estado de dúvida, perplexo, catatônico diante das supostas acusações de abuso sexual, um oportuno e inocente aliado na execução prática e oficial de afastamento do genitor vítima da alienação. Lembra Juliani Leite Silva que "a falsa acusação de abuso sexual intrafamiliar é, dentre as repercussões geradas pela exploração do fenômeno das falsas memórias pelas famílias, a mais extrema e transgressora, notadamente porque é introduzida uma questão profundamente gave na mente de crianças e adolescentes, que são levados a relembrar uma agressão sexual que não aconteceu e, consequentemente, são gerados danos e sofrimentos trágicos".[93]

Como adverte José Manuel Aguilar Cuenca, apesar de, na prática diária, ser muito comum encontrar informes médicos, psicológicos e de assistentes sociais que, diante da ansiedade observada nos menores, recomendam a eliminação da convivência, essa automática decisão tem sido o maior erro e tem significado a máxima contribuição prestada pelo Poder Judiciário ao alienador, com o aval certificado amadoristicamente por profissionais assinando apressados laudos, cujas conclusões decorrem de investigações unilaterais acusando abusos sexuais depois vistos como nunca existentes.[94]

Quando as denúncias de abuso partem de um enfoque puramente descritivo, como sucede no maior número de processos contaminados pelas *falsas memórias*, e, mais grave ainda, quando algum laudo pericial está apoiado exclusivamente nos comentários e documentos fornecidos pelo genitor acusador, é sobremaneira arriscada a interrupção radical da relação de convivência. Conta José Manuel Aguilar Cuenca ser muito comum se deparar com laudos

---

[93] SILVA, Juliani Leite. *Famílias marcadas pelas falsas memórias*. Londrina: Thoth. 2022. p. 178.
[94] CUENCA, José Manuel Aguilar. Ob. cit., p. 87.

psicológicos realizados apenas com as informações prestadas pelo genitor demandante, gerando afirmações e valorações sobre o outro progenitor sem ouvi-lo e sem conhecê-lo, não havendo como aceitar e considerar como certas tais afirmações realizadas pelos menores e pelo progenitor que os acompanha, e com base nelas concluir que os transtornos emocionais encontrados na criança ou no adolescente são devidos ao outro genitor, recomendando que, pelo fato de esses erros serem tão comuns nos processos, trazendo consequências tão nocivas para os menores, é crucial que o magistrado se atente para as advertências e os indícios de inocência, e proceda nos termos do parágrafo único do art. 4.º da Lei 12.318/2010, de forma a garantir à criança ou adolescente e ao genitor alienado o circuito mínimo de convivência na sua modalidade ao menos assistida, ressalvados apenas os casos em que realmente possa existir iminente risco de prejuízo à integridade física ou psicológica da criança ou adolescente, fato a ser atestado por profissional designado pelo juiz para o acompanhamento das visitas.[95]

É direito fundamental do filho ainda incapaz a convivência com seus pais, antes que esse elo de amor e de afeto se perca pelo vazio causado por decisões judiciais que interrompam e afastem o progenitor falsamente acusado de abuso, apenas por decorrência de uma intensa e bem articulada verbalização de falsas alegações de abuso sexual, devendo o julgador, em conformidade com o parágrafo único do art. 4.º da Lei de Alienação Parental, garantir o mínimo de convívio ao genitor alienado, ainda que no ambiente do fórum onde tramita a ação ou em entidades conveniadas com a Justiça, que facultem a realização destes encontros de fundamental necessidade e importância, a não ser que tenha provas concretas ou lhe ateste profissional por ele designado para acompanhar a convivência, a existência de risco real à integridade física ou psicológica do menor, pois, como afirma Jocélia Lima Puchpon Gomes, convivência mínima foi concebida para debelar os efeitos produzidos pelas falsas denúncias de abuso sexual, que antes levavam o Judiciário a interromper a convivência do acusado com a suposta vítima, só sendo negado o convívio, pelo menos na presença de terceiros, se houvesse laudo elaborado por profissional atestando a nocividade dessa sagrada convivência.[96]

Citando Calçada, Denise Maria Perissini da Silva[97] apresenta um roteiro para diferenciar uma situação de alienação parental de um caso efetivo de abuso sexual:

> **Critérios:** 1. As recordações dos filhos.
>
> **Nos casos de abuso ou descuido:** O filho abusado recorda-se muito bem do que se passou com ele. Uma palavra basta para ativar muitas informações detalhadas.
>
> Nos casos de síndrome de alienação: O filho programado não viveu realmente o que o genitor alienador afirma. Necessita de mais ajuda para "recordar-se" dos acontecimentos. Além disso, seus cenários têm menos credibilidade. Quando interrogados separadamente, frequentemente os filhos dão versões diferentes. Quando interrogados juntos, constatam-se mais olhares entre eles do que em vítimas de abuso.

---

[95] "Suspensão das visitas. Não cabimento. Ausência de prova ou indício de abuso sexual do pai. Mantido direito e dever de visita do pai a suas duas filhas. Alegação materna de abuso que não se confirmou em dois laudos de médicos psiquiatras isentos. Temor de alienação parental, referida em laudo, que projeta a necessidade de manutenção das visitações. SUGESTÃO pericial no sentido de que as visitas devem ser retomadas" (Agravo de Instrumento 70035436492, 8.ª Câmara Cível do TJRS, Rel. Des. Rui Portanova, j. 19.08.2010).

[96] GOMES, Jocélia Lima Puchpon. *Síndrome da alienação parental*. Leme: Imperium Editora e Distribuidora, 2013. p. 87.

[97] SILVA, Denise Maria Perissini da. *Guarda compartilhada e síndrome de alienação parental*. O que é isso? Campinas: Autores Associados, 2010. p. 75-76.

> **Critérios:** 2. A lucidez do genitor.
>
> **Nos casos de abuso ou descuido:** O genitor de um filho abusado identifica os efeitos desastrosos provocados pela destruição progressiva dos laços entre os filhos e o outro genitor, e fará tudo para reduzir os abusos e salvaguardar a relação com o genitor que abusa (ou descuida) do filho.
>
> **Nos casos de síndrome de alienação:** O genitor alienador não percebe.

> **Critérios:** 3. A patologia do genitor.
>
> **Nos casos de abuso ou descuido:** Em caso de comportamentos psicopatológicos, um genitor que abusa de seus filhos apresenta iguais comportamentos em outros setores da vida.
>
> **Nos casos de síndrome de alienação:** O genitor alienador mantém-se são nos outros setores da vida.

> **Critérios:** 4. As vítimas do abuso.
>
> **Nos casos de abuso ou descuido:** Um genitor que acusa o outro de abuso contra seus filhos geralmente também o acusa de abuso contra si próprio.
>
> **Nos casos de síndrome de alienação:** Um genitor que programa filhos contra o outro geralmente se queixa somente do dano que o genitor alienado causa aos filhos – ainda que a reprovação contra ele não falte, já que houve separação.

> **Critérios:** 5. O momento do abuso.
>
> **Nos casos de abuso ou descuido:** As queixas de abuso referem-se a muito antes da separação.
>
> **Nos casos de síndrome de alienação:** A campanha de desmoralização contra o genitor alienado começa depois da separação.

O relato das falsas memórias de abuso sexual que comumente se fazem acompanhar de um Boletim de Ocorrência, acrescido ou não de testemunhos, geralmente recolhidos entre parentes ou pessoas profissionalmente dependentes, como argutamente observa Caetano Lagrasta Neto, acabam por sensibilizar advogados, promotores e juízes, determinando os julgadores o imediato afastamento do agressor,[98] e o tempo de uma demanda judicial nesse nível de acusações tende a se prorrogar indefinidamente no tempo e com o tempo também se afastam as memórias e as afeições não só cultivadas, mas sobremodo fortalecidas na prática saudável e no livre exercício de uma relação de amor em um vínculo sagrado de filiação. Com a suspensão da relação de convivência, os pais ficam, por vezes, anos sem qualquer contato com seus filhos, sendo todos, filhos, genitor alienado e Poder Judiciário, vítimas da litigância de má-fé e todos aguardando recursos e diligências protelatórias, com repetição de perícias, havendo, inclusive, casos em que as mães acusadoras deixam de levar as crianças para a assistência terapêutica, para a convivência monitorada ou para os atendimentos destinados à avaliação psicológica, conforme pontualmente denuncia com sua experiência Marcia Ferreira Amendola, por prestar-se

---

[98] LAGRASTA NETO, Caetano. Ob. cit., p. 153.

o Judiciário com sua morosidade no principal fator de injustiça,[99] isso quando não interferem nos autos peritos e profissionais sem experiência e, portanto, despreparados para fornecerem laudos e caminhos que abortem a disseminação oficial da alienação parental. Não é sem outra razão que anota Priscila Corrêa da Fonseca[100] a importância da atuação do Poder Judiciário em malograr o desenvolvimento da alienação parental e impedir com todas as suas forças que a síndrome das *falsas memórias* justamente se instale com o auxílio involuntário da Justiça e, uma vez alojada, leve à *morte anunciada* da relação parental.

Quanto mais célere e enérgica a intervenção judicial, sem se descurar das cautelas que, com eficiência e competência profissional, depurem a verdade e castiguem exemplarmente a mentira ou o abuso, menores serão os efeitos sobrevindos da prática da alienação parental, especialmente quando ela ainda se encontra em sua fase inicial, em cujo estágio uma pontual ação do julgador ainda é capaz de neutralizar a tormentosa alienação do genitor, até mesmo por intermédio de uma mediação extrajudicial, quando bem exercida, buscando o equilíbrio no entendimento dos pais e assim fazer cessar nessa fase a campanha que se inicia de desmoralização do outro ascendente, sem descartar, por vezes, o auxílio de um filho mais velho, que tenha se reconciliado com o progenitor alienado em decorrência de sua maturidade cognitiva.[101] Embora em estágio mais avançado seja pouco provável que o juiz encontre alguma colaboração do progenitor alienador, e não mais haja espaço para uma terapia voluntária totalmente ineficaz, pois, em realidade, somente atenderia aos desígnios do genitor que se beneficia do tempo processual, é melhor então que se apresente a terapia compulsória, imposta por ordem judicial e prevista no art. 129 do Estatuto da Criança e Adolescente, sem interrupção da convivência do progenitor alienado ao filho a quem pertence o direito e de convivência.[102]

Também podem ser determinadas outras medidas judiciais ou extraprocessuais mais vigorosas de repressão ao ascendente alienador, como a privação temporária da guarda com proibição de convívio, ou com sua convivência monitorada, com um mínimo de convívio vigiado, cujas providências judiciais preventivamente tomadas por firme decisão de um magistrado atento e resoluto são voltadas para o propósito de coibir e de asfixiar a prática ou o ensaio de uma abjeta alienação parental,[103] muitas vezes grassando impune, de modo a poder alcançar com rapidez e regular eficiência algum resultado que paralise a alienação com uma intervenção judicial exemplar e com efeito suasório, necessário para manter a credibilidade do Poder

---

[99]   AMENDOLA, Marcia Ferreira. *Crianças no labirinto das acusações*. Falsas alegações de abuso sexual. Curitiba: Juruá. 2009. p. 152.

[100] FONSECA, Priscila M. P. Corrêa da. Síndrome de Alienação Parental. *Revista Brasileira de Direito de Família*, Porto Alegre: IBDFAM-Síntese, v. 40, fev.-mar. 2007, p. 13.

[101] GARDNER, Richard A. Ob. cit., p. 86.

[102] "Agravo de instrumento. Regulamentação de visitas paternas. Síndrome de alienação parental. O direito de visitas, mais do que um direito dos pais constitui direito do filho em ser visitado, garantindo-lhes o convívio com o genitor não guardião a fim de manter e fortalecer os vínculos afetivos. Evidenciado o alto grau de beligerância existente entre os pais, inclusive com denúncias de episódios de violência física, bem como acusações de quadro de síndrome de alienação parental, revela-se adequada a realização das visitas em ambiente terapêutico. Agravo de instrumento parcialmente provido" (Agravo de Instrumento 70028674190, 7.ª Câmara Cível do TJRS, Rel. Des. André Luiz Planella Villarinho, j. 15.04.2009).

[103] "Agravo de Instrumento. Ação de guarda. Exclusão da visita semanal. Indícios de alienação parental perpetrados pelo genitor. Diante do contexto trazido aos autos, e do intenso grau de beligerância entre os pais, com indicativos de alienação parental, o que está prejudicando o vínculo materno-filial, mantenho as visitas apenas em finais de semana alternados. Negado seguimento" (Agravo de Instrumento 70060739398, 7ª Câmara Cível do TJRS, Rel. Des. Liselena Schifino Robles Ribeiro. J. 18.07.2014).

Judiciário nessas questões tão frequentes de alienação parental em crescente disseminação fática diante dos resultados favoráveis verificados em benefício do alienador, que encontra na lentidão e na paralisação judicial das visitas um potencial aliado e uma forte motivação para a prática dos atos de alienação.

O Tribunal de Justiça do Rio Grande do Sul, na Apelação Cível 70049432305 da 8.ª Câmara Cível, com a relatoria do Desembargador Rui Portanova, julgada em 6 de dezembro de 2012, determinou que o *núcleo familiar se submetesse a tratamento psiquiátrico ou psicológico, diante do intenso conflito vivenciado entre as partes, com notórios indícios de alienação parental*[104] e a cuja conclusão também chegou o mesmo Relator Rui Portanova no agravo de instrumento 5017427-12.2023.8.21.7000, datado de 01 de junho de 2023.[105] Tratamento psicológico que pode ser, inclusive, ordenado de ofício pelo juiz, podendo conter, ou não, ordem de reversão da guarda, medida que outras vezes se mostra contraproducente para a criança ou o adolescente,[106] ou uma terapia familiar envolvendo todos os membros da família que devem manter uma saudável interação familiar.

A convivência familiar deve, inclusive, levar em conta uma adequada comunicação com as avós e os avôs da criança ou do adolescente, anotando Esther Pillado González que, devido ao aumento da expectativa de vida e às melhores condições físicas e psicológicas dos avós, estes podem ter com seus netos uma relação mais ativa e duradoura, até mesmo com maior dedicação diante da diminuição das taxas de natalidade, que seria mais complicada se o número de netos fosse mais elevado, como acontecia nas gerações passadas. Complementa a citada autora dizendo que, no atual contexto, os avós prestam uma série de serviços a seus filhos e a seus netos, que são de um valor insubstituível, sem esquecer que as relações pessoais entre avós e netos, baseada no carinho e no respeito, são extremamente benéficas para o adequado desenvolvimento dos menores, que, assim, terão maior sentimento de pertencimento à família, conhecendo suas origens, tradições e costumes. Ademais, os avós lhes transmitem os valores que adquiriram ao longo dos anos e, em troca, se beneficiam com os sentimentos de afeto que

---

[104] "Apelação. Ação de alteração de guarda. Tratamento psiquiátrico ou psicológico. Alimentos. Visitas. Distribuição da sucumbência. Valor de honorários. Adequada a determinação sentencial de que o núcleo familiar se submeta a tratamento psiquiátrico ou psicológico, porquanto intenso o conflito vivenciado entre as partes, inclusive com bons indícios de alienação parental (...) Deram parcial provimento".

[105] "Agravo de Instrumento. Ação declaratória de alienação parental. Considerando que a avó materna e o tio da criança objeto desta ação declaratória de alienação parental residem com ela, formando um grupo familiar, bem assim a suspeita de que esses familiares possam estar praticando atos de alienação parental contra a menor, mostra-se adequada a realização de perícia psicológica também com esses envolvidos. Deram provimento." (Oitava Câmara Cível do TJRS).

[106] "Apelação Cível. Dissolução de união estável. Guarda de filha menor. Alienação parental. A sentença reconheceu a prática de alienação parental por parte da genitora/apelada. Contudo, decidiu, com base nos estudos sociais realizados e avaliações, que a reversão da guarda em favor do genitor seria prejudicial à menor, razão pela qual a manteve com a mãe. O pedido para que conste na parte dispositiva da sentença a declaração da prática de alienação parental não prospera, pois tal não foi requerido na reconvenção. Como no dispositivo da sentença deve constar o resultado dos pedidos deduzidos na inicial e na reconvenção, descabida a declaração expressa, quanto à prática de alienação parental, que constou apenas como fundamento para o pedido de reversão da guarda. E nessa perspectiva foi analisada. No entanto, acolhe-se a fim de que fique dotado de melhor exequibilidade o pleito do apelante no sentido de fazer constar na parte dispositiva do decisório a determinação para que a genitora realize tratamento psicológico com comprovação mensal, e que se comprometa a não mais causar transtornos no período em que o pai e a filha estiverem convivendo, sob pena de fixação de multa. Deram parcial provimento. Unânime" (Apelação Cível 70079112652, Oitava Câmara Cível do TJRS, Relator Des. Luiz Felipe Brasil Santos. J. 28.02.2019).

os netos lhes transmitem, tudo ligado a um sentimento de utilidade e integração familiar, o que proporciona a todos uma vital energia, resultando na melhoria de sua saúde física e mental.[107]

4.5 COMENTÁRIOS AO ART. 5.º – DA PERÍCIA PSICOLÓGICA OU BIOPSICOSSOCIAL

Artigo 5.º Havendo indício da prática de ato de alienação parental, em ação autônoma ou incidental, o juiz, se necessário, determinará perícia psicológica ou biopsicossocial.

§ 1.º O laudo pericial terá base em ampla avaliação psicológica ou biopsicossocial, conforme o caso, compreendendo, inclusive, entrevista pessoal com as partes, exame de documentos dos autos, histórico do relacionamento do casal e da separação, cronologia de incidentes, avaliação da personalidade dos envolvidos e exame da forma como a criança ou adolescente se manifesta acerca de eventual acusação contra genitor.

§ 2.º A perícia será realizada por profissional ou equipe multidisciplinar habilitados, exigido, em qualquer caso, aptidão comprovada por histórico profissional ou acadêmico para diagnosticar atos de alienação parental.

§ 3.º O perito ou equipe multidisciplinar designada para verificar a ocorrência de alienação parental terá prazo de 90 (noventa) dias para apresentação do laudo, prorrogável exclusivamente por autorização judicial baseada em justificativa circunstanciada.

§ 4º Na ausência ou insuficiência de serventuários responsáveis pela realização de estudo psicológico, biopsicossocial ou qualquer outra espécie de avaliação técnica exigida por esta Lei ou por determinação judicial, a autoridade judiciária poderá proceder à nomeação de perito com qualificação e experiência pertinentes ao tema, nos termos dos arts. 156 e 465 da Lei nº 13.105, de 16 de março de 2015 (Código de Processo Civil).

Não é tarefa fácil identificar os atos de alienação parental e maiores dificuldades surgem quando em seu estágio extremo envolve alegações de molestações sexuais ou abuso físico da criança ou do adolescente. Essa empreitada deve ser delegada a quem tem conhecimento tecnológico e o magistrado precisa desse auxílio técnico para compreender e interpretar os fatos que estão envolvidos no litígio, inclusive fazendo-se acompanhar de um especialista no depoimento do incapaz, como ordena o art. 699 do CPC. Com a prova pericial, o juiz confia às pessoas técnicas o ofício de examinarem uma questão de fato que exige conhecimentos especiais, para deles obter um parecer juramentado.[108] Não se trata de uma delegação do juiz ao perito, porque a autoridade de decidir não pode ser repassada, até porque o perito não julga e nem o juiz está obrigado a acreditar inquestionavelmente na perícia realizada, mas revela-se importante subsídio judicial.

A prova pericial decorre da necessidade de ser demonstrado no processo fato que depende de conhecimento especializado, que está acima dos conhecimentos da cultura média, não sendo suficientes as manifestações leigas de testemunhas e depoimentos que apenas iriam discorrer sobre fatos e a sua existência, mas carentes de uma visão científica, ou, como reporta Hélio Cardoso de Miranda Júnior, trata-se do propósito subjetivo da prova, porque o

---

[107] GONZÁLEZ, Esther Pillado. Mediación en los conflitos derivados de las relaciones entre los abuelos y los nietos. In: GARCÍA, Arnulfo Sánchez; PELÁEZ, Patricia López (Coord.). *La solución alternativa de conflictos en los nuevos modelos de familia.* Navarra: Aranzadi, 2018. p. 192-193.

[108] LESSONA, Carlos. *Teoria general de la prueba en Derecho Civil.* Madrid: Instituto Editorial Reus, 1942. t. IV, p. 536.

juiz precisa ser convencido quanto à certeza originada desses fatos, e fatos sempre comportam interpretações variadas, para os quais a perícia objetiva fornecer esclarecimentos destinados às partes e ao magistrado, colacionando elementos técnicos que irão auxiliar na apreciação desses mesmos fatos.[109] Como bem mostra Carlos Lessona, os peritos não obrigam a autoridade judicial, que fala segundo sua própria convicção, podendo divergir da perícia; o juiz pode preferir a opinião minoritária dos peritos, descartar o laudo do perito judicial e aceitar o de algum assistente técnico; como pode ordenar perícia suplementar ou complementar, tal qual pode aceitar parte da perícia e rechaçar outra parte, como pode conformar sua opinião inteiramente com a dos peritos.[110]

O § 2.º do art. 5.º da Lei de Alienação Parental estabelece que seja a perícia psicológica ou biopsicossocial realizada por profissional, ou uma equipe multidisciplinar, especializados em determinados ramos da ciência e que demonstrem ter aptidão comprovada por histórico profissional ou acadêmico para diagnosticarem atos de alienação parental. Portanto, o psicólogo, o médico, o médico psiquiatra ou o assistente social, quando convocados para periciarem atos de alienação parental em laudos individuais, ou em trabalho de equipe multidisciplinar, estarão prestando inestimável serviço técnico ao juiz e às partes, cujo laudo pericial estará certamente voltado para a prospecção da maior verossimilhança possível com a verdade para determinar a existência ou não de atos de alienação dos filhos, mas, sobremodo, como observado por Lídia Castro, tem o juiz a missão de salvaguardar o interesse da criança e compreender o seu desenvolvimento normal e patológico.

Citando Grandjean, Lídia Castro arremata que, em sede de perícia psicológica, e o mesmo serve para o trabalho do assistente social, o perito se propõe a transformar a perícia em uma relação de ajuda e ele, perito, em um mediador, fazendo com que as famílias pensem por si mesmas para chegarem a um acordo.[111] Contudo, a autora citada reconhece acontecer em muitos casos o fato de as tentativas de conciliação não funcionarem quando envolvem casais com personalidades paranoicas e psicopatas ou em separações traumáticas,[112] de forma que a perícia termina apresentando subsídios que fundamentem a execução das medidas necessárias a serem aplicadas pelo magistrado.[113]

Prescreve o art. 156 do CPC que deve o juiz ser assistido por perito quando a prova do fato depender de conhecimento técnico ou científico, e o art. 464 do Código de Processo Civil dispõe consistir a prova pericial em exame, vistoria ou avaliação, podendo as partes apresentar quesitos e indicar assistentes técnicos, e o art. 475 do Código de Processo Civil faculta a nomeação de outros peritos tratando-se de uma perícia complexa, que abranja mais de uma área de conhecimento especializado. É justamente a hipótese ventilada pelo art. 5.º da Lei de Alienação Parental, quando estabelece que, "havendo indício de prática de ato de alienação parental, em ação autônoma ou incidental, o juiz, se necessário, determinará perícia psicológica ou biopsicossocial", a referida perícia multidisciplinar dos §§ 2.º e 3.º do mesmo dispositivo legal, consistente na designação de diferentes avaliações que poderão

---

[109] MIRANDA JÚNIOR, Hélio Cardoso de. *Um psicólogo no Tribunal de Família*: A prática na interface Direito e Psicanálise. Belo Horizonte: Artesã, 2010. p. 67.

[110] LESSONA, Carlos. Ob. cit., p. 555-556.

[111] CASTRO, Lídia Rosalina Folgueira. *Disputa de guarda e visita no interesse dos pais ou dos filhos?* Porto Alegre: Artmed, 2013. p. 24.

[112] Idem, p. 25.

[113] FREITAS, Douglas Phillips. *Alienação parental*. Comentários à Lei 12.318/2010. 2. ed. Rio de Janeiro: Forense, 2012. p. 63.

ser realizadas em conjunto ou separadamente, compostas por perícias sociais, psicológicas, médica e médica psiquiátrica.[114]

É mais comum que as perícias sejam realizadas individualmente pelos expertos judiciais, para cada área de atuação, não ocorrendo as entrevistas com uma coletividade de peritos, tratando os próprios peritos assistentes indicados pelas partes de promovem separadamente suas entrevistas com as pessoas envolvidas no universo humano periciado, ouvindo pai, mãe, filhos e, quando pertinente, outras pessoas próximas, sejam elas parentes ou não. Na Alienação Parental, o papel a ser desempenhado pelo perito psicólogo é o de identificar a prática de alienação, bem como detectar possíveis falsas alegações, mas o juiz não está adstrito ao laudo pericial, podendo formar sua convicção com outros elementos ou fatos provados nos autos (art. 479 do CPC), estabelecendo o § 3.º da Lei 12.318/2010 o prazo de 90 dias para a apresentação do laudo pericial individual ou multidisciplinar designado para verificar a ocorrência de alienação parental, prorrogável exclusivamente por autorização judicial baseada em justificativa circunstanciada.

Diferentemente da prática processual corriqueira, na qual a prova pericial geralmente é ordenada em estágio mais avançado do processo de conhecimento, em que o maior trunfo e a importância extrema da legislação vigente de enfrentamento da alienação parental residem na celeridade, eficiência e eficácia dos atos processuais destinados a coibir a prática da alienação, especialmente quando ela ainda se encontra em seus estágios iniciais, cuidando o art. 5.º da Lei 12.318/2010 de instrumentalizar o magistrado com mecanismos processuais atuando como verdadeiras tutelas de antecipação, com uma tramitação sumária, mas essencial para uma rápida prestação jurisdicional voltada para a integral proteção da saúde mental da criança ou do adolescente.

Primeiro, permite o artigo 5.º da Lei de Alienação Parental que a perícia multidisciplinar seja ordenada em qualquer demanda incidental, como, por exemplo, em uma ação de divórcio, ou de dissolução de união estável, de guarda de filhos, ou até mesmo em um processo de alimentos, ou ainda em uma ação autônoma de declaração de alienação parental, especialmente ajuizada para a denúncia e busca da resolução judicial pelo exercício abusivo da alienação parental, com a cessação dos atos de alienação ou com outras abordagens legais e terapêuticas a serem determinadas em função do tipo e estágio de alienação.

Para esse caminho, que inclusive passa pelo tratamento compulsório (art. 129, III, do ECA),[115] Richard Gardner, segundo Ignacio Bolaños Cartujo, sugere que nos casos leves de alienação parental o problema possa ser solucionado com uma decisão judicial que mantenha a custódia do genitor em início de alienação, mas reassente a continuidade das visitas do outro

---

[114] Idem, p. 51.

[115] "Agravo de Instrumento. Incidente para verificação de atos de alienação parental. Proposto pelo genitor no curso da ação de oferta de alimentos. Regulamentação da guarda e visitas. Decisão agravada que, amparada nos laudos psiquiátricos e psicológico, ambos emitidos pelo Departamento Médico Judiciário. Reconhece a prática de alienação parental pela genitora contra o genitor. Versando a decisão recorrida sobre o mérito do processo, mostra-se cabível a interposição do recurso de agravo de instrumento, nos termos do art. 1.015, inciso II, do CPC. Comprovado que a agravante lançou mão de atitudes manipuladoras e controladoras, inclusive com alegação de abuso sexual por parte do genitor, para tomar a guarda da filha e impor um afastamento da figura paterna, impõe manter a decisão agravada que reconheceu a prática de alienação parental por parte da genitora, ampliando gradativamente a convivência entre o autor e a filha. Não tem incidência no caso concreto o disposto no art. 85, § 11, do Novo Código de Processo Civil, tendo em vista que a decisão agravada não fixou honorários advocatícios. Advertida a alienadora, bem como determinada a sua submissão a tratamento psicoterápico, não tem lugar a aplicação da sanção prevista no art. 81 do CPC. Preliminar contrarrecursal rejeitada. Agravo de Instrumento desprovido" (Agravo de Instrumento 70074648437, Sétima Câmara Cível, TJRS. Relatora Desa. Sandra Brisolara Medeiros, j. 22.11.2017).

progenitor. Para os casos moderados, Richard Gardner sugere a necessidade de um tratamento terapêutico compulsório, em que o profissional tenha contato direto com o juiz e permita ao terapeuta revelar ao magistrado as informações pertinentes para a cessação da alienação, tudo pautado por uma postura judicial que deixe bastante claras as possíveis sanções se o alienador boicotar o processo.

Richard Gardner observa ser normal o alienador obstruir o contato e sabotar a relação de convivência, mostrando-se nada colaborativo com o programa de convívio, podendo o terapeuta buscar algum familiar não comprometido com o processo de alienação como um aliado terapêutico, abrindo o caminho para abordar temas e mostrar a importância do outro ascendente na educação dos filhos, além de abordar os motivos pessoais da alienação. Para os casos severos, a proposta de Gardner consiste em separar o filho do domicílio de seu alienador e colocá-lo sob a custódia do genitor alienado, em uma espécie de um período de *descompressão* e durante o qual não deve haver nenhum tipo de contato com o progenitor cuja guarda foi suspensa. Durante esse intervalo a criança ou o adolescente são monitorados pelo terapeuta judicial, que tem contato direto com o juiz e, depois do tempo necessário, os contatos vão sendo progressivamente incrementados com o alienador.[116]

O laudo pericial será baseado em ampla avaliação psicológica ou biopsicossocial, compreendendo entrevista pessoal com as partes, exame de documentos dos autos, histórico do relacionamento do casal e da separação, cronologia de incidentes, avaliação da personalidade dos envolvidos e exame da forma como a criança ou adolescente se manifesta acerca de eventual acusação contra o genitor (art. 5.º, § 2.º, da Lei 12.318/2010). Como antes ponderado, a perícia multidisciplinar ou de uma equipe interdisciplinar, para usar a expressão recolhida do inciso II e do § 3.º do art. 1.584 do Código Civil, quando trata da guarda compartilhada visando à divisão equilibrada do tempo com o pai e com a mãe, o juiz poderá basear-se em orientação técnico--profissional ou de equipe multidisciplinar, porquanto, repartindo o tempo de permanência dos filhos com seus dois genitores, acredita o legislador que a Lei 13.058/2014 elimina a prática da alienação parental ao afastar a guarda unilateral cujos profissionais devem ter comprovada aptidão oriunda da carreira profissional ou acadêmica. Esta mesma qualidade de profissionais é aquela convocada para diagnosticar atos de alienação parental, cuja exigência se constitui em um difícil obstáculo diante das dificuldades de serem encontrados peritos particularmente qualificados para diagnosticarem atos de alienação, sem prejuízo da qualidade do seu trabalho diante de uma expressiva e invencível demanda judicial.

Quando há suspeitas de uma falsa acusação de abuso infantil, acrescenta Caroline de Cássia Francisco Buosi, o trabalho do psicólogo, que vai além do seu diagnóstico, tem seu fundamento em compromisso social e na melhoria da qualidade de vida das pessoas e assim complementa a referida autora:

> Quando há suspeitas de uma falsa acusação de abuso infantil o psicólogo que está realizando o tratamento deve ficar atento ao analisar cada passo que a criança relatou sobre as situações de possível abuso e comparar com o que já foi dito por ela e pelo possível alienador. Isso se torna um dos pontos principais para derrubar falsas acusações, tendo em vista as controvérsias e o alinhamento do discurso entre um e outro. Na maioria dos casos em que ocorre o abuso sexual real, a incriminação é algo que se torna constante, enquanto nas falsas acusações essas mudam de acordo com as circunstâncias. Por isso é imprescindível ser analisado o contexto da vida da criança e dos genitores na época da revelação.

---

[116] CARTUJO, Ignacio Bolaños. *Hijos alienados y padres alienados*. Mediación familiar en rupturas conflictivas. Madrid: Editoria Reus, 2008. p. 65-67.

A informação não pode advir unilateralmente, devendo o profissional buscar diversas fontes para descobrir o máximo possível dentre os diversos contextos nos quais o cliente esteja envolvido. Assim deve visitá-lo em sua residência além do ambiente do consultório, entrevistar a família ou pessoas envolvidas diretamente com estes, ir até a escola ou instituições educacionais frequentadas pelo cliente, conversar com outros profissionais que já atenderam, quando for o caso, e até mesmo realizar observações indiretas da convivência familiar entre eles, realizando testes como somente um complemento e não como fonte mais importante dos dados coletados. A entrevista com a criança deve ser feita em particular em uma linguagem acessível ao entendimento da vítima, com um clima empático e próximo a ela.[117]

O trabalho de uma equipe multidisciplinar, composta por perito social, psicólogo, psiquiatra e médico, precisa ser detalhado, comprometido, aprofundado, especializado, notadamente em casos de suspeita de abuso sexual contra crianças, pois esses profissionais precisam ter capacitação ou treinamento específico para o exercício de sua função,[118] não havendo margem para erros, que, com frequência, acontecem e se produzem pela deficiente qualificação dos peritos designados, que por vezes se restringem a ouvir o autor da alienação, olvidando o outro genitor e escutando a criança ou o adolescente na presença do alienador ou próximo dele, realizando afirmações e extraindo conclusões sobre o progenitor alienado sem conhecê-lo e, mesmo assim, lhe deitando suspeitas muito mais resultantes do seu estado pessoal de *choque* com as narrativas unilateralmente apresentadas, e com esses laudos são subsidiadas as acusações de abuso e os processos criminais que acabam tendo o condão de suspender a relação de convivência do progenitor falsamente acusado de abuso infantil, chamando a atenção e alertando para o perigo de muitos laudos periciais precipitados e inconsistentes com a passagem doutrinária referida por Marcia Ferreira Amendola, quando escreve ter levantado em suas pesquisas de campo que:

> Alguns psicólogos relataram que tendem a iniciar seus atendimentos sem avisar o pai de que a criança está em avaliação psicológica. O que está relacionado com o fato de que não é procedimento dos psicólogos chamarem os pais para participarem das avaliações, o que acaba determinando que estas instituições emitam laudos psicológicos preliminares e unilaterais.[119]

Não há dúvida alguma de que os casos reais de abuso sexual ou de violência doméstica contra filhos vulneráveis reclamam a aplicação rigorosa dos ditames da Lei de Alienação Parental, devendo o juiz tomar as medidas necessárias para que nada passe impune e para que nada se repita diante da vulnerabilidade de uma criança ou de um adolescente, vítimas efetivas de uma inenarrável violência familiar, quer ela se trate de ato libidinoso ou de qualquer outro ato de abuso sexual, ou de violência física ou psicológica, como sucede com a alienação parental, também dispensando a prova pericial quando existem elementos suficientes no processo no sentido de que o genitor não possui perfil de abusador intrafamiliar.[120]

---

[117] BUOSI, Caroline de Cássia Francisco. *Alienação parental*. Uma interface do Direito e da Psicologia. Curitiba: Juruá, 2012. p. 92.

[118] AMENDOLA, Marcia Ferreira. *Crianças no labirinto das acusações*. Falsas alegações de abuso sexual. Curitiba: Juruá, 2009. p. 156.

[119] Idem, p. 159.

[120] "Alteração de visitas. Alegação de alienação parental. Ausência de prova do alegado abuso sexual de maus-tratos e negligência por parte do genitor. Revisão de alimentos. Pedido de redução. Honorários periciais. Agravo retido. 1. Não há necessidade de realização de nova perícia psicológica, quando

Cap. 4 • COMENTÁRIOS À LEI DE ALIENAÇÃO PARENTAL E SEUS ASPECTOS PROCESSUAIS | 109

Delia Susana Pedrosa e José María Bouza conclamam para suas experiências profissionais, em que constataram serem abundantes as denúncias falsas e errôneas de abuso sexual e violência em comparação aos casos opostos para obstrução de vínculo de contato, representando tais denúncias de abuso não mais de 1% do total dos casos que tinham realmente em mira o impedimento de contato, decorrentes de alienação parental, cujas estratégias são utilizadas para a eliminação dos vínculos dos filhos com seus genitores visitantes e afirmam que quem obstrui o vínculo com os filhos, sejam pais, avós e profissionais, sempre vão sustentar e divulgar como certas as denúncias que propagam.[121]

Diante desse atemorizante quadro de situações de abuso e de má-fé processual, valendo-se progenitores das *falsas memórias* no propósito exclusivo de romper o contato do outro genitor com os filhos comuns, é de essencial importância a pronta desarticulação dessa estratégia perversa de acusar o ascendente não guardião de abuso sexual[122] ou de violência física, devendo a autoridade judicial esmerar-se para que uma excelente relação de filiação não seja pulverizada em poucos dias, convertendo-se esse vínculo em um calvário de difícil regresso aos vínculos de afeto.[123] E que muito menos crie corpo a campanha que se cunhou na mídia, no parlamento e nas redes sociais, no sentido de que pais pedófilos utilizam a Lei de Alienação Parental para tirar a guarda das mães e, assim, continuar abusando de seus filhos; e que a alienação teria virado um mercado para advogados e psicólogos, negando a efetiva ocorrência de abusos sexuais, com o propósito de tirar a guarda da genitora;[124] contudo, o que causa espécie é como se não

---

existem elementos suficientes nos autos no sentido de que o autor não possui perfil de abusador sexual. 2. Cabe ao julgador determinar a realização das provas necessárias à instrução do feito e indeferir as diligências inúteis ou protelatórias. Inteligência do art. 130 do CPC. 3. Não restando comprovado o alegado abuso sexual, nem os maus-tratos e a negligência por parte do genitor, e havendo indícios de um processo de alienação parental por parte da genitora do menor, deve ser mantido o esquema de visitação estabelecido em primeiro grau, apenas com algumas definições adaptações necessárias para evitar situações de conflito e permitir uma convivência harmoniosa do genitor com a filha. 4. Mostra-se descabida a alteração de guarda em decorrência da alienação parental, pois além de não ter sido cabalmente comprovada, restou evidenciado que a filha consegue estabelecer bom vínculo com o pai, situação que tende a melhorar com o incentivo da mãe e o acompanhamento terapêutico. 5. A ação de revisão de alimentos tem por pressuposto a alteração do binômio possibilidade-necessidade e se destina à redefinição do encargo alimentar. 6. Demonstrada a redução na capacidade econômica do alimentante e que o valor dos alimentos não acompanhou as condições econômicas deste, pois o reajuste é feito pelos índices de aumento do salário mínimo, que superam em muito o custo de vida, é cabível a redefinição do *quantum* da pensão alimentícia. Inteligência do art. 1.699 do CCP. 7. Sendo o alimentante assalariado, os alimentos devem ser fixados em percentual sobre os ganhos líquidos, isto é, sobre o valor bruto menos os descontos legais obrigatórios. 8. Considerando que as custas processuais foram rateadas entre as partes, mostra-se descabida a condenação do autor a pagar de forma integral a perícia psicológica, sob o argumento de que possui melhores condições financeiras. Recurso do autor provido em parte, sendo desprovidos o agravo retido e o recurso adesivo" (Apelação Cível 70055911432, 7ª Câmara Cível TJRS, Rel. Des. Sérgio Fernando de Vasconcellos Chaves, j. 29.01.2014).

[121] PEDROSA, Delia Susana; BOUZA, José María. *(SAP) Síndrome de alienación parental.* Proceso de obstrucción del vínculo entre los hijos y uno de SUS progenitores. Buenos Aires: García Alonso, 2008. p. 90.

[122] "Agravo de Instrumento. Ação cautelar. Pedido de suspensão do direito de visitas do pai à filha. Imputação de abuso sexual. Deferimento. Inconformismo. Conjunto probatório que afasta, a princípio, a possibilidade de violência ventilada. Ausência de prova de conduta desabonadora do pai. Decisão reformada. Recurso conhecido e provido" (Agravo de Instrumento 2012.058390-3, 4.ª Câmara de Direito Civil do TJSC, Rel. Des. Victor Ferreira, j. 20.02.2013).

[123] Idem, p. 91.

[124] RÜBENICH, Aline. A relevância do instituto da alienação parental e a importância do combate à campanha realizada pela revogação da Lei 12.318/2010. In: ROSA, Conrado Paulino da (Coord.). Diálogos de família e sucessões. Porto Alegre: FMP, 2019, v. III, p. 41.

fosse flagrante e preocupante o alto índice de falsas acusações de abuso sexual intrafamiliar diuturnamente demonstradas em processos judiciais.

Penso que a razão está com Márcia Amaral Montezuma; Rodrigo da Cunha Pereira e Elza Machado de Melo, quando colacionam ser irrefutável a grande contribuição da Lei de Alienação Parental ao nomear o problema que sempre foi crônico, embora sem identidade revelada, bem como o avanço propiciado pela Lei na discussão das relações familiares e sua tentativa de regulação dos excessos nos conflitos familiares, que não são poucos, e sim piores, são mormente praticados em seu mais grave estágio. Além disso, concluem os citados autores que a revogação da Lei 12.318/2010 traria imenso prejuízo às famílias necessitadas do suporte jurídico que ela consigna no cenário jurídico em defesa das vulneráveis crianças e adolescentes e dos progenitores e agregados mais próximos que, amiúde, são privados da convivência com seus filhos, netos e enteados.[125]

A Lei 14.340/2022 acrescentou o § 4º ao art. 5º da Lei 12.318/2010, dispondo que, na ausência ou insuficiência de serventuários responsáveis pela realização de estudo psicológico, lembrando Glícia Barbosa de Mattos Brazil que os tribunais têm realizados concursos públicos para o cargo de psicólogo,[126] para preencherem estes cargos de psicólogos judiciais, mas que, diante da alta demanda, não existindo ou sendo insuficientes os serventuários responsáveis pela realização de estudo psicológico, biopsicossoal ou qualquer outra espécie de avaliação técnica exigida pela Lei da Alienação Parental ou por determinação judicial, o juiz poderá proceder na nomeação de perito com qualificação e experiência pertinentes ao tema.

4.6 COMENTÁRIOS AO ART. 6.º – DA ALIENAÇÃO SEVERA E AS MEDIDAS JUDICIAIS

Artigo 6.º Caracterizados atos típicos de alienação parental ou qualquer conduta que dificulte a convivência de criança ou adolescente com genitor, em ação autônoma ou incidental, o juiz poderá, cumulativamente ou não, sem prejuízo da decorrente responsabilidade civil ou criminal e da ampla utilização de instrumentos processuais aptos a inibir ou atenuar seus efeitos, segundo a gravidade do caso:

I – declarar a ocorrência de alienação parental e advertir o alienador;

II – ampliar o regime de convivência familiar em favor do genitor alienado;

III – estipular multa ao alienador;

IV – determinar acompanhamento psicológico e/ou biopsicossocial;

V – determinar a alteração da guarda para guarda compartilhada ou sua inversão;

VI – determinar a fixação cautelar do domicílio da criança ou adolescente;

VII – Revogado pela Lei 14.340/2022.

§ 1º Caracterizado mudança abusiva de endereço, inviabilização ou obstrução à convivência familiar, o juiz também poderá inverter a obrigação de levar para ou retirar a criança ou adolescente da residência do genitor, por ocasião das alternâncias dos períodos de convivência familiar.

---

[125] MONTEZUMA, Márcia Amaral; PEREIRA, Rodrigo da Cunha; MELO, Elza Machado de. Alienação parental, um termo controverso. Revista IBDFAM Família e Sucessões. Belo Horizonte: IBDFAM. v.32, mar./abr. 2019, p. 137.

[126] BRAZIL, Glícia Barbosa de Mattos; BARROS, Alcina Juliana Soares; ROSA, Conrado Paulino da. *Perícias psicológicas e psiquiátricas nos processos de família.* Salvador: JusPodivm, 2022. p. 114.

Cap. 4 • COMENTÁRIOS À LEI DE ALIENAÇÃO PARENTAL E SEUS ASPECTOS PROCESSUAIS | 111

> *§ 2º O acompanhamento psicológico ou o biopsicossocial deve ser submetido a avaliações periódicas, com a emissão, pelo menos, de um laudo inicial, que contenha a avaliação do caso e o indicativo da metodologia a ser empregada, e de um laudo final, ao término do acompanhamento.*

A Lei 12.318/2010 foi instituída para, principalmente, coibir a prática da alienação parental desde o seu princípio, naqueles casos ainda considerados leves, ao menor sinal ou indício de ocorrência de alienação, representada por condutas ensaiadas, em regra, pelo genitor guardião, buscando dificultar a convivência do menor com o outro progenitor, detectando o juiz a existência desses atos de bloqueio do direito de convivência e dos contatos do pai ou da mãe que não detêm a custódia da prole. Autoriza o artigo 6.º da Lei de Alienação Parental que o juiz faça cessar desde logo os atos de alienação, ou atenue seus efeitos por meio de pontuais medidas judiciais declinadas nos incisos subsequentes ao dispositivo em destaque, sem detrimento de alguma ação de responsabilidade civil ou criminal, e, certamente, sem prejuízo de outras medidas judiciais não previstas expressamente na Lei, mas todas elas intimamente vinculadas à gravidade do caso.

Qualquer uma das medidas sugeridas pelos incisos I a VI do artigo 6.º da Lei 12.318/2010, uma vez que a Lei 14.340/2022 revogou o inciso VII que tratava da suspensão da autoridade parental, não impede e autoriza a ação autônoma de indenização por perdas e danos, ou da concomitante ação por responsabilidade criminal. A indenização por dano moral ou material é admitida pelo ordenamento jurídico brasileiro e tem especial referência na Lei de Alienação Parental, diante dos notórios prejuízos de ordem moral e material causados pela propositada e injustificada alienação dos filhos ao outro progenitor,[127] e até mesmo em relação aos avós ou irmãos[128] da criança ou adolescente alienado.

---

[127] "Indenização por danos morais. Partes têm filha comum. Apelante alegara que o apelado praticou atos libidinosos em relação à infante, porém nada comprovou, inclusive no âmbito criminal. Afronta à dignidade da pessoa humana do genitor e exposição à situação vexatória caracterizadas. Apelado que sofrera enorme angústia e profundo desgosto, além de ampliação da aflição psicológica com o cerceamento do exercício do direito de visitas. Danos morais configurados. Beligerância entre as partes se faz presente, desconsiderando o necessário para o bem-estar da menor. Verba reparatória, fixada em R$31.520,00, compatível com as peculiaridades da ação. Pedido contraposto sem consistência, haja vista a demanda observar o procedimento ordinário. Peça intitulada como tal que fora recebida como contestação, destacando o princípio da efetividade do processo, pois, do contrário, a ré seria revel. Ausência de reconvenção. Devido processo legal observado. Apelo desprovido" (TJSP, Apelação Cível n.º 0.002.705-05.2014.8.26.0220, Quarta Câmara de Direito Privado, Rel. Des. Natan Zelinschi Arruda, j. 21.07.2016).

[128] "Apelação cível. Ação de indenização por danos morais. Relação familiar dissidente as partes, irmãs entre si, em relação à genitora. Elementos análogos à alienação parental em razão do estado de vulnerabilidade e doença da genitora. Ponderação dos deveres, direitos e pressupostos das relações familiares. Utilização arbitrária de abusos análogos a medidas restritivas, sem amparo em decisão judicial. Responsabilidade civil. Pressupostos configurados. Dano moral. Reconhecido. Recurso desprovido. Incontroverso entre as partes, apenas que a genitora sofria de uma série de problemas de saúde, incluindo a degenerativa doença de Alzheimer. Diante do contexto, é de certa forma compreensível a distorção de percepções entre as partes sobre as vontades da genitora. É que a doença, específica, debilita o enfermo de tal forma que, sabidamente, é comum que este seja facilmente sugestionável ou convencido. Disto, é de se mitigar as acusações mútuas, de que as partes, cada uma, considera-se a legítima defensora dos reais interesses da genitora. Tendo em vista o estado de vulnerabilidade da genitora e a patologia específica, o caso não deixa de se parecer com aquele da alienação parental, ao inverso. Em verdade, o que se observa são medidas, próprias daquelas protetivas do Direito de Família, como interdição, tomadas de forma arbitrária e ao arrepio da Lei e dos ditames que regem as relações familiares. O ato de privar a irmã do contato com a genitora, *sponte sua*, independentemente do caso, gera dano moral indenizável" (TJSC, Apelação Cível n.º 0006690-70.2012.8.24.0005, Primeira Câmara de Direito Civil, Rel. Des. Domingos Paludo, j. 25.08.2016).

É indenizável o sofrimento psíquico ou a frustração pela incerteza anímica do progenitor não guardião pela perda da relação paterno-filial com a ruptura do regime de convivência e pelo total desrespeito ao direito de comunicação fundamental nos vínculos de filiação. O dano moral reclama a demonstração do nexo causal entre a atitude do alienante e os prejuízos morais, por abalo psíquico sofrido pelo progenitor alienado e pela criança ou o adolescente,[129] pois, como expressa Ana Carolina Carpes Madaleno, uma criança vítima de falsas alegações de abuso sexual corre riscos similares aos de uma que realmente sofreu essa violência, ou seja, estão igualmente sujeitas a apresentar algum tipo de patologia grave nas esferas afetiva, psicológica e social.[130]

Na outra ponta figura a indenização material e seus variados matizes, que podem derivar de despesas realizadas com a contratação de uma babá para atender aos filhos diante do não comparecimento do genitor visitante, ou os custos despendidos com advogado e com as despesas processuais resultantes da ação promovida para acessar ao filho alienado, em ação de execução forçosa do direito de convivência, agregando despesas realizadas com psicólogos e outros profissionais da saúde mental agenciados para atenderem ao menor de idade vitimado pela alienação, mais as despesas realizadas pelo genitor alienado com seus deslocamentos geográficos em razão de abusiva mudança de domicílio da criança ou do adolescente para outra cidade ou Estado, com vistas a inviabilizar a convivência familiar, isso quando a progenitora não se desloca para outro país com prévia autorização e promessa descumprida de retorno ao Brasil.

No âmbito penal, o ascendente alienador responde pelo delito de falsa denúncia criminal quando se utiliza das *falsas memórias* para imputar ao outro progenitor a autoria de ato libidinoso, ou outro tipo de violência sexual, ou o crime de calúnia, além da obstrução da convivência e do delito de desobediência judicial, não sendo descartado o crime de *abandono de incapaz* (art. 133 do CP) quando existe omissão de custódia e de cuidado por parte do progenitor, acarretando perigo concreto para a vida ou para a saúde da vítima, em nada se confundindo e, portanto, nada tendo a ver com o abandono moral.

Caetano Lagrasta Neto propõe a prisão do alienador pela prática de crime hediondo consubstanciado em verdadeiro crime de tortura praticado pelo alienador,[131] enquanto Richard A. Gardner é categórico ao sugerir como melhor medida terapêutica para crianças com SAP a restrição de contato como o genitor alienador, sendo por vezes necessária a mudança da guarda. E faz inclusive uma comparação com pacientes que sofreram lavagem cerebral em uma seita. Antes de iniciar o tratamento, é necessário reduzir o contato com os líderes da seita, senão impedir completamente.[132]

Conforme Flávio Guimarães Lauria, a partir da interpretação e aplicação do art. 6.º da Lei de Alienação Parental, o recurso às perdas e danos tornou-se medida a ser adotada em último caso, apenas quando esgotados todos os meios disponíveis para a satisfação do interesse específico do credor.[133]

Richard Gardner propõe que, nos casos *leves* de alienação, o juiz simplesmente reafirme o direito de convivência do alienado, assegurando que ele ocorra sem percalços e qualquer

---

[129] LAGRASTA NETO, Caetano. Ob. cit., p. 154.

[130] MADALENO, Ana Carolina Carpes. Indenização pela prática da alienação parental e imposição de falsas memórias. In: MADALENO, Rolf; BARBOSA, Eduardo (Coord.). *Responsabilidade civil no direito de família*. São Paulo: Atlas, 2015. p. 22.

[131] Ibidem.

[132] GARDNER, Richard A. *Das elterliche Entfremdungssyndrom*. Ob. cit., p. 89.

[133] LAURIA, Flávio Guimarães. *A regulamentação de visitas e o princípio do melhor interesse da criança*. Rio de Janeiro: Lumen Juris, 2002. p. 117.

Cap. 4 • COMENTÁRIOS À LEI DE ALIENAÇÃO PARENTAL E SEUS ASPECTOS PROCESSUAIS | 113

solução de continuidade, sendo um bom mecanismo para a efetividade da medida a aplicação de multas pecuniárias, as *astreintes* previstas na lei processual (arts. 296 e 538 do CPC – não havendo no CPC/2015 artigo correspondente ao 287 do CPC/1973) e no § 2° do art. 213 do Estatuto da Criança e do Adolescente.

Nos casos considerados *moderados,* Richard Gardner sugere o tratamento com terapeuta que tenha acesso ao juiz e que haja postura judicial na hipótese de desobediência. A submissão compulsória à terapia psicológica sob a supervisão judicial é medida que se impõe como forma radical de buscar estancar os efeitos de uma alienação que se encontra em franca expansão e prescinde de uma enérgica determinação judicial, igualmente fiscalizada pelo julgador que deve receber relatórios do profissional por ele indicado, podendo o magistrado, além disso, impor multa pecuniária em caso de desobediência, ou ordenar alternativas declinadas nos incisos do art. 6.° da Lei 12.318/2010. Por sua vez, os opositores de Richard Gardner apelidam seus métodos de *terapia da ameaça*, que seria uma terapia coativa, cujo fim é corrigir os comportamentos do menor e do progenitor que com ele convive, utilizando ferramentas de ameaça e coerção judicial, as quais vão desde multas, prisão domiciliar ou encarceramento do progenitor diagnosticado como manipulador e nocivo para a criança ou o adolescente até a troca da guarda do menor pelo genitor rechaçado.[134]

Não há como confundir a prova pericial psicológica ou biopsicossocial propriamente dita, que tem em vista subsidiar as decisões judiciais na identificação da alienação parental e tem previsão no inciso I do art. 6.° da Lei 12.318/2010, com o tratamento terapêutico, pois é justamente a partir da urgente elaboração de um laudo pericial que o juiz poderá declarar a ocorrência de alienação parental[135] e advertir o alienador, que se esforça negativamente em programar a criança ou adolescente para afastá-lo da vida do outro genitor, para que de pronto faça cessar seus atos de alienação, os quais poderão implicar na aplicação de multa e de reversão da guarda. Ao ser percebida a prática de alienação parental diante dos estudos psiquiátricos e psicológicos elaborados por especialistas judicialmente indicados, tal qual estabelece o inciso I, do art. 6.° da Lei de Alienação Parental, mostra-se de fundamental importância que o magistrado, assegurando a manutenção do regime de convivência do ascendente alienado, também proceda a pontual advertência do genitor alienador do mal que está causando ao tentar retirar o precioso espaço de consolidação dos vínculos de filiação com o progenitor alienado, devendo a advertência inicial consignar a percepção da prática dos atos de alienação e atentar para suas funestas consequências jurídicas, cuja continuação pelo alienador poderão implicar na ampliação da convivência, na aplicação de multa e de reversão da guarda,[136] sem prejuízo de

---

[134] CLEMENTE, Dolores Padilla Miguel. *El Síndrome de Alienação Parental.* Valencia: Tirant Lo Blanch, 2018. p. 48.

[135] "Direito de visitas. Pai. Acusação de abuso sexual. Pedido de suspensão. Possibilidade de alienação parental. 1. Como decorrência do poder familiar, o pai não guardião tem o direito de avistar-se com a filha, acompanhando-lhe a educação, de forma a estabelecer com ela um vínculo afetivo saudável. 2. A mera suspeita de ocorrência de abuso sexual não pode impedir o contato entre pai e filha, mormente quando existe laudo de estudo social sugerindo a ocorrência de processo de alienação parental. 3. As visitas ficam mantidas conforme estabelecido, com assistência e intermediação de Oficial de Justiça e membro do Conselho Tutelar, com o que restará assegurada a integridade física e psicológica da menor durante o convívio com o genitor. Recurso desprovido" (Agravo de Instrumento 70051595841, 7.ª Câmara Cível do TJRS, Rel. Des. Sérgio Fernando de Vasconcellos Chaves, j. 12.12.2012).

[136] "Direito de visitas. Pai. Acusação de abuso sexual. Pedido de suspensão. Suspeita de alienação parental. Intensa beligerância. Pedido de reversão da guarda. 1. Como decorrência do poder familiar, o pai não guardião tem o direito de conviver com o filho, acompanhando-lhe a educação, de forma a estabelecer com ele um vínculo afetivo saudável. 2. A criança está vitimizada, no centro de um conflito quase insano, onde

outras medidas impactantes na esfera cível da indenização por danos morais e materiais e na esfera da área penal.

Os profissionais da saúde mental têm o trabalho de diagnosticar pontualmente a ocorrência da alienação parental, que irá permitir o tratamento adequado, valendo-se, se for preciso, de uma equipe multidisciplinar e como aduz o § 2º do artigo 6º da Lei 12.318/2010, acrescido pela Lei 14.340/2022, deve haver um acompanhamento psicológico ou biopsicossocial com avaliações periódicas, sendo emitidos laudos, ao menos um laudo inicial que contenha a avaliação do caso e o indicativo da metodologia a ser empregada e um laudo final, a ser apresentado ao término do acompanhamento, certamente demonstrando que o tratamento alcançou seus objetivos.

Uma vez detectada a alienação parental e dependendo de seu estágio, diferentes intervenções legais e terapêuticas deverão ser implementadas em função do tipo de alienação, inclusive a ordem de submissão dos genitores e do infante que vivencia o processo de alienação parental para eventual intervenção terapêutica, com rigoroso controle judicial e do qual depende a sua eficácia, capaz de reaproximar as vítimas da alienação e de interromper com sucesso e ponderada reflexão os atos de alienação, como visto, com as observações colacionadas pelo § 2º da Lei da Alienação Parental.

Dimas Messias de Carvalho acredita que as equipes do Programa de Mediação de Conflitos poderão solucionar muitas demandas sem necessidade de desaguá-las para o Judiciário, ficando ao encargo da atuação do Ministério Público os casos mais graves de alienação.[137]

Nos casos médios ou moderados de alienação já existe um aumento importante do grau de intervenção do alienador e, nesses estágios, Richard Gardner defende a necessidade de tratamento terapêutico judicial para pôr um freio nos atos de alienação, inclusive com o mecanismo da aplicação de multa. A imposição de multa pecuniária tem sido uma ferramenta eficaz, que vem substituindo a alternativa violenta e em flagrante desuso do antigo hábito da judicial busca e apreensão de menor, cujo resultado traumático terminava sempre por deixar feridas psicológicas como sequelas permanentes no menor, lembrando Basílio de Oliveira que, ao tempo de sua larga utilização, os anais forenses e a experiência demonstravam o perigo da concessão de provimento de busca e apreensão de menor de idade sem a audiência da parte adversa,[138] não havendo, na maior parte dos casos reportados, real necessidade de urgência, senão a prevalência das desinteligências e eternas disputas pessoais dos pais, cujos filhos se tornam instrumentos de suas perturbações pessoais e de seus litígios afetivos.

A multa se presta como um incentivo para que seja reacendido o cumprimento da obrigação de acesso ou retomada do contato dos filhos com o genitor alienado, vencendo pelo valor

---

a mãe acusa o pai de abuso sexual, e este acusa a mãe de promover alienação parental. 3. As visitas estão estabelecidas e ficam mantidas pelo prazo de noventa dias, mas sem a necessidade de supervisão, pois a acusação de abuso sexual não encontra respaldo na prova coligida. 4. Transcorrido esse lapso de tempo, deverá ser reexaminada a ampliação do sistema de visitação, pois o horário fixado mostra-se ainda bastante razoável e permite o contato saudável entre o genitor e a criança, levando em conta a tenra idade desta. 5. A mãe da criança deverá ser severamente advertida acerca da gravidade da conduta de promover alienação parental e das graves consequências jurídicas decorrentes, que poderão implicar inclusive na aplicação de multa e de reversão da guarda. 6. A presente decisão é ainda provisória e poderá ser revista a qualquer tempo, caso aportem aos autos elementos de convicção que justifiquem a revisão do que está estabelecido, sendo facultado ao julgador de primeiro grau, inclusive, redefinir os horários para o pai buscar e levar o filho para passear. Recurso provido em parte" (Agravo de Instrumento 70053490074, 7.ª Câmara Cível do TJRS, Rel. Des. Sérgio Fernando de Vasconcellos Chaves, j. 24.04.2013).

[137] CARVALHO, Dimas Messias de. *Adoção, guarda e convivência familiar*. 2. ed. Belo Horizonte: Del Rey, 2013. p. 96.

[138] OLIVEIRA, Basílio de. *Das medidas cautelares nas questões de família*. Rio de Janeiro: Freitas Bastos, 1995. p. 240.

Cap. 4 • COMENTÁRIOS À LEI DE ALIENAÇÃO PARENTAL E SEUS ASPECTOS PROCESSUAIS | 115

monetário da coerção aquela natural e nada inteligente resistência de ferir o progenitor com a negativa de entrega do infante nos dias de convívio, assim como também se presta como instrumento processual para compelir o genitor renitente, que frustra as expectativas de convivência da criança ou adolescente, quando eles aguardam os dias de convivência de seu ascendente não guardião. Serve como medida de pressão para a remoção dos obstáculos imotivadamente impostos para o exercício do regime de convivência e, com efeito, prejudica menos os filhos do que certamente aconteceria se fosse usada a violência judicial de uma medida liminar de busca e apreensão realizada por oficial de justiça, não raras vezes acompanhado da aterrorizante presença e intervenção de todo um assustador aparato policial.

O valor da multa deve ter um peso coercitivo suficiente para promover seu imediato poder dissuasório, consistente em um efeito psicológico capaz de ensejar o seu cumprimento, ponderando o magistrado para o montante de sua fixação a gravidade do descumprimento cometido e sua duração, além da capacidade econômica do progenitor descumpridor.[139]

A multa pecuniária também se presta para compelir o genitor renitente a se submeter ao acompanhamento psicológico e/ou biopsicossocial, diante da sua recusa ou do seu reiterado não comparecimento às sessões de terapia ou às consultas agendadas. Acerca do tratamento compulsório dos pais, escreve Douglas Phillips Freitas existir, com suporte no *princípio do melhor interesse da criança e do adolescente*, regramento destinado a sua proteção integral, sendo dever constitucional da família, do Estado e da sociedade prevenir a ocorrência de ameaça ou violação dos direitos do menor, prevendo o art. 129, III, com a aplicação de multa pecuniária, como permite o § 2° do art. 213, ambos do Estatuto da Criança e do Adolescente, como medida aplicável coercitivamente aos pais ou responsáveis pelo infante, o encaminhamento a tratamento psicológico, acrescentando o doutrinador a realização, inclusive, de uma *terapia compulsória* para que os pais tratem os distúrbios e as condutas causadoras da alienação por um deles ou praticada por ambos.[140]

Segundo Douglas Freitas, o art. 6.º da Lei de Alienação Parental outorga tal possibilidade ao prescrever que, "caracterizados atos típicos de alienação parental ou qualquer conduta que dificulte a convivência de criança ou adolescente com o genitor, em ação autônoma ou incidental, o juiz poderá, cumulativamente ou não, sem prejuízo da decorrente responsabilidade civil ou criminal", se valer de "instrumentos processuais aptos a inibir ou atenuar seus efeitos, segundo a gravidade do caso", adicionando no inciso IV do referido dispositivo a determinação de acompanhamento,[141] a ser realizado por perito especializado na área de psicologia, assistência social e psiquiatria, ou por meio de uma equipe multidisciplinar.

Referindo-se à terapia compulsória, Douglas Freitas explica não se tratar de provimento estranho ao Direito, porquanto os arts. 497 e 536 do CPC tutelam a efetividade das obrigações de fazer e de não fazer, cometendo ao magistrado ordenar como instrumento autônomo, em qualquer processo, quando presentes indícios de alienação, a ordem de submissão de ambos os progenitores, ou apenas de um deles, sob pena de multa, à terapia compulsória de qualquer um deles que se mostrar recalcitrante, evidenciando a importância, para o resguardo da criança ou do adolescente, da imposição de um tratamento obrigatório dos pais, visando à resolução ou diminuição do conflito familiar.[142]

---

[139] GALLARDO, Bernardo Cruz. *La guarda y custodia de los hijos en las crisis matrimoniales*. Madrid: La Ley, 2012. p. 267.

[140] FREITAS, Douglas Phillips. *Alienação parental*. Comentários à Lei 12.318/2010. 2. ed. Rio de Janeiro: Forense, 2012. p. 112-113.

[141] Idem, p. 113.

[142] Idem, p. 113-115.

Por fim, nos casos mais severos de alienação, Richard Gardner propõe separar o filho do domicílio do alienador e colocá-lo sob a custódia do genitor alienado, em uma espécie de período de "descompressão", durante o qual não pode haver nenhuma forma de contato entre o infante e o progenitor alienador, devendo esse espaço de tempo ser monitorado por um terapeuta judicial indicado pelo juiz da causa, sendo retomados progressivamente os contatos e a convivência. Essa transferência da guarda e a suspensão do contato com o alienador têm o propósito de proteger a criança ou adolescente para que não fique exposto por meio do processo judicial, agravando, dessa forma, a patologia da alienação, muito embora os tribunais titubeiem em deferir as alterações de guarda,[143] entendendo serem prejudiciais à criança, que assim tem modificada sua rotina de vida e suas referências, gerando-lhe transtornos de ordem emocional,[144] que certamente não são maiores do que os transtornos emocionais que essas crianças e adolescentes, vítimas imaculadas da alienação parental advinda de quem lhes têm a custódia, e sobre quem depositam sua tola confiança, já sofrem enquanto permanecem na teimosa companhia do alienador, que as vê como *crianças objeto*, e não como *crianças sujeitas de direitos* (art. 227 da CF) como se fossem apenas desalmados instrumentos postos a serviço das insanas projeções de vingança de seus pais. Cumpre registrar que a Lei 14.340/2022 revogou o inciso VII do art. 6º da Lei 12.318/2010 que previa a suspensão da autoridade parental, medida que terminou se mostrando excessiva por importar na própria suspensão do poder familiar.

4.7 COMENTÁRIOS AO ART. 7.º – DA ALTERAÇÃO OU ATRIBUIÇÃO DA GUARDA

Artigo 7.º A atribuição ou alteração da guarda dar-se-á por preferência ao genitor que viabiliza a efetiva convivência da criança ou adolescente com o outro genitor nas hipóteses em que seja inviável a guarda compartilhada.

---

[143] "(...) É de se indeferir o pedido de reversão da guarda em prol do pai, pois se mostra adequado o deferimento da guarda dos filhos comuns à genitora. Restou bem demonstrada a vinculação das crianças com ela, e por igual bem comprovado que as crianças estão sendo adequadamente tratadas durante todos esses anos, desde a separação fática entre os genitores, em que estão sob os cuidados da mãe. O genitor foi acusado de estupro contra um dos filhos comuns, e chegou a ser condenado em primeiro grau, mas foi absolvido em segundo grau (por decisão ainda não definitiva), mediante reconhecimento de falta de provas sobre autoria e materialidade. Para além disso, a prova produzida nestes autos, em especial o laudo pericial elaborado por renomado psiquiatra, e corroborado por várias entrevistas com a criança, e submetido ao crivo dos profissionais que atenderam os genitores, igualmente demonstrou a inveracidade da acusação direcionada contra o pai, o que dá azo inclusive à conclusão de que houve alienação parental praticada pela genitora. No caso concreto, o reconhecimento da alienação parental não justifica a reversão da guarda ao pai, dado o alto grau de envolvimento na relação da mãe com os filhos, mas justifica a retomada das visitas dele, de forma gradual, inicialmente mediada pelo CAPM, juntamente com tratamento psicológico e contratação de babá, por parte do genitor, para acompanhá-lo nas visitas. (...)" (TJRS, Apelação Cível n.º 70063911614, Oitava Câmara Cível, Rel. Dr. José Pedro de Oliveira Eckert, j. 03.09.2015) Nota dos autores: Nesse processo até 03.11.2016 o pai ainda não logrou retomar as visitas da sua filha e essa possibilidade se afigura ainda muito distante.

[144] "Agravo. Art. 557, § 1.º, do CPC. Direito Civil. Família. Ação de medida cautelar de visitação. Pedido de guarda das menores feito pelo genitor. Alienação parental. Mudança de Estado sem aviso ao genitor. 1. Tratando-se de matéria a cujo respeito há jurisprudência dominante, o relator está autorizado a negar seguimento a recurso. 2. As alterações de guarda devem ser evitadas, pois, em regra, são prejudiciais à criança, que tem modificada a sua rotina de vida e os seus referenciais, gerando-lhes transtornos de ordem emocional. Razoável, no caso, que se aguarde a avaliação para melhor instrução. Recurso desprovido" (Agravo 70051662898, 7.ª Câmara Cível do TJRS, Rel. Desa. Liselena Schifino Robles Ribeiro, j. 21.11.2012).

Cap. 4 • COMENTÁRIOS À LEI DE ALIENAÇÃO PARENTAL E SEUS ASPECTOS PROCESSUAIS | 117

O tema consubstanciado no *princípio dos melhores interesses da criança e do adolescente* é recorrente e, por isso, retoma seu espaço e sua importância no art. 7.º da Lei 12.318/2010 quando ela, a exemplo do art. 19 do Estatuto da Criança e do Adolescente, garante que seja o menor criado e educado no seio da sua família e, excepcionalmente, em família substituta, assegurada a convivência familiar e comunitária. Mostrando-se imprescindível a alteração da guarda em razão da prática da alienação parental, segue o princípio precedente dessa criança ou adolescente vítima de alienação de um de seus progenitores de ser criada e educada no seio de sua família, considerando o julgador, na apreciação do pedido, o grau de parentesco e a relação de afinidade ou de afetividade deste parente com o menor, procurando sempre minorar as consequências decorrentes da medida (art. 28, § 3.º, do ECA). O restabelecimento da custódia de uma criança ou de um adolescente vítima de alienação parental perpetrada por um de seus genitores pode suscitar a transferência de seus cuidados e sua guarda física para o outro progenitor,[145] sem que o magistrado se descure de encontrar o ambiente onde sigam sendo cultivados e fortalecidos os sentimentos básicos de uma relação sadia e harmoniosa, essencial para o crescimento do menor,[146] respeitado, quando possível, o ato de auscultar a manifestação pessoal da criança ou adolescente, levando sempre em conta a relação de afinidade ou de afetividade do menor com o outro genitor.

Sugere o inciso V do art. 6.º da Lei de Alienação Parental a imposição da guarda comparti-lhada, enquanto o art. 7.º cogita a transferência da guarda para o outro genitor quando presente a alienação parental, mas somente nas hipóteses em que seria inviável a guarda compartilhada. Adicione-se aos fatos o preconceito ainda presente contra a guarda paterna dos filhos diante do "tradicional papel da mãe naturalmente boa, abnegada, apegada aos filhos, que continua exercendo um poderoso fascínio sobre os julgadores que não conseguem se desembaraçar de uma tradição".[147] Tal realidade segue desencorajando pais alienados a lutarem pela guarda de seus filhos alienados e juízes de outorgarem a custódia judicial paterna desses filhos alienados pelo outro progenitor, como por idêntico era judicialmente desestimulada a guarda compartilhada contra o argumento de a guarda conjunta não ser modalidade aberta ao processo litigioso de disputa da companhia física da prole e do exercício conjunto das decisões relacionadas com os filhos menores. A guarda compartilhada, conforme a doutrina e reafirmado pela maciça

---

[145] "Apelação Cível. Ação de guarda e regulamentação de visitas. Preliminar de intempestividade recursal. Ratificação do recurso. Desnecessidade. Rejeição. Alienação parental. Caracterização. Inversão da guarda. Necessidade. Melhor interesse da menor. Regime de visitas. Igualdade entre pai e mãe. Direito de convivência. Sentença confirmada. Recursos não providos. Não se aplica ao recurso de apelação, mas apenas ao recurso especial, o Enunciado n.º 418 da Súmula do Superior Tribunal de Justiça*, segundo o qual 'é inadmissível o recurso especial interposto antes da publicação do acórdão dos embargos de declaração, sem posterior ratificação.' A prática de atos de alienação parental por parte de um dos genitores, inclusive com o claro desinteresse em considerar a gravidade de suas consequências para a formação da menor, enseja a aplicação da medida de reversão da guarda. A regulamentação do direito de visitas deve observar perfeita igualdade de direitos dos genitores, sopesados os superiores interesses da menor, inclusive para preservação dos laços afetivos entre filha e a genitora que perdeu a guarda. Neste sentido, a pretensão do genitor de que seja instituído regime menos benéfico à mãe do que aquele que outrora lhe fora franqueado, sob o argumento de que ela pudesse ser menos merecedora, além de representar violação ao princípio da garantia ao melhor interesse do menor, configura ofensa ao princípio da isonomia. Recursos improvidos" (Apelação Cível 1.0024.09.725125-0/014, 5.ª Câmara Cível do TJMG, Rel. Des. Barros Levenhagen, j. 04.04.2014). *Enunciado de Súmula Cancelado.

[146] LIBERATI, Wilson Donizeti. *Comentários ao Estatuto da Criança e do Adolescente*. 11. ed. São Paulo: Malheiros, 2010. p. 33.

[147] LEITE, Eduardo de Oliveira. *Famílias monoparentais*. São Paulo: RT, 1997. p. 200.

jurisprudência, exigiria dos progenitores um juízo de ponderação, imbuídos os pais da tarefa de priorizarem apenas os interesses de seus filhos comuns, e não o interesse egoísta dos progenitores. Devem os pais viver em indissociável relacionamento harmônico, como o de um casal que, embora tenha consolidado a perda de sua sintonia afetiva pelo desencanto da separação, não se desconectou da sua empreitada de inteira realização parental, empenhados em priorizar a fundamental felicidade da prole.[148] É fácil perceber quão inconciliável é a atribuição da guarda compartilhada entre pais geograficamente distanciados, contudo perigosamente próximos pelo sentimento do ódio e do ressentimento de suas relações mal resolvidas, porquanto evidente que jamais chegariam a um consenso acerca do compartilhamento da custódia de seus filhos comuns diante de tantas diferenças e desencontros psicológicos e talvez até doentios, a não ser que, por absoluto descuido ou precipitação, tivessem ajustado a guarda conjunta, a qual, em seu primeiro teste fático, acabaria sendo denunciada pelo contraditório comportamento dos pais, nada recomendando a guarda compartilhada também em situação de violência doméstica, tanto que está para ser sancionado o Projeto de Lei 2.491/2019, vetando, nesta hipótese, o compartilhamento da guarda. Como poderiam os pais exercer uma guarda dividida, onde tudo é realizado em conjunto e de comum consenso, quando foi justamente a alienação parental posta em prática por um dos genitores que motivou a troca judicial da guarda, e se a guarda já fosse compartilhada, os atos presenciados de alienação parental só poderiam terminar demonstrando quão impraticável e inviável seria prosseguirem os pais em um compartilhamento da custódia dos filhos que não estão sendo respeitados, diante de uma notória postura de puro egoísmo dos pais, que agem movidos pela individualidade e por seus prioritários e insanos interesses pessoais.

Entrementes, a Lei 13.058, de 22 de dezembro de 2014, estabeleceu uma segunda modalidade de guarda compartilhada, que pode ser doutrinariamente denominada de *guarda compartilhada física* e pela qual o tempo de convívio com os filhos deve ser dividido de forma equilibrada com a mãe e com o pai, sempre tendo em vista as condições fáticas e os interesses dos filhos (CC, art. 1.583, § 2.º). Esta forma de compartilhar a guarda é a consagração da guarda alternada e sua viabilidade precisa ser casuisticamente examinada, não havendo como se tornar regra geral, até porque sua indistinta aplicação não é solução incontestável para a eliminação da alienação parental.

De qualquer sorte, a preexistência de uma guarda compartilhada dos pais não inibe a modificação judicial da custódia dos filhos quando percebida a prática de alienação parental por um dos genitores detentor conjunto da responsabilidade parental da criança ou adolescente, até mesmo porque ajustes ou decisões judiciais acerca da guarda dos filhos sempre podem ser judicialmente revistas, igualmente importando na possibilidade de modificação judicial do regime de convivência anteriormente acordado ou fixado por decisão do juiz.

A guarda compartilhada dos filhos, havendo um plano prévio de parentalidade apresentado pelos pais, pode ser uma excelente alternativa empreendida no afã de evitar futuros conflitos provenientes de uma guarda exclusiva com a carga psicológica com a conotação de *posse* sobre o menor, cujo sentimento diminui bastante quando os pais são obrigados a alinhar seus discursos na divisão das decisões sobre os superiores interesses de seus filhos, com suas requisições diuturnas relacionadas com sua saúde, bem-estar, formação, educação e criação.[149]

---

[148] MADALENO, Rolf Hanssen. A guarda compartilhada pela ótica dos direitos fundamentais. In: WELTER, Belmiro Pedro; MADALENO, Rolf (Coord.). *Direitos fundamentais do Direito de Família*. Porto Alegre: Livraria do Advogado, 2004. p. 354.

[149] "Agravo de Instrumento. Ação de modificação de guarda. Pedido de justiça gratuita. Declaração da parte acerca de sua hipossuficiência. Exegese do artigo 4.º da Lei n.º 1.060/50*. Presença dos pressupostos autorizadores da concessão do benefício. Preenchimento dos requisitos. Decisão que determinou a suspensão do processo até avaliação psicológica do núcleo familiar. Indício de alienação parental. Pedido

Cap. 4 • COMENTÁRIOS À LEI DE ALIENAÇÃO PARENTAL E SEUS ASPECTOS PROCESSUAIS | 119

Casais amargos e em permanente litígio nem cogitam uma guarda compartilhada quando terminam seu relacionamento afetivo, soçobrando unicamente a determinação judicial de ser colocada a criança ou o adolescente, alvo de alienação parental, na companhia do progenitor aparentemente destituído da intenção de se tornar em outro futuro potencial alienador, mas, ao contrário, demonstra, com seu agir, nutrir um sincero afeto e uma natural relação de afetividade pelo rebento, em cuja companhia passará a conviver diretamente em decorrência da alteração da guarda e por expressa determinação judicial, cuja difícil troca de custódia apontam as reiteradas deliberações judiciais, a par de se mostrarem raras e preconceituosas decisões deferindo a guarda paterna, elas são correntemente evitadas, negadas ou simplesmente proteladas, para só serem deferidas em exaustiva instrução processual e diante da completa ausência de qualquer alternativa.[150]

4.8 COMENTÁRIOS AO ART. 8.º – DA MUDANÇA DE DOMICÍLIO E DA COMPETÊNCIA

Artigo 8.º A alteração de domicílio da criança ou adolescente é irrelevante para a determinação da competência relacionada às ações fundadas em direito de convivência familiar, salvo se decorrente de consenso entre os genitores ou de decisão judicial.

---

de instauração de incidente prevista na Lei n. 12.318/2010. Necessidade de dilação probatória. Fase embrionária do processo. Tratamento psicológico para toda a família (pais e filhas) para averiguar a dinâmica familiar e resgatar o vínculo afetivo abalado por desentendimentos envolvendo a guarda das gêmeas. Agravante que se opõe a pagar suas sessões de terapia. Genitor que já está arcando com o seu tratamento e das adolescentes. Agravante que postula também a modificação da guarda de sua filha (14 anos de idade) que se encontra sob a guarda do agravado. Pais que apresentam iguais condições para deter a guarda das adolescentes. Guarda unilateral desaconselhada. Efeito translativo do recurso. Implementação, de ofício, da guarda compartilhada. Princípio da preponderância dos interesses das gêmeas. Recurso conhecido e parcialmente provido. I – Consoante previsão do artigo 5.º, LXXIV, da Constituição Federal, é dever do Estado prestar assistência jurídica integral e gratuita aos que comprovarem insuficiência de recursos, donde se extrai que a declaração firmada pelo agravante quanto à sua impossibilidade em arcar as despesas processuais, por si só, é capaz de conferir a concessão do benefício. II – A suspensão do processo até que o núcleo familiar seja avaliado por psicólogo é medida que se impõe, pois em todo lar, os laços familiares precisam ser harmoniosamente mantidos e permanentemente fortalecidos pelo amor recíproco entre os membros da família, de maneira a reinar a pacífica relação entre pais e filhos. III – A decisão que determinou sessões de terapia para toda a família (pais e filhas) se mostrou acertada, na tentativa de que os vínculos afetivos sejam mantidos. Assim, nada mais justo que a Agravante arque com as despesas de suas sessões de terapia, uma vez que o genitor está custeando as suas sessões e das filhas gêmeas. IV – Para definição da guarda, deve-se atender precipuamente aos interesses e às necessidades das adolescentes, de ordem afetiva, social, cultural e econômica. Observando-se que tanto as provas dos autos quanto o laudo psicológico realizado indicam que ambos os genitores possuem condições igualitárias para exercer a guardas das filhas gêmeas, recomendável é a aplicação da guarda compartilhada. V – Assim, diante do conjunto de evidências, considerando-se o efeito translativo que se agrega ao presente recurso, ao devolver o conhecimento de toda matéria objeto da controvérsia para este Tribunal, de ofício, deve ser estabelecida a guarda compartilhada das gêmeas em favor dos genitores, tendo-se como irrefutável que ambos têm interesse e condições de bem desempenhar esse elevado mister intrínseco ao poder familiar. VI – A guarda unilateral ou exclusiva é medida a ser tomada apenas em situações excepcionais, em sintonia direta com os interesses dos menores, situação em concreto não vislumbrada na hipótese em exame, pois a regra é a guarda compartilhada dos filhos" (Agravo de Instrumento 2013.044708-8, 6.ª Câmara de Direito Civil do TJSC, Rel. Des. Joel Dias Figueira Júnior, j. 06.12.2013). *Artigo revogado pelo CPC/2015.

[150] "(...) 2. As alterações de guarda devem ser evitadas, pois, em regra, são prejudiciais à criança, que tem modificada a sua rotina de vida e os seus referenciais, gerando-lhes transtornos de ordem emocional. Razoável, no caso, que se aguarde a avaliação para melhor instrução. Recurso desprovido" (Agravo 70051662898, 7.ª Câmara Cível do TJRS, Rel. Desa. Liselena Schifino Robles Ribeiro, j. 21.11.2012).

> *Artigo 8º-A. Sempre que necessário o depoimento ou a oitiva de crianças e de adolescentes em casos de alienação parental, eles serão realizados obrigatoriamente nos termos da Lei nº 13.431, de 4 de abril de 2017, sob pena de nulidade processual.*

Em regra, a competência para o exercício da jurisdição das ações de interesse de menores é a do foro do domicílio do detentor de sua guarda, e nessa direção aponta a Súmula 383 do STJ.[151] Prevalece o interesse do menor de idade nas questões relacionadas com a sua guarda, com seus alimentos e com todos os seus direitos derivados do poder familiar de seus pais. Surgindo a separação dos pais ou mesmo quando ambos vivem em lugares distintos e buscam processar os direitos relacionados com sua prole, por acordo ou em ação litigiosa, em princípio prevalece a competência do foro do domicílio daquele genitor detentor regular da guarda fática do menor de idade, ou da sua guarda jurídica, e, portanto, também é do domicílio do guardião a competência para processar e julgar as ações conexas, ordenando o inc. I do art. 147 do Estatuto da Criança e do Adolescente ser determinada a competência do foro pelo domicílio dos pais ou responsável, cuja redação não difere do art. 50 do CPC, ao estabelecer por igual a competência do foro do domicílio do representante do incapaz, mesmo nas ações de divórcio, anulação de casamento, separação e dissolução de união estável (art. 53, CPC).

Tratando-se de demanda autônoma e não incidental sobrevinda de ação preexistente de divórcio, de dissolução de união estável, de ação de regulamentação de guarda ou de regulamentação de visitas, alimentos, de ação judicial questionando a alteração da guarda, ou processo de busca e apreensão de menor, o juiz de qualquer uma dessas ações se revela competente para processar e julgar o incidente de denúncia de alienação parental, enquanto que naquela ação originária, prescreve o art. 8.º da Lei de Alienação Parental, será irrelevante para a determinação da competência o fato de o menor, por iniciativa de seu guardião, haver alterado seu domicílio, salvo que sua mudança para outro Município tenha sido decorrência de consenso dos genitores, ou proveniente de autorização judicial, isso porque a própria mudança de domicílio configura-se em um típico ato de alienação parental, causado para dificultar o acesso do genitor não guardião ao filho vítima de alienação. Desse modo, o foro competente para o ajuizamento de uma ação autônoma de declaração de alienação parental será o do último domicílio do menor com seu representante legal antes da mudança, amenizando, ao menos em parte, o prejuízo acarretado pela dificuldade adicional de o genitor alienado precisar se deslocar para lugares geralmente distantes, e de difícil ou demorado deslocamento para um penoso exercício do direito de convivência, especialmente quando a ruptura do contato é o principal objetivo do reiterado esforço do alienador, como ainda o progenitor alienado teria o custo suplementar de precisar ajuizar a ação de alienação no foro do novo domicílio escolhido como plano de fuga do progenitor alienador, com todos os previsíveis percalços de logística e de mobilização.

A mudança de domicílio, se possível para um lugar muito distante, sem qualquer dúvida se tratava de um eficiente expediente capaz de dificultar e até de inviabilizar o exercício da convivência do progenitor destituído da guarda da prole, cujos períodos de convivência já são bastante escassos, pois usualmente são reservados poucos dias do mês para convívios de finais de semana alternados, acrescidos de alguns dias da semana. Ocorrendo a modificação de domicílio sem nenhuma razoável justificativa, procedida por mera e unilateral alternativa do genitor guardião, esse ato pressupõe um exercício abusivo do direito de livre circulação, afigurando-se o crime de sequestro se a mudança se dá para outro país, vulnerando o direito, de contato e convivência do

---

[151] Súmula 383 do STJ: "A competência para processar e julgar as ações conexas de interesse de menor é, em princípio, do foro do domicílio do detentor de sua guarda".

ascendente destituído da guarda. Para minimizar esses efeitos, a Lei 13.058/2014, ao alterar o inc. V do art. 1.634 do Código Civil, ordena que os pais devem negar ou consentir em conjunto a mudança de residência permanente para outro Município, circunstância que, de certa forma, cerceia a liberdade de locomoção de quem tem filhos menores e incapazes, contudo, assegura que a fuga para outra cidade não se constitua em odioso instrumento de alienação parental.

Como advertia Guy Corneau, fazer do filho o bode expiatório da patologia familiar é provocar no filho a falta de confiança em si mesmo, imputar-lhe timidez excessiva e dificuldade de adaptação e, com frequência, sua maturidade será prejudicada,[152] e que rumo pode ser reservado a uma criança ou adolescente quando sua mãe ou a pessoa responsável por sua custódia lhe toma a posse, como se fosse um bem pessoal e a coloca em apropriada distância geográfica e afetiva do pai. Seria extremamente injusto compelir um genitor alienado da convivência com seus filhos a precisar se deslocar para outra cidade, apenas para atender aos desígnios legais de a competência do foro estar vinculada ao domicílio do responsável pelo menor, especialmente quando o genitor alienador ignora e desrespeita os superiores interesses de seus próprios filhos, e com eles literalmente foge para outra Comarca, isso quando não consegue fugir do País e fere de morte o Direito Constitucional que assegura ao menor todas as oportunidades e facilidades a facultarem o seu desenvolvimento físico, mental, moral, espiritual e social, em condições de liberdade e dignidade, sendo dever da família, da sociedade e do Estado colocar a criança e o adolescente a salvo de toda forma de negligência, discriminação, exploração, violência, crueldade e opressão (art. 227 da CF).

Maltrata sua prole aquele genitor que evade para cidade distante prestando qualquer desculpa processual e levando consigo os filhos e as esperanças de uma sadia convivência com o outro genitor, sendo altamente censurável esse comportamento de proposital distanciamento dos filhos do complemento de seu núcleo familiar, sendo pertinente rememorar Luis Zanón Masdeu,[153] ao afirmar ser "o exemplo o método mais poderoso para educar os filhos", a começar pelo exemplo do rigor judicial coibindo com eficiência e rápida resposta processual tão baixo expediente utilizado para a prática impune da alienação parental com o recurso da mudança de domicílio, permitindo não só a aplicação do disposto no art. 8.º da Lei de Alienação Parental, de ser ajuizada a demanda autônoma no último domicílio do representante do menor, existente antes da mudança, mas, principalmente, rompendo com aquelas amarras culturais de achar até os mais intoleráveis extremos, de ser a mãe sempre uma pessoa *abnegada* e apegada aos filhos.

Semelhante regra convalidando a competência do foro do último domicílio da criança e do adolescente ou de seu representante legal é aplicada ao seu tempo e modo na subtração internacional de menores, consoante Convênio da Haia, de 25 e outubro de 1980, evitando dessa forma o benefício justamente visado pelo genitor que sequestra seus filhos e se desloca para outro país, na expectativa de que os tribunais do seu local de destino "legalizem" a subtração da prole por meio de uma decisão de mérito acerca da guarda dos filhos.[154] O objetivo imediato de aplicação automática da competência do foro do último domicílio do menor, ou de seu representante legal, é de desincentivar os sequestros internacionais de menores e, dessa forma, garantir a rápida restituição da criança ou adolescente, e evitar a vantagem buscada pelo sequestrador com o ilícito traslado do menor alterando o foro de discussão. Semelhante situação preventiva sucede

---

[152] CORNEAU, Guy. *Pai ausente, filho carente*. São Paulo: Brasiliense, 1997. p. 29.

[153] MASDEU, Luis Zanón. *Guarda y custodia de los hijos*. Barcelona: Bosch, 1996. p. 179.

[154] BLANCO, Pilar Jiménez. *Litígios sobre la custodia y sustracción internacional de menores*. Madrid: Marcial Pons, 2008. p. 17.

com a disposição contida no art. 8.º da Lei de Alienação Parental ao garantir preventivamente o *status quo* da residência habitual e desestimulando o traslado ilícito para outra cidade, com a busca maliciosa e fraudulenta de um novo foro de discussão, valendo-se da regra principal de as ações de interesse do menor terem de ser propostas no foro de seu domicílio. São tendências copiadas do sistema jurídico estadunidense por meio da *continuing jurisdiction* (jurisdição continuada), cuja finalidade desse preceito é privar de consequências práticas a subtração do menor,[155] fato bastante recorrente na prática da alienação parental, devendo ser discutidas no foro da residência habitual as pautas que produziram o traslado da criança ou do adolescente.

O art. 2.º, parágrafo 1.º, da Ley 24.270/1993 do arcabouço jurídico argentino tipifica como delito de impedimento ou de obstrução mudar o domicílio de menores de dez anos ou de filhos incapazes sem autorização judicial, para impedir o contato com seus pais não conviventes, cominando pena de seis meses a três anos de detenção, consistindo a expressão *mudar de domicílio* no ato de deixar a casa que habitavam para passar a viver em outra residência em cidade diversa. O crime não se materializa apenas com a mudança de domicílio, exigindo a norma que tal fato seja efetuado: a) sem autorização judicial e b) com a finalidade de impedir o contato do menor com o genitor não convivente, qual seja, deve o ato estar impregnado da intenção de impedir a comunicação entre genitor e filho, informando a doutrina se tratar de um delito de *perigo em abstrato*, porquanto a sua consumação se opera sem que tenha lugar o impedimento do contato, bastando o risco de tal impedimento vir a ocorrer.[156]

Certamente não haverá abuso quando o genitor precisar mudar justificadamente de domicílio em razão de trabalho, ou porque retorna à sua cidade e aos seus familiares de origem, considerando haver acompanhado com o casamento ou união de fato seu cônjuge ou companheiro na fixação do domicílio e da vivenda conjugal, ou ainda porque formatou nova relação afetiva, ou porque perdeu seu emprego e tem dificuldades de conseguir novo vínculo laboral na cidade onde morava, como também pode se sentir ameaçado pela proximidade física do outro genitor, especialmente se existirem antecedentes de violência doméstica, entre tantos outros ponderáveis motivos. Convém nesses casos inevitáveis de distanciamento físico disponibilizar todos os recursos de comunicação para que o ascendente distanciado dos filhos tenha com eles livre e adequado contato por meio de *e-mail*, Facebook, WhatsApp e outras tantas redes sociais (Linkedin, MySpace, LiveJournal, Flickr, Twitter), telefone, Skype, correspondência epistolar etc., tratando com esses gestos de afastar de plano qualquer suspeita ou acusação de alienação parental.

A Lei 14.340, de 18 de maio de 2022, acrescentou o artigo 8º-A à Lei da Alienação Parental (Lei 12.318/2010), ordenando que, quando necessário, o depoimento ou a oitiva de crianças e de adolescentes em casos de alienação parental, eles serão realizados obrigatoriamente nos termos da Lei 13.431/2017, que, por seu turno, estabelece o sistema de garantia de direitos da criança e do adolescente vítima ou testemunha de violência, além de alterar o Estatuto da Criança e do Adolescente. Esta Lei 13.431/2017 considera como forma de violência o ato de alienação parental, dentre outras tipificações delituosas e que para efeitos desta Lei, a criança e o adolescente serão ouvidos sobre a situação de violência por meio de escuta especializada e depoimento especial (art. 4º, II, *b*, § 1º).

4.9   COMENTÁRIOS AO ART. 9.º – *VETADO*

Artigo 9.º (Vetado) As partes, por iniciativa própria ou sugestão do juiz, do Ministério Público ou do Conselho Tutelar, poderão utilizar-se do procedimento da mediação para a solução do litígio, antes ou no curso do processo judicial.

---

[155]   Idem, p. 18.
[156]   ROMERO, José Alberto. *Delitos contra la familia*. Córdoba: Editorial Mediterránea, 2001. p. 98.

Cap. 4 • COMENTÁRIOS À LEI DE ALIENAÇÃO PARENTAL E SEUS ASPECTOS PROCESSUAIS | 123

§ 1.º O acordo que estabelecer a mediação indicará o prazo de eventual suspensão do processo e o correspondente regime provisório para regular as questões controvertidas, o qual não vinculará eventual decisão judicial superveniente.

§ 2.º O mediador será livremente escolhido pelas partes, mas o juízo competente, o Ministério Público e o Conselho Tutelar formarão cadastros de mediadores habilitados a examinar questões relacionadas à alienação parental.

§ 3.º O termo que ajustar o procedimento de mediação ou que dele resultar deverá ser submetido ao exame do Ministério Público e à homologação judicial.

Razões do veto:

"O direito da criança e do adolescente à convivência familiar é indisponível, nos termos do artigo 227 da Constituição Federal, não cabendo sua apreciação por mecanismos extrajudiciais de solução de conflitos. Ademais, o dispositivo contraria a Lei n.º 8.069, de 13 de julho de 1990, que prevê a aplicação do princípio da intervenção mínima, segundo o qual, eventual medida para a proteção da criança e do adolescente deve ser exercida exclusivamente pelas autoridades e instituições cuja ação seja indispensável".

O art. 9.º da Lei 12.318/2010 foi vetado diante da impossibilidade do uso da mediação para a solução de conflitos relacionados com a alienação parental, tendo em consideração a indisponibilidade do direito de convivência familiar da criança e do adolescente. De outra parte, o poder familiar deve ser exercido em igualdade de condições, pelo pai e pela mãe, assegurado a qualquer deles o direito de, em caso de discordância, recorrerem à autoridade judiciária competente para a solução de divergência (art. 21 do ECA), sendo o magistrado de carreira o juiz natural para dirimir circunstanciais conflitos provenientes da prática da alienação parental.

Conta Aleix Ripol-Millet que a mediação representa a intervenção de um terceiro para ajudar duas ou mais partes para que possam melhorar sua relação e gestionar com mais perfeição seus conflitos, e ser a mediação tão antiga como a humanidade,[157] como de fato é, sendo uma decorrência natural da vida o homem buscar o auxílio, o conselho e a intervenção de terceiros, geralmente entre pessoas próximas pelo parentesco, pela amizade e afinidade, isso quando pessoas em situação de conflito e de desordem emocional não se socorrem de profissionais do mundo jurídico ou não jurídico para assistirem e conciliarem suas crises familiares e conjugais, além de ajudarem aos casais e aos pais e filhos a melhor se comunicarem e melhorarem suas relações dentro da instituição familiar e dela para com outras instituições sociais. Como escreve Verônica A. da Motta Cezar-Ferreira, referindo-se aos operadores jurídicos e não jurídicos, profissionais vocacionados e humanitários podem vir a ser altamente benéficos para a solução de conflitos emocionais e jurídicos, da forma menos prejudicial possível.[158]

Talvez o veto presidencial pudesse ser repensado se a mediação não fosse vista nesse contexto da alienação parental como uma mera *alternativa da justiça*, substituindo o julgador, como se a mediação se tratasse de um procedimento de arbitragem, quando, em realidade, a mediação se apresenta como um importante auxiliar do juiz, tal qual relevante se mostra o auxílio judicial dos psicólogos, psiquiatras e assistentes sociais na prospecção processual dos indícios de alienação parental e na articulação dessas técnicas de identificação, tratamento e prevenção da alienação parental. Essa forma perversa de abuso emocional de um genitor que se

---

[157] RIPOL-MILLET, Aleix. *Estrategias de mediación en asuntos familiares*. Madrid: Réus, 2011. p. 36.

[158] CEZAR-FERREIRA, Verônica A. Da Motta. *Família, separação e mediação* – uma visão psicojurídica. São Paulo: Método, 2004. p. 73.

124 | ALIENAÇÃO PARENTAL • Ana Carolina Carpes Madaleno e Rolf Madaleno

coloca em franca campanha de desmoralização e afastamento do outro ascendente, cuidando de programar a criança ou o adolescente para reprimir seus sentimentos e as suas afeições em relação ao progenitor não guardião, a ponto de poder rejeitá-lo e odiá-lo por decorrência de uma insana e covarde programação do natural desejo de amor e afeto de um menor vulnerável.

A mediação objetiva garantir a continuidade das figuras paterna e materna por igual nas demandas relacionadas aos filhos de casais desavindos, e, como explica Verônica Cezar-Ferreira, na mediação as pessoas são levadas a agir em cooperação e diante de opções realistas, fugindo de suas interlocuções irracionais, com seus pleitos de posicionamento pessoal e com suas acusações desmedidas.[159] A mediação favorece a flexibilidade e a criatividade, oportunizando ao casal de genitores levar ao processo de alienação parental as soluções onde antes só constavam os problemas, ajudando seus protagonistas a melhorarem suas qualidades de relacionamento e crescimento pessoal, logrando a maturidade e o bem-estar familiar com a pontual administração dos conflitos, e cujas soluções terminarão sendo recolhidas pelas partes, por seus respectivos advogados, acompanhado da pontual intervenção ministerial e da necessária homologação judicial para pôr uma *pá de cal* naquele que poderia ser um interminável conflito processual, apenas acautelando-se o magistrado para que o tempo da mediação não se transforme simplesmente em mais uma estratégia do alienador para atrasar a execução das drásticas medidas judiciais que devem ser implementadas quando o agente alienador se mostra inflexível, intransigente e está totalmente obcecado por seu plano de exclusão do outro genitor da vida dos filhos, que ambos tiveram em comum. Por conta desse risco, a mediação familiar só deveria ser judicialmente implementada se os peritos psicológicos ou biopsicossociais concluíssem, dependendo do estágio no qual se encontra a alienação parental, se a família ainda teria condições de tomar suas próprias decisões e se os protagonistas dessa situação de crise seriam capazes de recuperar o controle e, com o auxílio da mediação, substituir as normas legais impostas coercitivamente pelo juiz em razão de seus crônicos conflitos, por um conjunto consensual e contextualizado de normas familiares, pois, afinal de contas, o enfoque da mediação é o futuro, e não o passado daquela família e filhos que precisam reorganizar suas relações.

Para Fernanda Molinari, a mediação de conflitos de alienação parental exige das pessoas envolvidas uma superação do conflito, em que o resultado somente é possível por meio do encontro com o outro, em um movimento construtivo, com o restabelecimento do diálogo, todos convidados à reflexão, devolvendo-lhes o protagonismo das suas histórias, com descrição de que, nesse ambiente de colaboração, os progenitores conseguem descrever quais as mudanças emocionais percebidas nos seus filhos, gerando um sentimento de tranquilidade e segurança, com a diminuição da ansiedade e a recomposição de vínculos.[160]

Sensível ao valor inestimável dos recursos da mediação, o Código de Processo Civil tornou a mediação e a conciliação técnicas de regra geral e de uso obrigatório nas ações de família, inclusive naquelas que versem sobre o abuso intrafamiliar ou sobre a alienação parental (CPC, art. 699), tornando letra morta o veto presidencial ao art. 9.º da Lei de Alienação Parental.

4.10 COMENTÁRIOS AO ART. 10 – *VETADO*

Artigo 10. (Vetado) O art. 236 da Seção II do Capítulo I do Título VII da Lei 8.069, de 13 de julho de 1990 – Estatuto da Criança e do Adolescente, passa a vigorar acrescido do seguinte Parágrafo único:

---

[159] Idem, p. 142.
[160] MOLINARI, Fernanda. *Mediação de conflitos e alienação parental.* Fundamentos teóricos e práticos. Porto Alegre: Imprensa Livre, 2016. p. 276-278.

> "*Artigo 236. (...)*
>
> *Parágrafo único. Incorre na mesma pena quem apresenta relato falso ao agente indicado no caput ou à autoridade policial cujo teor possa ensejar restrição à convivência de criança ou adolescente com genitor."*

Razões do veto:

"O Estatuto da Criança e do Adolescente já contempla mecanismos de punição suficientes para inibir os efeitos da alienação parental, como a inversão da guarda, a multa (*astreintes*) e até mesmo a suspensão da autoridade parental. Assim, não se mostra necessária a inclusão de sanção de natureza penal, cujos efeitos poderão ser prejudiciais à criança ou ao adolescente, detentores dos direitos que se pretende assegurar com o projeto".

Explica Caroline de Cássia Francisco Buosi que esse art. 10 da Lei de Alienação Parental foi inserido pela Comissão de Seguridade Social e Família e nem chegou à análise da presidência por ter sido vetado pela própria Comissão de Constituição de Justiça e Cidadania, refugando esse dispositivo que pretendia criminalizar a conduta de alienação parental, pois a situação de criminalização do genitor alienador poderia acarretar algum sentimento de culpa e remorso na criança ou no adolescente alienado.[161] O art. 236 do Estatuto da Criança e do Adolescente já penaliza com a detenção de seis meses a dois anos o ato de *impedir ou obstruir a ação de autoridade judiciária, membro do Conselho Tutelar ou representante do Ministério Público no exercício de função prevista nesta Lei*, pretendendo, com a inserção de um parágrafo único ao referido dispositivo legal, criminalizar a conduta daquele que apresentasse falso relato ao agente indicado no *caput* (autoridade judiciária, Conselho Tutelar ou Ministério Público) ou à autoridade policial e cujo teor da falsa denúncia pudesse restringir a convivência da criança ou do adolescente com seu genitor não guardião. Em defesa do veto, acresce o argumento de já existir a figura penal do crime de desobediência, presente quando um genitor deixa de cumprir a ordem judicial de execução das visitas e procura com insistência afastar o menor do convívio do outro progenitor. Acerca dessa idêntica situação ocorrida com as alterações ao regime jurídico do divórcio e das responsabilidades parentais sucedidas em Portugal com a Lei 61, de 31 de outubro de 2008, assevera Rita Lobo Xavier que, pelas alterações surgidas dessa Lei 61/2008, o art. 249º do Código Penal português passou a considerar crime de "subtração de menor" a atuação de quem, de um modo repetido e injustificado, não cumprir o regime estabelecido para a convivência do menor na regulação do exercício das responsabilidades parentais, ao recusar, atrasar ou dificultar significativamente a sua entrega ou acolhimento, sendo punida a prática desse crime com pena de prisão de até dois anos ou pena de multa de até 240 dias.[162]

E prossegue a referida autora ao comentar a certa perplexidade causada pela superposição de leis penais tipificando e punindo as mesmas condutas, tal qual sucede no sistema jurídico brasileiro com o veto do art. 10 da Lei 12.318/2010, porquanto já presente o crime de desobediência judicial, aplicável, é certo, quando de modo repetido e injustificado, na hipótese de alienação parental, o genitor alienador não cumpre a ordem judicial de restabelecimento da convivência e do regime de visitas, ao recusar, atrasar ou dificultar significativamente a entrega do menor. No entanto, arremata Rita Lobo Xavier comentando o Direito Penal português com a superposição da tipificação penal dos delitos que:

---

[161] BUOSI, Caroline de Cássia Francisco. Ob. cit., p. 147-148.
[162] XAVIER, Rita Lobo. *Recentes alterações ao regime jurídico do divórcio e das responsabilidades parentais.* Lei n. 61/2008, de 31 de outubro. Coimbra: Almedina, 2009. p. 70-71.

Fica agora bem esclarecido que este comportamento pode ser assumido, como é óbvio, mesmo pelo progenitor (ou terceiro) com quem o filho reside e, inclusivamente, a quem as responsabilidades foram confiadas de forma exclusiva. O regime de convivência do menor diz respeito também ao exercício dos direitos de visita. É evidente que, sendo este regime de convivência estabelecido por meio de sentença, o comportamento descrito poderia envolver crime de desobediência. De todo o modo, com esta alteração, o bem jurídico posto em causa estará para além do valor da obediência à ordem de uma autoridade, traduzindo a particular "mundividência ideológica e cultural" subjacente à "reforma" do regime sobre as regulações das responsabilidades parentais, que considera de "interesse público" o envolvimento de ambos os progenitores na vida do menor, a partilha de responsabilidades entre ambos, a grande proximidade do filho com ambos os progenitores, cada um devendo promover relações habituais do filho com o outro.[163]

Portanto, o crime começa em decorrência da injustificada obstrução de contato, como tipificado igualmente na Argentina e na Espanha, e não somente por consequência de uma desobediência à ordem judicial em estágio mais adiantado da prática reiterada dos atos de alienação do outro genitor, especialmente se for observado que o parágrafo único vetado acrescido ao art. 236 do Estatuto da Criança e do Adolescente pelo art. 10 da Lei 12.318/2010 tinha em mira criminalizar aquele progenitor que se utilizasse das *falsas memórias*, ao comunicar ao Juiz, ao Ministério Público e ao Conselho Tutelar a falsa ocorrência de crime de abuso sexual ou de ato libidinoso com o abjeto propósito de suspender ou restringir, com o auxílio legal, a convivência de criança ou adolescente para com o genitor falsamente acusado.

Não obstante tenha sido vetado o art. 10 da Lei de Alienação Parental, o tema retornou à pauta da Câmara dos Deputados por meio do Projeto de Lei 4.488/2016, atualmente arquivado, visando à criminalização dos atos de alienação parental, em proposta do Deputado Federal Arnaldo Faria de Sá,[164] pretendendo tornar crime a conduta alienadora, com previsão de pena de detenção de três meses a três anos, como também pune quem, de qualquer modo, participe direta ou indiretamente das ações praticadas pelo infrator. A pena será agravada se o crime for praticado por motivo torpe; por uso irregular da Lei Maria da Penha (Lei 11.340/2006); por falsa denúncia de qualquer ordem; se a vítima for submetida à violência psicológica ou se for portadora de deficiência física ou mental, sendo escopo desse projeto inferir o temor pela pena prisional do alienador, visando com isso reprimir condutas claramente abusivas daqueles que têm crianças e adolescentes sob seus cuidados e autoridade e se sentem totalmente imunes e impunes à lei e aos perversos danos que praticam de forma verdadeiramente criminosa, sendo, inclusive, dito que, se a Lei 13.010/2014 criminaliza o castigo físico de criança ou adolescente,

---

[163] XAVIER, Rita Lobo. Ob. cit., p. 70-71.

[164] Diz o Deputado na justificação do seu Projeto: "É do conhecimento que o mal da alienação parental é prática mais que comum, em mais de 80% (oitenta por cento) nas relações de pais separados, com manejo falso da Lei Maria da Penha, denúncias de abusos sexuais, são atos criminosos que visam afastar os filhos do outro cônjuge, ou das pessoas que mantenham vínculos de afetividade com estes. Não existe, até o momento em nosso ordenamento jurídico, norma penal capaz de efetivar o temor reverencial dessas condutas criminosas, onde as crianças e adolescentes são as maiores vítimas, seja por invenções descabidas de fatos inexistentes, de denúncias criminais falsas, propositais, visando, unicamente, impedir o contato, a convivência, geralmente por quem detém a guarda dos filhos. É de crucial relevância em homenagem ao princípio da proteção integral, imputando a quem comete qualquer ato que vise destruir laços de afetividade, sanção criminal. Por tudo quanto aqui sucintamente exposto, submetemos à apreciação de nossos Nobres Pares e que contamos com o apoio para a aprovação da presente proposta. Sala de Sessões, em 10 de fevereiro de 2016".

falta criminalizar a violência psicológica, embora exista um forte movimento que resultou no PL 498/2018, pretendo extirpar a Lei de Alienação Parental do ordenamento jurídico brasileiro valendo-se de falaciosos e distorcidos argumentos que transformam a pessoa alienadora em vítima, como se a regra geral fosse o abuso efetivo e não a falsa denúncia nos reiterados casos de alienação.

4.11 COMENTÁRIOS AO ART. 11 – VIGÊNCIA DA LEI

Artigo 11. Esta Lei entra em vigor na data de sua publicação.

A transcendental importância da matéria versada na Lei 12.318/2010 e que trata da alienação parental dispensa o prazo de *vacatio legis* usualmente utilizado para uma fase de transição ou de adaptação da nova legislação. A Lei de Alienação Parental já veio com extremado atraso e sua singular relevância só tem gerado preocupações quando é omitida a sua aplicação e, sobremodo quando seus mecanismos de efetividade são relegados pelas decisões judiciais que se ressentem de sua aplicação, ou duvidam de sua eficácia, quando os foros e tribunais não carecem de auxiliares capacitados para a realização de eficientes perícias psicológicas ou biopsicossociais, que não só identifiquem os atos de alienação como subsidiem o julgador com a máxima urgência, das providências adequadas a serem empreendidas para fazer cessar o mais rápido possível essa abjeta, covarde e criminosa prática da alienação parental e das *falsas memórias*. As ações anteriores ao sancionamento da Lei de Alienação Parental podem e devem ser por ela atingidas, pois, como explica Caroline Buosi, a matéria relacionada à proteção do menor é de ordem pública e se trata de norma cogente, sem deslembrar que sua aplicação já vinha sendo respaldada pela jurisprudência nacional.[165]

4.12 A AUTOALIENAÇÃO PARENTAL OU ALIENAÇÃO AUTOINFLIGIDA (*SELF INFLICTED PARENTAL ALIENATION*)

A alienação parental também pode ser causada pelo progenitor destituído da guarda dos filhos, gerada pelo comportamento disfuncional de um pai que pode muito bem não ter conseguido superar a ruptura do seu casamento, pretendendo, por exemplo, manter a relação por meio do conflito ou simplesmente porque mantém desejos de vingança e considera a ex-mulher culpada pela separação, ou simplesmente porque tem medo de perder seus filhos. Pais podem estar tão obcecados interpretando como ato de deslealdade do outro genitor o fato de as coisas não estarem funcionando da forma por ele desejada, mas sendo incapazes de observar que sua prole está passando por situações por eles mesmos insidiosamente provocadas, mediante a alienação de si próprio (autoalienação), causando o próprio afastamento dos seus filhos e contribuindo com o seu agir de rebeldia para se fazer uma pessoa que a criança até ama, mas a quem acaba evitando.

Conforme Richard Gardner, citado por Cristian Fetter Mold,[166] a alienação autoinfligida se trata de uma negligência em um processo de alienação em curso, sendo causado pelo próprio alienado ao repudiar a criança ou o adolescente, sem que esteja ocorrendo alienação do outro lado, por vezes sendo agressivo com o seu rebento, a quem ataca ou cria situações de aparente

---

[165] BUOSI, Caroline de Cássia Francisco. *Alienação parental. Uma interface do Direito e da Psicologia.* Ob. cit., p. 148.

[166] MOLD, Cristian Fetter. Alienação parental. A Lei n. 12.318/10 sob o enfoque jurídico. In: MOLD, Cristian Fetter; BACCARA, Sandra; MACHADO, Thalita; MENEZES, Rafaella de (Coord.). *Alienação parental.* Interlocuções entre o direito e a psicologia. Curitiba: Maresfield Gardens, 2014. p. 27.

desamor, talvez com gestos simples de rejeição, como negar-se a tirar fotos ao lado do filho em data expressiva para a criança ou o adolescente, mas deixando com esse seu gesto uma patente mostra de um forçado distanciamento que ele mesmo impõe.[167] Sucede e com inimaginável frequência, diante da falta de estrutura emocional do ascendente destituído da guarda do infante, que não consegue manter um contato saudável com o menor de idade, a quem provoca com sua mais pura e refinada ironia e displicência, por meio de mostras corriqueiras de um incontrolável rancor que, em realidade, é direcionado ao guardião do infante, mas aplicado diretamente no menor de idade sob o seu temporário domínio psicológico e sob a sua transitória e destrutiva custódia física.

Nessas horas a criança ou o adolescente são bombardeados por um proceder de agressões psicológicas responsáveis pelo paulatino afastamento das indefesas criaturas, que por sua pouca idade e inocência não têm defesa contra os ataques verbais vindos da pessoa que imaginavam gostasse de seus filhos, pelos laços de parentesco e de natural afeto, sentimentos que afloram automaticamente dos vínculos de filiação. Filhos ficam perplexos diante de incompreensíveis ataques dos quais se tornam vítimas diretas de uma autoalienação e, paralisadas, são incapazes de esboçar qualquer reação diante dos escassos limites de sua compreensão acerca das maldades externadas pelo progenitor autoalienador.

Por conta disso, muitas vezes a alienação autoinfligida é responsável pelo afastamento da criança ou do adolescente que termina em sua proteção evitando o contato com o pai agressor, ou, por exemplo, daquele ascendente que teima em forçar uma convivência dos seus filhos com a sua atual companheira, vista pelos filhos conjugais como a pessoa responsável pela ruptura do casamento de seus pais.

Nessa situação em que os filhos se recusam a conviver com a madrasta que foi pivô da separação de seus pais, o varão tende a acusar sua ex-mulher pela prática de alienação parental, pois ela estaria afastando os filhos de sua convivência. Ao acusar sua ex-mulher da realização de alienação parental, não se apercebe de considerar, em primeiro lugar, *a possível e sincera vontade dos filhos* e assim passa ao largo dos superiores interesses dos menores, obcecado por enxergar uma alienação materna por ele equivocadamente identificada na falta de disposição da sua prole conviver com a nova família por ele velozmente constituída. Reconhecer a diferença entre uma alienação maliciosa e uma decisão real e motivada de os filhos buscarem certa distância do novo *affair* do pai apresenta-se como uma séria deficiência do genitor dos menores, aos quais acusa de terem sido dele alienados, quando nesse exemplo de autoalienação é o próprio pai quem erroneamente toma atitudes em relação aos seus rebentos, expressando agravos contra a mãe deles e dando aos próprios filhos motivos para eles se afastarem do progenitor e rejeitarem qualquer interação com a atual companheira do pai.

Ofuscado pela crença da sua versão de alienação parental de seus filhos, com sua autoestima ferida, um ascendente autoalienador desenvolve seus maiores esforços no recrutamento de aliados, verdadeiros adeptos de suas histórias, assegurando-se de que o seu relato seja

---

[167] "Família. Guarda. Adolescente de 16 anos. Manifestação de vontade de permanecer com a mãe. Estudos psicológicos e sociais que apontam nesse sentido. Não comprovação de atos de alienação parental. Modificação da guarda. Impossibilidade. Quando todas as provas dos autos – avaliação psicológica das partes, estudo social do caso e depoimentos dos envolvidos – demonstram que a adolescente deve permanecer sob a guarda de sua mãe, não é razoável determinar a modificação da guarda. Não é possível desconsiderar a opinião da adolescente, que atualmente possui 16 anos, no sentido de que não quer conviver com o pai, quando há provas de que o maior responsável pelo distanciamento da filha é o próprio genitor e inexistindo qualquer comprovação de alienação parental. É necessário fixar o direito de visitação entre pai e filha a fim de evitar conflitos desnecessários no âmbito familiar" (TJMG, Apelação Cível nº 1.086.13.004489-0/001, 1.a Câmara Cível, Rel. Des. Alberto Vilas Boas, j. 18.07.2016).

suficientemente atrativo para gerar em seus interlocutores uma atitude de piedade, solidariedade, espanto e justificação de seus atos insanos e despropositados, fechando cada vez mais as rotas de acesso aos filhos.

Delia Susana Pedrosa e José María Bouza colacionam relevante informe em seus estudos acerca da alienação parental, afirmando serem os pais varões um grupo sem características homogêneas, os quais oscilam entre aqueles que demonstram temores de abandono e os que consideram seus filhos como sua relação afetiva mais importante, mas cujo descompasso de amor exacerbado produz nesses progenitores sentimentos infantis de frustração, sugerindo priorizarem suas relações para com seus filhos, quando em primeiro lugar deveriam entender o mecanismo próprio da dinâmica da alienação parental. Deveriam compreender que os agravos e os ácidos comentários e a depreciação nem sempre decorrem de uma óbvia rejeição dos filhos, senão que encobrem um amor que não tem permissão de se expressar, sendo os rebentos sufocados por relações impostas por meio de atitudes despóticas, impensadamente autoritárias e capazes de calar indefesas criaturas, que não conseguem externar o seu amor aos olhos do progenitor, apenas porque não foram capazes de amar de forma instantânea a nova mulher do pai.

Para esses mesmos autores um segundo passo seria o de esses pais compreenderem que o vínculo inalterável dos seus filhos se originou desde antes dos seus nascimentos, e que as expressões de rejeição ou de ódio são, em realidade, uma fachada que encobre o amor, com o qual o pai não está sabendo lidar pelo efeito do pânico que ele mesmo causa aos seus filhos pelo seu jeito de ser e de agir,[168] assustando e calando sua prole, que não quer ver e estar com um pai hostil e que também não consegue dizer por quê.

Portanto, muitas situações podem não configurar uma alienação parental, por exemplo, as críticas que fazem aos filhos quando se recusam às visitas com a presença compulsória da madrasta, cuja figura e existência ainda não conseguiram assimilar. Segundo Richard Gardner, o novo padrasto ou a nova madrasta anseiam muito em demonstrar que gostam de seus enteados e fazem isso sendo carinhosos, comprando muitos presentes e tentando estar com os enteados durante todo o tempo, e se fazem isso não sabem que uma amizade verdadeira e também o amor crescem lentamente – "ele quer ser seu amigo logo e não percebe que a melhor maneira de ficar seu amigo é de uma forma natural e lenta (...)". Essas crianças gostariam de voltar ao tempo em que tinham a mãe (pai) só para elas. Elas também ficam magoadas vendo como a mãe (pai) gosta de estar com este homem (esta mulher) e acham que se ela (ele) gosta tanto dele (dela) é porque ela (ele) não ama de verdade seus filhos".[169]

Para dissipar dúvidas e injustos temores, basta atentar para a definição de alienação parental contida no artigo 2.º da Lei 12.318/2010 (Lei de Alienação Parental), quando *considera ato de alienação parental a interferência na formação psicológica da criança ou do adolescente promovida ou induzida por um dos genitores, pelos avós ou pelos que tenham a criança ou o adolescente sob a sua autoridade, guarda ou vigilância para que repudie genitor ou que cause prejuízo ao estabelecimento ou à manutenção de vínculos com este.*

Não são condutas de alienação parental as resistências temporárias dos filhos em conviver com o progenitor e a sua nova família, porquanto oposições podem e devem estar sendo causadas por outros fenômenos, como o convívio forçado de infantes que têm uma história familiar por detrás dos novos arranjos e arrastam em seus pensamentos e sentimentos a perda pela ruptura

---

[168] PEDROSA, Delia Susana; BOUZA, José María. *Síndrome de alienación parental*. Proceso de obstrucción del vinculo entre los hijos y uno de sus progenitores. Buenos Aires: Garcia Alonso, 2008. p. 118.

[169] GARDNER, Richard A. *Casais separados*: a relação entre pais e filhos. São Paulo: Martins Fontes, 1980. p. 122.

da convivência de seus pais e estes ingressam em uma área até então desconhecida de ansiedade, causada pela separação dos pais, a qual pode agravar com a manipulação dos filhos diante de um autoritário e desnorteado progenitor.

Para Emelina Santana Páez, atitudes de flexibilidade e de paciência diante das situações vivenciadas pelos protagonistas de famílias reconstruídas, com pais evitando posturas iniciais de excessivo controle, contribuem para o êxito da reconstrução familiar, e, como juíza de família em Madri, ela acrescenta ser necessário dar tempo aos filhos para aceitarem a nova situação, não sendo infrequente deparar com processos em que crianças parecem ter mais juízo que seus pais. Acrescenta que o problema normalmente surge como uma execução de visitas e em sua defesa o guardião alega não se opor às visitas, mas o filho não aceita a nova parceira do pai. No exame da causa, Emelina Páez topa com crianças que adoram seus pais, cujo único desejo é ver o pai ou a mãe, com o qual não convivem, falar com ele e não ter de conviver desde o primeiro momento com a nova companheira do pai ou precisar dividir todo o tempo com ela. Quando um pai ou uma mãe não entende essa necessidade dos filhos, existe o risco de complicar uma relação que já foi boa. Essa realidade presente nos processos é denominada pelos psicólogos de *mito da família instantânea*, existente quando os pais andam em velocidades distintas das de seus filhos; os progenitores criaram seus novos vínculos sem que os filhos tivessem uma consciência clara da importância de uma nova relação, e num dia se encontram golpeados pela separação de seus progenitores e com uma pessoa desconhecida que irrompe em suas vidas. Nesses casos é importante dar tempo aos filhos, ter paciência e, sobretudo, manter uma sadia comunicação com a prole. Na visão da magistrada espanhola, os letrados devem fazer ver aos pais que essa nova relação afetiva representa para os filhos uma mudança muito difícil de aceitar, porque perdem definitivamente a esperança de voltar a ver seus progenitores juntos e não deveriam em nenhum momento enxergar seus padrastos ou madrastas como substitutos de seus pais. E conclui sua impecável análise dizendo que: "em todos os casos deve primar o interesse do menor e nessas ocasiões esse interesse passa por não forçar essa convivência se ela influi sobre a afetividade emocional, piorando o mal que se pretende remediar".[170]

O elemento central de diagnóstico da alienação parental realiza-se em função da rejeição dos filhos conviverem com o outro genitor, porém, como visto, não constitui alienação parental o fato de os filhos, como titulares de uma relativa autodeterminação, rejeitarem a nova relação afetiva do pai e, portanto, não quererem visitar o genitor em sua nova morada e na presença da sua atual mulher e dos filhos dela, cujos personagens formam a nova família do pai, nada mais refletindo esses fatos além de um desajuste do progenitor na organização de sua vida após o divórcio, não podendo passar despercebido o fato de muitos filhos culparem inconscientemente um de seus pais pelo divórcio, por cujo motivo o bem-estar dos filhos no pós-divórcio vincula-se à organização capaz de lhes assegurar a continuidade de sua ideia de família e de sua existência, oferecendo-lhes a segurança necessária para um desenvolvimento emocional sadio por meio do respeito às figuras materna e paterna já constituídas.[171]

Um progenitor hábil para o exercício da custódia é aquele consciente da importância do outro genitor para a estabilidade emocional ou psíquica dos seus filhos, e que não busca de imediato e por imposição um genitor substituto da mãe das crianças, presumindo tenham os seus filhos da família desfeita a obrigação de gostar da madrasta.

Não percebe o pai estar sendo ele próprio o genitor alienador, a partir de sua inconformidade e indignação com o fato de os filhos não externarem afeto e desejo de convivência estreita

---

[170] PÁEZ, Emelina Santana. *Especialidades en derecho de familia*. Madrid: Dykson, 2014. p. 193-194.

[171] BARBOSA, Luciana de Paula Gonçalves; CASTRO, Beatriz Chaves Ros de. *Alienação parental*. Um retrato dos processos e das famílias em situação de litígio. Brasília: Líber Livro, 2013. p. 44.

com a madrasta, tendo dificuldades ou sendo incapaz de avaliar o sofrimento e desconforto enfrentado pelos filhos de se defrontarem com um autoritário pai, mostrando-se os filhos angustiados e temerosos por terem de contrariar o pai, manifestando medo e pavor de um genitor incompreensível e incapaz de expressar qualquer sinal de generosidade, sensibilidade, humildade e, sobretudo, de compreensão, carregando como sua obsessiva meta a de empurrar seus filhos para o seio de outra família, sem a menor preparação, sem conceder à prole um tempo mínimo e recomendável de adaptação a essa drástica transição.

Elisabeth Schreiber e Renata Torres da Costa Mangueira descrevem como maus-tratos o *abuso psicológico* de expor uma criança ou adolescente a situações de humilhação e de constrangimento por meio de agressões verbais, ameaças, cobranças e punições exageradas, além de impedi-la de estabelecer com outros adultos uma relação de confiança.[172] A alienação parental pode estar perfeitamente enquadrada nessa série de abusos psicológicos causados consciente ou inconscientemente por um pai.

A prática demonstra que os indicadores mais graves de dano psíquico aos filhos menores de idade advêm do manejo inadequado da separação dos pais, os quais deveriam formar uma barreira de proteção para seus filhos diante de seus conflitos pessoais e de suas sequelas conjugais.

Sergio Eduardo Nick, médico psiquiatra e psicanalista de crianças e adolescentes, perito na área de Direito de Família, de Órfãos e Sucessões, encontra variadas hipóteses da autoalienação, inclusive alerta para a figura de um genitor deprimido e com dificuldades de reconhecer seus sintomas depressivos, o qual passa a projetar no outro as razões para os problemas que encontra para estar com sua prole, como em outra vertente vislumbra um pai que não hesita em tirar proveito das situações e tem profundo desprezo pelos sentimentos próprios e o dos outros, cuja personalidade define como psicótica ou perversa, pois tenta se valer das preocupações e sentimentos dos outros em benefício próprio.[173] Não age de maneira diferente um genitor quando impede o contato telefônico do filho com a mãe filho menor de idade sob a sua guarda temporária. Como nada guarda de saudável um contato com um progenitor não guardião, destituído de qualquer estrutura emocional e capaz apenas de provocar um paulatino afastamento defensivo de seus filhos, agindo esse adulto, consciente ou não, com excessiva e criminosa perversidade, colaborando intensivamente para um processo de autoalienação, como faz um pai quando acusa seu filho de lhe faltar com o respeito porque ele pede para trocar um final de semana para poder ir ao aniversário da avó. Esse pai quer em contrapartida três finais de semana corridos na companhia do filho, cuja proposta a criança refuta porque ficaria privada da alternância da convivência com sua mãe e guardiã. Diante da insistência da criança em não abdicar do final de semana com sua mãe, responde o pai por meio do seguinte e insano diálogo: Pai: *Que falta de respeito comigo, meu filho. Eu estou dizendo, eu estou pensando em te deixar ficar aí porque é aniversário da tua avó, e eu estou dizendo, então, daí tu ficas dois finais de semana, não precisa mais, tu fica só um, daí no outro eu vou ao futebol sozinho. Tá bom?* Filho: *Não.* Pai: *Tá, meu filho. Combinado, eu vou arranjar o filho de outra pessoa para levar no futebol comigo.* Filho: *Não.* Pai: *Tá bem assim?* Filho: *Não.* Pai: *Eu acho que vou pegar tua cadeira do clube e vou dar para ti, que, quando tu tiveres vontade de ir no* (sic) *jogo, tu vai sozinho, pede para alguém te levar. O que tu acha da ideia? Não vou*

---

[172] SCHREIBER, Elisabeth; MANGUEIRA, Renata Torres da Costa. *A violência intrafamiliar na infância.* Porto Alegre: Arana, 2014. p. 130.

[173] NICK, Sergio Eduardo. A alienação parental e a autoalienação parental compreendidas sob o vértice da parentalidade. In: MORAES, Carlos Eduardo Guerra de; RIBEIRO, Ricardo Lodi (Coord.). *Criança e adolescente.* 80 anos Direito UERJ. Rio de Janeiro: Freitas Bastos, 2015. p. 154.

te tirar a cadeira do clube. Filho: *Não* (chorando). Pai: *Não, então tá bom. Estou vendo que tu não quereres ficar comigo. Então combinado.*

A *personalidade paranoide*, explica José Manuel Aguilar Cuenca, "é caracterizada pela desconfiança, suscetibilidade, orgulho e valorização do seu próprio ego. Esta vigilância pode permitir realizar análises precisas em algumas ocasiões, mas na sua maioria são errôneas por se basearem em percepções carregadas de implicações pessoais. Incapazes de se descontraírem são indivíduos cognitivamente rígidos, com dificuldade em expressar com naturalidade o seu estado emocional. A sua busca de ameaças e a acumulação de tensão faz com que procurem no exterior as culpas e razões da sua situação, atribuindo aos outros a sua própria hostilidade. Juízos errôneos e personalistas: o indivíduo tende a interpretar tudo sob uma perspectiva subjetiva, que justifica ou racionaliza diante dos demais aparentemente, uma vez que seu racionalismo, ao recusar tudo o que não esteja em sintonia com as suas convicções, é mórbido. Mantém uma perspectiva que define tudo aquilo que é diferente dos seus valores ou convicções como perigoso. Assim, qualquer conduta em seu redor será vista como uma ameaça ou desafio, a que deve responder imediatamente com a sua avaliação patológica como se tratasse de um ataque contra a sua pessoa".[174]

De fato, por vezes a alienação parental se encontra no perfil de um genitor com claros transtornos de personalidade *narcisista, paranoide e borderline*, que não demonstra suas emoções; não sente culpa, porque todos os erros e falhas são decorrência dos atos de outra pessoa; ele não admite ser afrontado, pois sua vontade é soberana e por isso prepondera sobre tudo que ao contrário idealizou. Afirma-se vítima da falta de integridade e ética dos outros, lembrando que para os filhos sempre existe algo que seu dinheiro pode proporcionar, como forma de compensar sua ausência ou ganhar o carinho dos filhos dando-lhes tudo o que pedem ou querem, necessitando ou não, sem limites ou disciplina, tentando mostrar consciente ou inconscientemente suas diferenças em relação ao outro genitor. Pais alienadores que apresentam personalidades vulneráveis perante os conflitos que emergem da separação podem até não ser conscientemente maliciosos, mas agridem emocionalmente seus filhos, que sofrem essa violência por parte de um pai e dele se distanciam. Contudo, na versão de um progenitor que se autoinflige a alienação, a justificativa desses seus atos abusivos é de que ele tem como base uma boa intenção e costuma atribuir à guardiã a autoria da alienação que ele mesmo provoca, já tendo o Tribunal de Justiça de São Paulo apreciado idêntica situação.[175]

Trata-se, em verdade, da dificuldade do genitor autoalienador de lidar com as perdas de sua separação, criando várias frentes de conflitos familiares, contribuindo positivamente para a sua própria alienação, assumindo um papel de vítima e propagando a falsa informação de ser um pai *não desejado*, supostamente excluído pela intervenção dos outros, enfrentando todas essas transformações com uma angustiante e ansiosa velocidade, em cujo cenário a única vítima é a indefesa criança que apenas ama seu progenitor e que por vezes tem mais juízo que os seus pais.

Glícia Barbosa de Mattos Brazil e Letícia Bandeira de Mello da Fonseca Costa fazem importante abordagem acerca da autoalienação, que também se faz presente quando a mãe guardiã se nega a acreditar que seu filho fora sexualmente abusado por um parente, como poderia se tratar de um padrasto, ou de qualquer pessoa que tivesse contato e proximidade com a criança,

---

[174] CUENCA, José Manuel Aguilar. *Síndrome de alienação parental*. Portugal: Caleidoscópio, 2008. p. 41.

[175] "Alienação parental. Genitor que alega que a genitora dos menores o aliena parentalmente, forçando os menores a não o visitar. Provas dos autos que demonstram a não existência da alienação. Filhos que guardam rancor da atual namorada do pai, mas têm carinho e afeto pelo genitor. Laudos que demonstram a desnecessidade de tratamento psicológico, mas apenas respeito do autor com as vontades dos filhos. Recurso desprovido. Sentença mantida" (TJSP, Apelação Cível n.º 0902266-97.2012.8.26.0103, 6.ª Câmara de Direito Privado, Rel. Des. Ana Lúcia Romanhole Martucci, j 19.03.2015).

seja pelo fato de o guardião confiar em demasia nesta pessoa, ou como no caso declinado pelas articulistas, porque a progenitora nutria enorme hostilidade em face do pai e tudo que o filho contava a mãe entendia como se fosse orquestrado pelo pai, afastando esta mãe o seu próprio filho que se sentia desacreditado e desprotegido, acrescentando as autoras que a criança é surpreendida pela postura de segredo e negação adotada pela progenitora, sendo calada pela atitude negligente da mãe. Perde o filho a figura de referência e de proteção que enxergava na mãe, caracterizando sua omissão um ato de violência psicológica, especialmente porque, depois que o abuso foi denunciado pelo pai da criança, a genitora coagiu a criança a negar o abuso que sofreu, afetando sensivelmente a relação materno-filial de uma mãe que ignorou o sofrimento de sua prole que se tornou invisível em seu próprio lar.[176]

4.13 A ALIENAÇÃO DO IDOSO

Como bem refere Tânia da Silva Pereira, na medida em que o tempo passa, indaga-se o verdadeiro sentido da vida, buscando-se novas experiências realizadoras, nas quais as escolhas e os propósitos desafiam o cotidiano, limitados pelas restrições próprias da idade.[177] De fato, há um tempo na vida humana em que o peso da idade, e com ele o envelhecimento do corpo e da mente, cria obstáculos, limites, restrições e dependências que, na sua soma e nos seus efeitos, trazem insuperáveis dificuldades para a convivência social e familiar do idoso. E complementa com idêntico acerto Tânia da Silva Pereira que o maior desafio, na atualidade, é garantir um envelhecimento com dignidade e autonomia, tendo por escopo o bem-estar do idoso e a manutenção da sua capacidade criativa e relacional, viabilizando, desse modo, a sua ativa participação em diferentes aspectos da sua vida e das suas habilidades.[178]

Uma pessoa é considerada idosa a partir dos 60 anos de idade (Lei 10.741/2003 – Estatuto da Pessoa Idosa), não obstante a Lei 13.466, de 12 de julho de 2017, tenha hierarquizado a velhice ao estabelecer que os idosos maiores de 80 anos terão preferência especial sobre os demais idosos, exceto em caso de emergência, referindo a senadora Regina Souza que: "Entre os idosos, existe um segmento mais vulnerável, pois como a lei diz que é a partir dos 60, todo mundo chega e usa a prioridade, sem observar se atrás tem uma pessoa com mais de 80 anos". De acordo com levantamento realizado pela *Revista Exame*, metade dos idosos que residem no Brasil faz parte da classe média e usufrui de boas condições de vida, e acrescenta a reportagem que mais idosos estão aproveitando a velhice para voltar a estudar, investir em lazer ou voltar para o mercado de trabalho.[179]

Fácil, portanto, é perceber que, assim como as crianças e os adolescentes se enquadram em uma faixa de pessoas que, por sua imaturidade e inexperiência, ainda são consideradas vulneráveis, também neste conceito são igualmente engajados os idosos, porque perdem muito

---

[176] BRAZIL, Glícia Barbosa de Mattos; COSTA, Letícia Bandeira de Mello da Fonseca. Filhos desmentidos e invisíveis: quando a alienação parental como defesa gera autoalienação parental. Artigo publicado no Portal do site do IBDFAM. Disponível em: <https://ibdfam.org.br/artigos/1685/Filhos+desmentid os+e+invis%C3%ADveis%3A+quando+a+alienção+parental+como+defesa+gera+autoalienação+pare ntal>. Acesso em 23 ago. 2021.

[177] PEREIRA, Tânia da Silva. Cuidado e afetividade na velhice: a importância da convivência familiar e social para o idoso. In: PEREIRA, Tânia da Silva; OLIVEIRA, Guilherme de; COLTRO, Antônio Carlos Mathias (Coord.). *Cuidado e afetividade*. Projeto Brasil/Portugal – 2016-2017. São Paulo: Atlas, 2017. p. 609.

[178] Idem, p. 615.

[179] *Revista Exame*. Disponível em: <http://exame.abril.com.br/brasil/quem-sao-e-como-vivem-os-idosos- -do-brasil/>. Acesso em: 15 jul. 2017.

da sua coordenação e liberdade de movimentos e pensamentos, tanto que a Carta Política de 1988 (art. 229) concedeu absoluta prioridade à proteção integral dos filhos menores e o amparo aos pais na velhice, devendo todos, crianças, idosos e adultos, viver na mais completa e harmoniosa relação e interação familiar, garantindo, desse modo, a manutenção dos vínculos com as pessoas que justamente compõem, em todos os níveis do desenvolvimento humano, e de diferentes faixas etárias, a essência fundamental de uma plena convivência e afetividade familiar.

A Constituição Federal também impôs, em seu art. 230, o dever de a família, a sociedade e o Estado ampararem as pessoas idosas, assegurando sua participação na comunidade, defendendo sua dignidade e bem-estar e garantindo-lhes o direito à vida, tal qual têm os filhos assegurado o direito constitucional à convivência familiar e comunitária (CF, art. 227). Entrementes, a Lei de Alienação Parental protegeu unicamente a criança e o adolescente dos nefastos atos de alienação parental, definida pela Lei 12.318/2010 como "(...) a interferência na formação psicológica da criança ou do adolescente promovida ou induzida por um dos genitores, pelos avós ou pelos que tenham a criança ou adolescente sob a sua autoridade, guarda ou vigilância para que repudie genitor ou que cause prejuízo ao estabelecimento ou à manutenção de vínculos com este". Embora a Lei de Alienação Parental ampare especificamente o menor de idade, as pessoas idosas, efetivamente, não estão livres dos atos de alienação daqueles que sobre elas exercem alguma autoridade, guarda ou vigilância, especialmente quando o abuso parte de estranhos ou parentes que, por vezes, se beneficiam das vantagens proporcionadas pelos recursos e reservas financeiras dos idosos, podendo partir também daquele que tem o idoso sob a sua responsabilidade direta, como no caso de curadores, ou sob seus cuidados especiais, como acontece com os cuidadores profissionais, ou enfermeiros especialmente contratados para atender a pessoa idosa, não se mostrando incomum verificar que eles acabam sendo isolados e estigmatizadas por seus filhos e parentes próximos, sendo, por vezes, negligenciados ou explorados por seus curadores e cuidadores.

Referem Ana Sofia Carvalho e Jorge Gracia que o *isolamento social* foi identificado em famílias em que o abuso e a violência de gênero são detectados, ocorrendo com frequência a prática de maus-tratos a idosos, e perpetrados por familiares, ou pessoas que deles se aproximam angariando uma falsa confiança, sendo logo socialmente isoladas dos membros da família, amigos, vizinhos e empregados, aumentando o estresse do idoso e causando verdadeira comoção familiar, além de colocá-lo em alto risco de abuso.[180] Os mesmos autores alertam que a violência também parte de pessoas próximas, sem serem familiares, tanto que existe um alto índice de estresse provocado, por exemplo, pela cuidadora (a maioria mulher) e que o maior fator de risco dos maus-tratos a idosos está na dependência da vítima no relacionamento estabelecido pela cuidadora ou por qualquer outra pessoa que se aproxime com a sórdida intenção de explorar pessoa idosa e vulnerável, mostrando-se solícita, acessível, carinhosa e até mesmo apaixonada, logo indo viver na mesma moradia do idoso assediado, o que facilita as situações de violência.[181] Assim, um acirrado combate à alienação do idoso deve ser igualmente priorizado pelo Poder Judiciário.[182]

---

[180] Idem, ob. cit., p. 64/66.

[181] Idem, ob. cit., p. 64/66.

[182] Em sentido negativo, o acórdão 70076907096 do TJRS, de 8 de março de 2018, relator Des. Ricardo Moreira Lins Pastl, com a seguinte ementa: "Agravo de Instrumento. Idoso. Ação declaratória de ocorrência de alienação parental. Determinação de emenda à inicial para adequar fundamentos e pedidos ao Estatuto do Idoso. Hipótese não prevista no rol taxativo do art. 1.015 do CPC. Inadmissibilidade. É descabida a interposição de agravo de instrumento em face de decisão que determinou a emenda à inicial

Prescreve o art. 2.º do Estatuto da Pessoa Idosa ser ele titular de todos os direitos fundamentais inerentes à pessoa humana, sendo-lhe asseguradas, por lei ou por outros meios, todas as oportunidades e facilidades para a preservação de sua saúde física e mental e seu aperfeiçoamento moral, intelectual, espiritual e social, em condições de liberdade e dignidade, existindo

---

para alteração dos fundamentos e pedidos aos preceitos da Lei 10.741/03, por não se vislumbrar ser caso de aplicação analógica da Lei de Alienação Parental. Negado seguimento ao agravo de instrumento, por monocrática".

Em sentido positivo a Apelação Cível 1032680-57.2019.8.26.0001, da 10ª Câmara de Direito Privado do TJSP, julgada em 22 de janeiro de 2021, relator Des. Elcio Trujillo com a seguinte ementa: "Recurso – Inépcia da apelação. Indicada falta de impugnação aos fundamentos da r. sentença. Não ocorrência. Observância aos fundamentos de fato e de direito, nos termos do artigo 1.010, inciso II, do Código de Processo Civil. Preliminar afastada. Nulidade. Julgamento ultra petita. Não configuração. Julgador não está adstrito ao princípio da estrita legalidade. Regime de visitas fixado em atendimento ao melhor interesse da interditada. Preliminar afastada. Nulidade. Imposição de medidas de proteção à idosa (artigos 43 e 45 do Estatuto do Idoso). Indicada legitimidade ativa exclusiva do Ministério Público. Não caracterização. Pedido estendido ao curador, na forma do artigo 74, § 1º, do Estatuto do Idoso. Preliminar afastada. Ação de alienação parental. Pretendida supressão do direito de visitas da filha à genitora, com pedido alternativo de modificação do regime de convivência. Propositura pelo curador da interditada, diagnosticada com quadro demencial. Divergência entre irmãos. Aplicação analógica da Lei 12.318/10 em casos de alienação parental contra idosos. Demonstração dos atos praticados pela ré-reconvinte caracterizadores da alienação parental. Evidente a conduta da apelante em denegrir a figura do autor-reconvindo perante a genitora das partes. Dispensável perícia judicial para constatação da alienação parental diante do vasto conjunto probatório. Ademais, manifestou-se a apelante alegando ser desnecessária a produção da referida prova. À luz do melhor interesse da idosa e no intuito de garantir sua integridade psicológica e bem-estar, mostrou-se prudente a imposição de medida protetiva consistente na restrição das visitas da apelante à genitora, nos exatos termos expostos na r. decisão recorrida, a saber, quinzenalmente, aos domingos, das 17h às 19h, na residência do curador e mediante supervisão pelas cuidadoras da idosa. A ampliação do horário das visitas não é recomendável em razão da gravidade dos atos alienadores praticados pela apelante. Inviável, ainda, alterar o local da visitação, qual seja, a residência do autor-reconvindo, já que restou proibida a presença dele no recinto por ocasião das visitas. Também deverá ser mantida a proibição de contato telefônico entre a ré-reconvinte e a genitora e a presença de terceiros quando da visitação, além das cuidadoras. Medidas impostas pelo juízo monocrático que foram adequadas diante das peculiaridades do caso, não se admitindo a aplicação de sanção menos gravosa como pretende a apelante. Pedidos não acolhidos. Reconvenção. Extinção sem resolução de mérito com fundamento no artigo 485, inciso V, do Código de Processo Civil (coisa julgada), e em razão da ilegitimidade passiva da esposa do curador, nos moldes do artigo 485, inciso VI, do mesmo diploma legal. Patente a ilegitimidade passiva *ad causam* da corré R.M.S., pois o autor-reconvindo é quem exerce o encargo de curador de L.S., prestando-lhe os cuidados necessários. Reconhecida, em ação de interdição, a incapacidade relativa de L.S., restrita aos direitos de natureza patrimonial e negocial, em consonância com a Lei Brasileira da Pessoa com Deficiência (Estatuto da Pessoa com Deficiência). Alegada aptidão da idosa para a prática dos atos peculiares a direitos existenciais, inclusive de escolher com quem quer residir, dinâmica de passeios e privacidade durante as visitas. Não acolhimento. Inequívoca a demonstração do intuito da ré-reconvinte em rediscutir os direitos inerentes à curatela de sua genitora, acobertados pelo manto da coisa julgada. De qualquer modo, o estado patológico de L.S. não lhe permite decidir por si própria sobre as condições das visitas a serem realizadas pela filha e demais postulações, pois é portadora de quadro demencial. De caráter irreversível, e totalmente dependente dos cuidados de terceiros, tanto é que conta com a assistência de cuidadoras em período integral. Sentença de extinção mantida. Litigância de má-fé. Afastamento. Ré-reconvinte apenas se valeu das garantias constitucionais da defesa de seu direito e do devido processo legal. Sentença reformada neste ponto. Sucumbência. Pretendida redistribuição dos ônus sucumbenciais. Não cabimento. Autor foi vencedor na maior parte do pedido. Pedido subsidiário de redução da verba honorária. Não acolhimento. Honorários recursais majorados. Sentença reformada em parte. Aplicação do disposto no artigo 252 do Regimento Interno desta Corte. Recurso parcialmente provido."

um extenso rol de crimes e atos cíveis que devem ser apurados ou executados pelo Ministério Público em defesa e proteção do idoso, porquanto não desconhece o legislador a epidérmica vulnerabilidade do ancião, mesmo quando lúcido, mas igualmente indefeso, eis que, estando consciente de seus atos, diante do Estatuto da Pessoa com Deficiência, cada vez mais restrições se impõem à interdição integral de uma pessoa antes considerada incapaz.

A Lei de Alienação Parental (Lei 12.318/2010) é, como visto, omissa em relação à proteção do idoso, referindo Claudia Gay Barbedo que "o idoso, a criança e o adolescente estão no mesmo polo de fragilidade. O idoso, em razão da idade, que traz dificuldades inerentes, pode facilmente estar na condição de vítima. A criança e o adolescente, na condição de seres humanos em desenvolvimento, são pessoas fáceis de serem enganadas. Diante disso, justifica-se a possibilidade de extensão da Lei de Alienação Parental ao idoso".[183]

Entretanto, o art. 2.º do Estatuto da Pessoa Idosa (Lei 10.741/2003) estabelece que o idoso goza de todos os direitos fundamentais, além da sua integral proteção, devendo a família, o Estado e a sociedade assegurar, com absoluta prioridade, dentre outros direitos fundamentais, o da convivência familiar e comunitária.

Pessoas inescrupulosas, mal-intencionadas ou ambiciosas facilmente se aproximam dos idosos, que, por vezes, são relegados por seus familiares, ou deles posteriormente afastados, e, mostrando-se presentes, carinhosas, solícitas e atenciosas, buscam adquirir a confiança do idoso, agindo, assim, apenas em busca de seu interesse pessoal, recolhendo em seu benefício próprio os recursos do idoso e se acercando de poderem se apossar por diferentes expedientes fraudulentos dos bens do idoso. Valendo-se de figuras jurídicas, como contratos simulados de convivência, testamentos e doações, elas se apropriam das riquezas e economias construídas durante a longa vida do idoso. Há uma infinita gama de expedientes utilizados por pessoas inescrupulosas, como o endividamento em lojas comerciais, com carnês que são emitidos em nome do idoso, mas cujos bens comprados se destinam ao estelionatário, que explora a vulnerabilidade do desarticulado idoso. Outros iniciam um namoro com o idoso, ou simplesmente criam falsas uniões estáveis, por vezes com datas inclusive retroativas, visando, se não a partilha de bens em regime de comunidade, sua futura herança, e, como destinatários da pensão previdenciária que, com a morte, é deixada pelo decantado convivente, não gera qualquer espanto o fato de os próprios familiares do idoso atuarem em conluio para a repartição do benefício previdenciário.

Dentro dessa ideia de assédio de interesse meramente pecuniário e patrimonial, parentes, enfermeiros, curadores e cuidadores passam a isolar o idoso das pessoas que lhe são próximas e caras pela afeição preexistente, cujos vínculos são psicologicamente destruídos, e, assim, com gestos eficazes, eliminam as áreas de contato, proibindo ou dificultando as visitas, tirando o telefone celular, ou deixando de repassar as chamadas do telefone convencional, tirando o computador, afastando parentes e amigos e convencendo o próprio idoso a rejeitar a presença dessas pessoas, que, assim, veem frustradas suas tentativas de conseguir em juízo visitas compulsórias, eis que estaria sendo judicialmente violada a liberdade pessoal do idoso de se relacionar com quem bem entender, se e quando entende o que se passa à sua volta, porquanto não é raro se tratar de pessoa com a doença degenerativa de Alzheimer.[184]

---

[183] BARBEDO, Claudia Gay. A possibilidade de extensão da Lei da Alienação Parental ao idoso. In: COELHO, Ivone M. Candido (Coord.). *Família contemporânea*: uma visão interdisciplinar. Porto Alegre: IBDFAM e Letra & Vida, 2011. p. 148.

[184] "Apelação Cível. Ação de indenização por danos morais. Relação familiar dissidente das partes, irmãs entre si, em relação à genitora. Elementos análogos à alienação parental em razão do estado de vulnerabilidade e doença da genitora. Ponderação dos deveres, direitos e pressupostos das relações familiares. Utilização arbitrária de abusos análogos a medidas restritivas, sem amparo em decisão judicial. Responsabilidade

E na esteira dessa verdadeira maldade e perversão, com variáveis graus de dificuldades de compreensão e resistência do idoso, ele também é induzido a assinar cheques, informar senhas e entregar seus cartões de crédito e débito, outorgar procurações, assinar contratos de doações e cessões de direitos, geralmente gratuitas, promover transferências de dinheiro, sendo convencido, até mesmo, de que as suas doações e concessões se dão em troca de uma abnegada dedicação prestada pelo estelionatário vestido em pele de cordeiro, e que aliena o idoso na criminosa busca por qualquer vantagem pessoal econômica e financeira, isso quando certos parentes já não convivem ao lado do idoso, aproveitando-se diretamente dessas vantagens e vivendo, assim, às custas dele.

Têm o juiz e o Ministério Público a obrigação legal de investigar quando alertados acerca da existência de alienação parental, impedindo que o vulnerável idoso seja alvo de manipulação de sua vontade, sugestionado por terceiros que lhe distorcem os sentimentos e lhe criam a falsa sensação de abandono daqueles que o querem verdadeiramente bem, mas que são isolados pelos alienadores, que dissimulam carinho e atos de proteção ao idoso, especialmente em situações de ruptura familiar, sendo igualmente comum que uma pessoa idosa, ficando viúva e se sentido sozinha e depressiva, se torne alvo fácil de terceiro que dela se aproxima oferecendo carinho e atenção, tirando vantagens financeiras dessa aproximação, as quais logo são percebidas pelos familiares, instaurando-se uma desavença direta entre estes e o alienador diante de seus óbvios atos abusivos de exploração do idoso, que se afasta da família para ficar ao lado do alienador, que assume o controle total da situação, engendrando, na sequência, a formatação de documentos jurídicos que lhe assegurem tomar o lugar dos herdeiros na destinação final dos bens deixados com a morte do ancião, como a escrituração de contratos de doação, testamentos e escrituras de falsa declaração de união estável.

Os atos de alienação de pessoa idosa devem ser investigados da mesma forma que a alienação de uma criança ou de um adolescente, inclusive com a intervenção de uma equipe multidisciplinar, porquanto tanto o infante quanto o idoso, que possui estatutos jurídicos similares ao da criança e do adolescente no tocante à integral proteção, têm os mesmos direitos e garantias fundamentais, inerentes à pessoa humana e, em especial, às pessoas vulneráveis, merecendo, por isso mesmo, especial atenção, notadamente quanto ao direito à efetiva convivência familiar, lembrando Claudia Gay Barbedo que as manipulações podem vir de ordens diversas, seja pela imputação falsa de crime a um dos familiares, seja pela desmoralização deles,[185] sempre no propósito de afastar o familiar e deter o total controle sobre a pessoa do ancião, e assim arremata a referida autora: "há de se dar visibilidade ao direito à convivência familiar do idoso com relação aos demais familiares, quando

---

civil. Pressupostos configurados. Dano moral reconhecido. Recurso desprovido. Incontroverso entre as partes, apenas que a genitora sofria de uma série de problemas de saúde, incluindo a degenerativa doença de Alzheimer. Diante do contexto, é de certa forma compreensível a distorção de percepções entre as partes sobre as vontades da genitora. É que a doença, específica, debilita o enfermo de tal forma que, sabidamente, é comum que este seja facilmente sugestionável ou convencido. Disto, é de se mitigar as acusações mútuas, de que as partes, cada uma, considera-se a legítima defensora dos reais interesses da genitora. Tendo em vista o estado de vulnerabilidade da genitora e a patologia específica, o caso não deixa de se parecer com aquele da alienação parental, ao inverso. Em verdade, o que se observa são medidas, próprias daquelas protetivas do Direito de Família, como interdição, tomadas de forma arbitrária e ao arrepio da Lei e dos ditames que regem as relações familiares. O ato de privar a irmã do contato com a genitora, *sponte sua*, independentemente de autorização judicial e dadas as circunstâncias do caso, gera dano moral indenizável" (TJSC, Apelação Cível 006690-70.2012.8.24.0005, Primeira Câmara de Direito Civil, Rel. Des. Domingo Paludo, j. 25.08.2016).

[185] BARBEDO, Claudia Gay. Ob. cit., p. 153.

houver pretensão resistida do cuidador, pois o idoso tem direito a condições de vida digna"[186] e a dignidade de sua vida passa, inevitavelmente, pelos cuidados que a sociedade, a família e o Poder Judiciário devem tomar quando se trata de afastar quaisquer pessoas do convívio efetivo do idoso, que pode estar sendo vítima de atos de efetiva alienação parental, pois apenas desse modo se estará atendendo ao princípio do melhor interesse do idoso. A proteção jurídica do idoso deve ser concedida diante da percepção de sua vulnerabilidade, quando claramente se torna vítima de agressão alheia, física, psicológica, financeira ou moral, sejam elas visíveis ou invisíveis; compete ao Estado assegurar a integridade física, psicológica e financeira do idoso, para que não se torne vítima de maus-tratos. A Organização Mundial da Saúde (OMS) define os maus-tratos contra as pessoas idosas como *um ato único ou repetido, ou a falha de uma ação apropriada, que ocorre no âmbito de qualquer relacionamento em que haja uma expectativa de confiança, que cause mal ou aflição a uma pessoa mais velha*, abrangendo o consenso científico cinco categorias de maus-tratos: a) físicos; b) psicológicos; c) materiais; d) negligência ativa; e) negligência passiva.[187]

Por sua vez, a violência material se caracteriza pelo uso indevido, abusivo e, portanto, ilegal dos bens e recursos da pessoa idosa, sendo comum que essa ordem de violência nunca venha sozinha, costumando ser agregada de mais de um tipo de violência, como a ofensa psicológica e emocional, cuja tríade de violência perpetrada fecha o cerco em torno da pessoa idosa, alvo de exploração e da ocorrência de maus-tratos, às vezes sutis e devastadores, às vezes violentos e escancarados. Certamente, o ancião é submetido ao controle externo e abusivo sobre sua vida financeira, sua pessoa, física e psicologicamente, desestabilizando o seu indefeso estado emocional.

4.14 A ALIENAÇÃO PARENTAL NA MULTIPARENTALIDADE

4.14.1 A verdade biológica

Durante muito tempo prevaleceu no sistema jurídico brasileiro o respeito à verdade biológica e, acima desta aparente certeza, quando a filiação ainda era fática e legalmente discriminada, também merecia pontual destaque e incondicional aceitação social a circunstância de a filiação de elite ser uma natural decorrência do matrimônio, porque a prole de boa cepa e socialmente prestigiada, havida como uma filiação legítima, tinha de ser constituída por filhos nascidos de pais legalmente casados, pois era o casamento civil que atribuía vínculos de filiação socialmente aceitos e conferia ao pai a presunção biológica de parentalidade, em total contraste com o tratamento legal outorgado aos filhos de progenitores que não eram casados entre si, quer se tratassem de pais solteiros, viúvos, separados de fato ou de direito, casados com outras pessoas ou divorciados, pois eram todos filhos gerados de relações afetivas consideradas espúrias e impróprias, havidos como ilegítimos e, portanto, social e juridicamente discriminados, vítimas de um preconceito contra a relação bastarda de seus pais, socialmente marcados, porque nascidos no lugar errado, unicamente porque foram gerados fora do único contexto familiar aceito de uma formal relação conjugal, constituída pelo sagrado matrimônio civil.

Isto para não falar das odiosas e proibidas relações incestuosas, porquanto, estes filhos, mais do que quaisquer outros, restavam socialmente proscritos por seus relacionamentos amaldiçoados pela natureza humana, e que, ao contrário dos pais solteiros ou que viviam em concubinato e que podiam legitimar sua prole simplesmente casando, os pais incestuosos jamais

---

[186] Idem, p. 155.

[187] CARVALHO, Ana Sofia; GRACIA, Jorge. Os maus-tratos a idosos em contextos de cuidados familiares em Portugal: proposta para uma abordagem ecológico-crítica. In: PEREIRA, Tânia da Silva; OLIVEIRA, Guilherme de; COLTRO, Antônio Carlos Mathias (Coord.). *Cuidado e afetividade*. Projeto Brasil/Portugal 2016-2017. São Paulo: Atlas, 2017. p. 51.

poderiam legitimar seus rebentos, pois estavam e continuam terminantemente proibidos por lei de virem a se casar.

Esta preconceituosa distinção legal e conceitual que dividia a prole em filiação legítima e ilegítima, embora desde o advento da Carta Política de 1988 a filiação dita ilegítima não mais desperte qualquer interesse que não seja meramente histórico, ainda é realidade na sociedade brasileira, em que há incontestável e inadmissível discriminação legal dos filhos em decorrência da relação afetiva dos seus pais, e cujo tabu deveria ter desaparecido com a adoção do fundamental *princípio da igualdade da filiação,* trazido como um dos principais eixos das cruciais mudanças ordenadas pela Constituição Federal de 1988, promulgada com o firme propósito de exterminar este odioso sistema legal que ainda imperava, e que discriminava socialmente os filhos em razão dos relacionamentos de seus pais.

É fato que a filiação biológica ganhou nova musculatura com o surgimento dos exames científicos de filiação genética, a partir dos estudos dos caracteres morfológicos de DNA. Certamente esta foi uma das mais importantes inovações trazidas pela ciência médica, permitindo que o homem seja capaz de gerar, com base na ciência, uma certeza nunca antes existente de identificação parental, praticamente eliminando velhos mecanismos de atribuição de vínculos genéticos sustentados em meras e frágeis presunções de paternidade advindas de um casamento formal, ou da certeza de uma maternidade genética pelo fato de a mulher ter dado à luz.[188]

Considerando que cada pessoa tem uma aparência física que responde a uma única composição genética, com uma única exceção à regra, oriunda dos irmãos gêmeos univitelinos, que têm idêntico padrão de DNA, explica Roseli Ahmad que a sacralização ao DNA surgiu porque este sistema permitiu elevar a perícia genética ao supremo das provas e "a complexidade da elaboração dos meios de prova na pesquisa da filiação ficou mais branda, e a certeza do resultado, cada vez mais segura, diante da identificação dos indicadores genéticos, com precisão quase absoluta quanto ao resultado científico da paternidade, pois a margem de segurança é de quase 100%. E é em razão dessa certeza quase total que o DNA se converteu no principal método de identificação humana e, embora haja críticas duras quanto à sacralização do referido exame, predomina o entendimento de que houve um nivelamento sistemático acerca da prova na investigação de paternidade, admitindo-se o DNA como absoluto e irrefutável, rejeitando qualquer outra modalidade, ou aceitando-o acima de outras como a *rainha das provas*".[189]

Não era difícil deduzir neste cenário probatório a predileção pela prova biológica e pela supremacia da filiação consanguínea em detrimento de qualquer outra maneira de estabelecimento de parentalidade, como no passado existia como marco de filiação a posse do estado de filiação, pois, como expõe Dimas Messias de Carvalho, a certeza da prova biológica gradualmente se contrapunha à tradição do Direito brasileiro, que identificava a família mediante o casamento e a partir do assento de nascimento, primeiro com os registros de batismo e depois com os assentamentos de nascimento.[190]

A perícia em DNA surgiu como uma espécie de *dança das cadeiras* na categoria das filiações, trocando as posições de hierarquia de uma filiação que deixou de ser prevalentemente presumida pelo matrimônio para dar lugar a uma *parentalidade biológica,* cientificamente comprovável e que permitiu elevar ao grau absoluto de certeza os vínculos de ascendência genética. Com esta averiguação científica da origem biológica das pessoas, prevaleceram os valores constitucionais que respeitam o livre desenvolvimento da personalidade, e neste contexto o direito à intimidade

---

[188] BLIKSTEIN, Daniel. *DNA, paternidade e filiação*. Belo Horizonte: Del Rey. 2008, p. 131.

[189] AHMAD, Roseli Borin Ramadan. *Identidade genética e exame de DNA*. Curitiba: Juruá. 2009, p.60.

[190] CARVALHO, Dimas Messias de. *Direito das famílias*. 5. ed. São Paulo: Saraiva. 2017, p. 529.

pessoal e familiar, reconhecido como um direito da integridade moral, afora toda uma extensa categoria de direitos constitucionalmente denominados como fundamentais, que se harmonizam com o interesse superior da criança e do adolescente, e que permitem gerar todo um outro seriado de direitos e de efeitos jurídicos que, igualmente preenchem e identificam a personalidade do indivíduo, uma vez que engendram a segurança do conhecimento da paternidade e da maternidade.

Mas as demais formas de vinculação parental não perderam o seu protagonismo social e obviamente, em um primeiro momento em que a sociedade ainda vivia sob o impacto e sob os encantos sacralizados da verdade biológica, por conta desta verdade suprema, outras conexões de filiação ficaram em um segundo plano, postadas atrás da paternidade presumida, com especial realce para a *parentalidade registral*, mas ainda com pouca visibilidade e importância para a distante parentalidade chamada de *socioafetiva*, que apenas existia em teoria, a partir do antigo conceito romano da posse do estado de filiação, mas que caminhava lentamente a partir da interpretação no sistema jurídico brasileiro do artigo 1.593 do Código Civil de 2002, que fazia referência à filiação oriunda de uma *terceira origem*, sendo, contudo, de rara aplicação judicial, salvo em algumas situações pontuais que despontavam da reação preconceituosa de uma sociedade que tinha profundas dificuldades de aceitar as relações *homoparentais*, e foi justamente com a sua conexão social que, ao lado das ações de anulação de registros de *adoções à brasileira*, foram forçando a passagem do conceito ainda enuviado de uma filiação social e afetiva.

4.14.2 A filiação socioafetiva

Passada a empolgação da sacralização da filiação biológica, a filiação socioafetiva abria o caminho para os pais homoafetivos registrarem como sua a prole por vezes adotada em nome apenas de um dos conviventes, ou somente em nome daquele que inseminasse o filho e ao qual depois daria à luz. A noção de filiação socioafetiva também permitiu acender a um importante olhar para as adoções de complacência, apelidadas no território nacional de *adoções à brasileira*, diante do dilema surgido do confronto entre a verdade biológica e a verdade socioafetiva, eis que muitos homens registravam filhos alheios como se fossem próprios, e, na medida em que estes homens rompiam seus relacionamentos afetivos com a mãe dos filhos que falsamente registraram como se fossem seus pais, eles buscavam anular judicialmente os registros de filiação feitos em notória falsidade ideológica e escoravam suas ações de anulação do registro paterno na prova pericial em DNA, que, sabiam, denunciaria a ausência de ligações biológicas, olvidando-se, estes homens ressentidos, dos fortes vínculos afetivos criados durante os anos que atuaram como pais efetivos dos filhos falsa e ilegalmente adotados.

Todavia, por conta de suas frustrações amorosas, simplesmente pretendiam romper estes vínculos parentais registrais e socioafetivos, fazendo recair sobre o filho o peso e os nefastos efeitos de uma orfandade de pais vivos que moviam suas vingativas pretensões judiciais na certeza de que estavam destituídos da agora irrelevante conexão genética, pois que a comunidade jurídica brasileira foi se dando conta, através da sua doutrina e jurisprudência, da elevada importância dos elos afetivos que se sobrepunham ao superado estágio nacional da prevalência da filiação biológica que estava amparada, sobremodo, na presunção matrimonial de filiação em que em realidade nada valia, pois verdade é que pai é e sempre foi aquele que cria e não o que simplesmente procria, merecendo referência contrária à socioafetividade o Resp. 1.741.849/SP que quebrou este endeusamento da filiação socioafetiva de filhas registradas por presunção de casamento, cujo marido descobriu, posteriormente, não ser o pai biológico da prole conjugal, rompendo com o divórcio também a sua aproximação com as filhas.[191]

---

[191] "(...) mesmo quando configurado o erro substancial no registro civil, é relevante investigar a eventual existência de vínculos socioafetivos entre o genitor e a prole, na medida em que a inexistência de

Cap. 4 • COMENTÁRIOS À LEI DE ALIENAÇÃO PARENTAL E SEUS ASPECTOS PROCESSUAIS | 141

O Direito brasileiro sofria neste interregno uma espécie de mutação dos vínculos de parentesco que passaram então a ser redesignados, mais particularmente em razão da troca das posições hierárquicas das quatro espécies existentes de filiação, e que antes seguiam a seguinte ordem de preferência: (1) filiação biológica; (2) filiação registral; (3) filiação jurídica da presunção do artigo 1.597 do Código Civil; e (4) filiação socioafetiva, nascida da noção de posse do estado de filiação.

Contudo, estas posições jurídicas foram mudadas a partir da histórica decisão majoritária do Supremo Tribunal Federal, no julgamento do Recurso Extraordinário 898.060/SC, relatado pelo Ministro Luiz Fux e datado o acórdão de 22 de setembro de 2016 e de cuja análise processual surgiu o tema da Repercussão Geral 622, que foi aprovada com a seguinte tese: "A paternidade socioafetiva, declarada ou não em registro público, não impede o reconhecimento do vínculo de filiação concomitante baseado na origem biológica, com todas as suas consequências patrimoniais e extrapatrimoniais".

Subitamente, a antes raquítica filiação socioafetiva ganhou com o tema da Repercussão Geral 622 outros campos de importância, dando visibilidade à famosa *filiação de outra origem* timidamente referida pelo artigo 1.593 do Código Civil e transferindo para a segunda posição a parentalidade genética, mas mantendo, na mesma ordem de importância, em sua terceira posição hierárquica, o parentesco registral, revertendo completamente a noção de relevância dos vínculos de filiação que, nas palavras de Luiz Zarraluqui Sánchez-Eznarriaga, outrora imperava o predomínio da certeza biológica, também chamada de verdade real ou material, que se sobrepunha à posse do estado de filiação,[192] mas agora não mais.

Conforme antes explanado, a filiação socioafetiva começou a criar corpo e chamar a atenção a partir do interesse de proteção judicial das relações homoafetivas e sua prole e das *adoções à brasileira*, que ocorrem quando maridos e companheiros apaixonados por mães que tinham filhos sem o assento paterno registravam esta prole que só tinha o registro materno como se eles fossem os pais biológicos destes filhos, e, posteriormente, rompendo seus relacionamentos amorosos, promoviam ações judiciais de anulação do registro de nascimento com suporte na falta de correspondência biológica, passando os tribunais a julgarem estas ações improcedentes com escora na tese da paternidade socioafetiva, que se criou justamente pela posse do estado de filiação destes progenitores que registraram e trataram os filhos de outros como se deles fossem os verdadeiros genitores biológicos, ou como se os tivessem adotado informalmente, naquilo foi convencionado denominar de *adoção à brasileira*, e que em legislações estrangeiras são designados de reconhecimentos de complacência, de conveniência ou de convivência.

Estes reconhecimentos de convivência importam em um vínculo de filiação que o progenitor sabe ser inveraz, porque não encontra ressonância com a verdade biológica, mas mesmo

---

vínculo paterno-filial de natureza biológica deve, por vezes, ceder à existência de vínculo paterno-filial de índole socioafetiva". Porém, no caso concreto, restou evidenciado que, "conquanto tenha havido um longo período de convivência e de relação filial socioafetiva entre as partes, é incontroverso o fato de que, após a realização do exame de DNA, todos os laços mantidos entre pai registral e filhas foram abrupta e definitivamente rompidos, situação que igualmente se mantém pelo longo período de mais de 06 anos, situação em que a manutenção da paternidade registral com todos os seus consectários legais (alimentos, dever de cuidado, criação e educação, guarda, representação judicial ou extrajudicial, etc.) seria um ato unicamente ficcional diante da realidade" (STJ, REsp 1.741.849/SP. Rel. Ministra Nancy Andrighi. Terceira Turma. Julgado em 20.10.2020, *DJe* 26.10.2020).

[192] SÁNCHEZ-EZARRIAGA, Luiz Zarraluqui. *GPS – Derecho de família*. Valencia Tirant Lo Blanch. 2020, p. 334-335.

142 | ALIENAÇÃO PARENTAL • Ana Carolina Carpes Madaleno e Rolf Madaleno

assim reconhece como filho a pessoa que ele não gerou, e esta pessoa age desta forma movida pelo sentimento afetivo que nutre pela mãe do filho por ele falsamente reconhecido, contudo, como descreve María Susana Quicios Molina, uma vez desaparecido este amor, também desaparece o vínculo do reconhecido com o reconhecedor, que se desligam e que fisicamente se dissociam, isso quando o registro não foi realizado apenas para entorpecer o correto desenvolvimento de um processo de declaração de paternidade iniciado pelo verdadeiro progenitor, ponderando a referida autora ser altamente questionável que este filho legitimado deixe de sê-lo quando o reconhecedor muda de ideia.[193]

Para uma *parentalidade socioafetiva* que, obrigatoriamente, se sobrepõe à parentalidade biológica, como reiteradamente afirmado, prevalece a máxima de que progenitor é quem cria e não quem procria e esta máxima enlaça as duas primeiras espécies de filiações (social e biológica) com a filiação registral, que simplesmente fecha esta tríade da filiação – afeto, presunção e registro.

4.14.3 A pluriparentalidade

Embora o registro tenha *vida própria* ou autonomia para representar a publicidade de qualquer uma das outras filiações que podem ser averbadas individualmente ou em coexistência com a *pluriparentalidade* ou *multiparentalidade*, para usar uma palavra sinônima, o Supremo Tribunal Federal, a partir do Recurso Extraordinário 898.060/SC, julgou em repercussão geral a viabilidade da filiação multiparental e para tanto baixou a referida tese do Enunciado 622.

Christiano Cassettari trouxe algumas pertinentes preocupações provenientes da aceitação incondicional da multiparentalidade, também destacadas por J. M. Leoni Lopes de Oliveira acerca dos fatos de que: a) a pluriparentalidade se dá independentemente de acordo; b) não há hierarquia entre a filiação biológica e a filiação socioafetiva; c) a parentalidade socioafetiva se dá, "declarada ou não em registro público", isto é, podendo decorrer exclusivamente de situação fática que a comprove; d) o reconhecimento de paternidade socioafetiva não impede "o reconhecimento do vínculo de filiação concomitante baseado na origem biológica"; e) o reconhecimento de pluriparentalidade determina seus "efeitos jurídicos próprios".[194]

Na sequência, J. M. Leoni Lopes de Oliveira[195] questiona as consequências jurídicas da aceitação incondicional da multiparentalidade e atinentes a temas como: a) a emancipação voluntária do filho e a quem cabe decidi-la; b) a autorização para o casamento do filho maior de dezesseis e menor de dezoito anos de idade, e novamente, a quem cabe outorgar esta concessão; c) a representação judicial e extrajudicial do filho menor, e outra vez, quem será seu representante; d) o usufruto e a administração dos bens do filho menor serão exercidos por qual dos progenitores, bastando ter presente uma situação conflituosa de uma multiparentalidade em que a criança tem dois pais, um genético que é o amante da esposa e o esposo que é o pai registral da criança; e) a alienação de bem imóvel do filho; f) a nomeação de tutor caberá a qual dos progenitores; g) com a perda do poder familiar, ela será exercida por qual

---

[193] MOLINA, Maria Susana Quicios. *Determinación e impugnación de la filiación*. Navarra: Thomson Reuters/ Aranzadi, 2014. p. 166-167.

[194] CASSETTARI, Christiano. *Multiparentalidade e parentalidade socioafetiva. Efeitos jurídicos*. 3. ed. São Paulo: Atlas, 2017. p. 255 e s., *apud* OLIVEIRA, J. M. Leoni de. *Direito civil. Família*. Rio de Janeiro: Forense, 2018. p. 319.

[195] OLIVEIRA, J. M. Leoni Lopes de. *Direito civil. Família*. Rio de Janeiro: Forense, 2018. p. 320.

dos distintos progenitores; h) a responsabilidade civil dos pais será solidária entre os multi-facetários genitores; i) os alimentos serão devidos por todos e a todos os pais e o filho poderá ser eventualmente obrigado a atender e responder ações alimentares ajuizadas por todos seus progenitores; j) e os direitos sucessórios serão igualmente múltiplos.

Flávio Gonçalves Louzada traz outra linha adicional de preocupações com a aceitação irrestrita da multiparentalidade, ao escrever que: "a cumulação do critério biológico e socioafetivo necessita de uma análise mais aprofundada, principalmente quando se busca o reconhecimento da paternidade *post mortem*, uma vez que não há mais a menor possibilidade prática para se desenvolver vínculos afetivos paterno-filiais, pois pode-se deduzir que aquele que busca este reconhecimento de paternidade biológica sem ao menos existir qualquer vínculo jurídico afetivo, estaria aqui caracterizado unicamente o interesse patrimonial a alimentos e ao direito sucessório".[196]

Enfim, importa extrair destas diversas manifestações doutrinárias a conclusão de que o reconhecimento puro e simples de uma pluriparentalidade não pode restar assim tão serenamente pacificado consoante a interpretação descomedida que lhe deu o Supremo Tribunal Federal, ainda que não de maneira uniforme diante do desencontro das decisões de seus componentes julgadores, como se o princípio da afetividade estivesse acima do bem e do mal e como se a tese reconhecida em Repercussão Geral 622 do STF tivesse realmente a extensão que lhe atribuem indistintamente a doutrina e jurisprudência.

Quais limites devem ser impostos à filiação plúrima, que se tornaria um campo fértil para a habilitação e ingresso do registro de filiação socioafetiva de todos os *pais*, que porventura tivessem desenvolvido com a mãe do infante uma convivência estável e construído uma relação de padrasto ou de madrasta com o menor? E qual sentido teria o ato de admitir uma paternidade dúplice de uma esposa que traiu o marido, teve um filho extraconjugal e trouxe para convívio com o filho registral a figura do pai biológico, seu amante, fruto da traição, agora com direito à averbação do seu nome na certidão de nascimento da criança que já tem como pai registral o marido de sua progenitora, e uma ampla convivência, sendo consignado aos olhos de todos e na certidão de nascimento o registro vitalício do ato de adultério da esposa e mãe, causando incontroverso constrangimento ao marido e ao filho? Portanto, deve ser ponderado qual o proveito ao menor diante da interferência de um terceiro progenitor na vida de uma criança ou adolescente que vive sob o abrigo de seus pais, chamando o pivô de um adultério para o exercício da paternidade adulterina que quase destroçou o casamento dos seus progenitores, e que benefício a sua aparição gerará ao menor, cuja declaração de ascendência judicialmente reivindicada atenta contra os valores, a honra e os sentimentos daquele que registrou o filho nascido de seu casamento. Ou, em outro viés fático, que efetivo benefício trará ao infante transformar em genitor pluriparental aquela pessoa que, sendo ex-parceiro do ascendente biológico de um infante, sempre foi e agiu como seu padrasto ou como madrasta durante a convivência fática ou legal, mas que agora requer em juízo a condição de progenitor multiparental de uma criança ou de um adolescente de quem sempre foi padrasto ou madrasta, e de uma criança que realmente nunca foi sua, e que muito menos deveria ser sua depois da separação do casal, como se a ruptura servisse como marco de mutação de um parentesco meramente afim para uma vinculação parental.[197]

---

[196] LOUZADA, Flávio Gonçalves. *O reconhecimento da multiparentalidade pelo STF*: o interesse patrimonial em detrimento do afeto. Curitiba: CRV, 2019. p. 79.

[197] MADALENO, Rolf. *Direito de Família*. 10. ed. Rio de Janeiro: Forense, 2020. p. 526-527.

4.14.4 O caos da atual pluralidade da filiação nos vínculos de padrastio ou madrastio

O fundamento da pluriparentalidade da filiação termina por considerar o arbítrio de cada julgador em cada momento histórico, dependendo daquilo que for levado em linha mestra de importância, ponderando valores como a verdade biológica, a vontade dos interessados e as relações sociais desenvolvidas, com ou sem a preexistência de algum vínculo registral, e principalmente considerando as precedentes e claras relações de madrasta e padrasto porventura existentes. Crianças podem ter sido criadas em ambiente poliafetivo, por exemplo, de um homem e duas mulheres, e criando com o tempo laços idênticos aos de uma filiação com os três mínimos personagens, que configuram a multiparentalidade sempre presente quando existem mais de duas pessoas, sendo aceito pela jurisprudência brasileira a filiação multiparental, que contraria em termos comparativos a sólida legislação argentina, que, embora suporte todas formas de filiação, seja ela natural, oriunda de técnicas de reprodução humana assistida ou por adoção, mas, em qualquer delas impõe que nenhuma pessoa pode ter mais de dois vínculos filiais (Código Civil y Comercial, art. 558), e se for reclamada uma filiação que importa em deixar sem efeito uma outra filiação anteriormente estabelecida, deve ser prévia ou simultaneamente exercida a correspondente ação de impugnação (Código Civil y Comercial, art. 578).

Sucede de modo diferente no Direito brasileiro, que admite a multiparentalidade constituída por vários pais, destacando Rodrigo da Cunha Pereira, como sendo os mais comuns, os casos de padrastos e de madrastas que também se tornam pais e mães pelo exercício das funções paternas e maternas, ou em substituição aos progenitores,[198] embora admita existir uma tênue linha de distinção entre as figuras dos pais em comparação aos padrastos e às madrastas.[199] Neste mar de famílias mosaicas ou recompostas, seria caótico se os tribunais passassem a viabilizar o reconhecimento investigatório, unilateral e resistente de uma filiação socioafetiva proveniente da convivência de um padrasto ou de uma madrasta com os filhos da atual esposa ou companheira, marido ou companheiro, pois que, induvidosamente, geraria uma completa pandemia sociofamiliar, porque casais passariam a temer sua convivência com os filhos de seu novo parceiro, eis que a simples coabitação sob o mesmo teto seria o ponto de partida da exigência ou o requisito para reivindicar em juízo, via investigatória de filiação

---

[198] "Apelação Cível. Ação de reconhecimento de maternidade *post mortem*. Multiparentalidade. Sentença de improcedência. Insurgência. Preliminar de cerceamento de defesa afastada. Inteligência do art. 357, § 6º e § 7º do CPC. Mérito. Acolhimento. Filiação socioafetiva que constitui modalidade de parentesco civil. Inteligência do art. 1.593 do CC. Princípio da afetividade jurídica que permite, conforme o entendimento do STJ, a coexistência de relações filiais ou a denominada multiplicidade parental. Reconhecimento que exige a necessidade de tratamento como se filho fosse e o conhecimento público dessa condição. Precedentes da Corte Superior. Hipótese dos autos em que a filiação socioafetiva está comprovada. Partes que tiveram relação materno-filial por 36 anos, após o falecimento da mãe biológica do autor e em decorrência da união estável mantida com seu pai. Elementos dos autos, tais como testemunhas, fotos e documentos, uníssonos no sentido de que as partes sempre se trataram como mãe e filho, de forma pública e notória, nutrindo afeto mútuo. Sentença reformada para reconhecer o vínculo de filiação socioafetiva entre as partes, determinando-se, em consequência, a inclusão do vínculo de filiação materna junto ao assento de nascimento do autor, sem prejuízo daqueles já registrados, bem assim as demais averbações pertinentes a este parentesco. Retificação do polo passivo para constar o espólio da falecida M.P. Recurso Provido, com observação" (TJSP. Apelação Cível 1006090-70.2019.8.26.0477. Terceira Câmara de Direito Privado. Relatora Desembargadora Viviani Nicolau. Julgado em 02.02.2021).

[199] PEREIRA, Rodrigo da Cunha. *Direito das famílias*. Rio de Janeiro: Forense, 2020. p. 377.

socioafetiva, os vínculos parentais que, em regra, são reservados somente aos pais, apenas surgindo outros progenitores quando os precedentes são destituídos do poder familiar, ou, se não são destituídos, no sistema jurídico brasileiro eles acumulam suas funções parentais com os denominados vínculos pluriparentais.

A larga aceitação da pluriparentalidade levaria à situações esdrúxulas e absurdas diante da possibilidade unilateral de ser judicialmente reivindicado um vínculo socioafetivo litigioso e sobremodo resistido, pois um padrasto poderia conviver alguns anos com dois ou três filhos de sua atual esposa ou companheira, tratá-los todos de forma equânime, ser gentil, carinhoso, atencioso e afetivo com todos seus enteados e de todos ter sido provedor, mas teria a faculdade de ajuizar vínculos de paternidade socioafetiva escolhendo somente um deles e não todos os filhos da sua ex-companheira, sendo que de todos ele foi o padrasto e não o verdadeiro pai. Padrastos precisam continuar sendo considerados como parentes afins e disto não passam, e nem há porque ser diferente o comportamento de um padrasto ou de uma madrasta, salvo que se sintam ameaçados pela viabilidade de processos judiciais investigatórios de vínculos multiparentais, com altíssima probabilidade de provimento e em completa inversão dos papéis tradicionalmente desempenhados. Ao invés de pai ou de padrasto o investigado socioafetivo poderia ter sido um amigo, como talvez possa ser considerada como uma relação de cuidado e de amizade a instituição do apadrinhamento, onde ninguém ousa atribuir uma filiação socioafetiva a quem dá amor e abrigo aos órfãos de pai e de mãe, e estas são, sim, novas formas de parentalidade que não destroem e nem desfiguram as configurações de parentesco consagradas pelo Código Civil, como sucede com o parentesco por afinidade de quem não é pai e nem mãe, mas que unicamente toma a si os cuidados para com os filhos alheios, pela convivência e pela proximidade, por vezes até com um necessário poder de mando quando o pai é ausente, mas se trata de um padrasto ou de uma madrasta que exerce uma mera função parental e não uma relação de filiação de bipaternidade ou de bimaternidade.

É clássica a diferença crucial entre *parentesco* e *parentalidade*, em que o *parentesco* inscreve o indivíduo em uma genealogia; o une a uma família utilizando a filiação como vetor e nele resulta fundamental o papel dos sexos, ao contrário da *parentalidade*, que é uma função que cumprem algumas pessoas adultas aportando à criança e ao adolescente meios materiais, educativos e afetivos, mas esta relação não passa por uma filiação e tampouco vem obrigatoriamente marcada pela união de um dos progenitores com o padrasto ou com a madrasta de famílias recompostas, na qual os padrastos são legal e juridicamente estranhos em relação à criança ou ao adolescente, pois ocupam funções de parentalidade, dissociados dos vínculos de um pai ou de uma mãe biológicos,[200] e até mesmo dos pais socioafetivos de uma adoção à brasileira. Sendo os pais os cotitulares e titulares da função paterna, tampouco os demais parentes e membros da família possuem direitos de autoridade parental, existindo outras configurações familiares que não devem e nem precisam ser readequadas, pois funcionam como são e como são reconhecidas pela lei, como ocorre com as figuras jurídicas dos padrastos e das madrastas, dos enteados e das enteadas, e esta deve ser a maneira legal e fática de enfocar a conformação familiar vivenciada pelos padrastos, madrastas, enteados e enteadas, pois que a presença cotidiana de um padrasto ou de uma madrasta na vida de uma criança ou de um adolescente permite desfrutar na prática de uma situação privilegiada e, em certas ocasiões, eles desempenham um importante papel na educação dos enteados, mas enteados e padrastos e enteadas e madrastas carecem de um vínculo legal de parentalidade com efeitos de poder familiar, dado que a lei não lhes outorga

---

[200] HAYA, Silvia Tamayo. *El estatuto de los padrastros. Nuevas perspectivas jurídicas*. Madrid: Sciencia Iuridica, 2009. p. 23.

nenhum direito específico, lembrando que até para um padrasto adotar um enteado precisa da autorização do genitor biológico.

A família reconstituída é uma unidade que realiza igualmente as funções atribuídas ao grupo familiar, e muitas das atribuições que dela derivam se assemelham aos que produzem o conjunto familiar biológico, mas isto não atribui um lugar especial e particular aos adultos que se ocupam da parentalidade dos filhos de seus parceiros, e desta realidade se ocupa o legislador brasileiro em todas as edições do Código Civil, ao regular os vínculos de parentesco por afinidade, que eram em menor número quando só as viúvas casavam novamente, mas que cresceram com a implementação do divórcio, de modo que as obrigações do primeiro matrimônio não se estendem à família recomposta do segundo casamento ou de uma união estável, onde cada membro destas famílias recompostas tem suas funções claramente delimitadas, inclusive pela legislação em vigor, em que tanto o padrasto como a madrasta tem cada um deles um dever constitucional de proteção da sua própria e nova família que foi constituída, como em relação à família e aos filhos dos outros com os quais agora convive exercendo um parentesco de afinidade e que tem seus próprios e definidos papéis, e cujos vínculos não podem ser usurpados com a banalização das relações de parentesco biológico, socioafetivo e oriundos da simples, mas importante, relação de afinidade.

4.14.5 A alienação parental na multiparentalidade

Tem absoluta pertinência a observação doutrinária colacionada por Filipa Daniela Ramos de Carvalho quando assevera que os menores, outrora alheados do mundo adulto, começam muitas vezes, consciente ou inconscientemente, a ser nele envolvidos sem pedirem ou desejarem e sem o entenderem, servindo de fundamento para as agressões verbais e para as chantagens emocionais trocadas entre os seus progenitores. Assim, o incumprimento sucessivo dos regimes de regulação das responsabilidades parentais e a alegação de fatos falsos ou a distorção da verdade servem constantemente para obstar ao cumprimento da convivência entre o progenitor não guardião e o menor, e muitas destas forçosas ausências, com ensaios de abandono afetivo se associam aos casos de manipulação e de pressão psicológica sobre menores – a alienação parental.[201]

De fato, o nefasto ato de alienação parental guarda em seu bojo muito desta relação familiar mal resolvida e prenhe de ressentimentos nos quais, de algum modo ou de certa forma, os atos conscientes ou irrefletidos de completa rejeição ou de desprezo pela prole que deveria ser destinatária, com absoluta prioridade, de toda e qualquer proteção da família, em especial dos pais, da sociedade e do Estado, termina sendo justamente desprotegida e desconsiderada por aqueles que lhes são mais próximos, de quem os filhos esperam proteção, e com os quais guardam o nato sentimento de acolhimento e de amparo, mas cujos objetivos naturais são facilmente esquecidos por pais que perdem a noção dos seus mais sagrados deveres de proteção, que ficam relegados para um segundo plano ou para outra e oportuna intenção, posto que, em dado momento de suas vidas, pais são afligidos pela tortura emocional da indesejada ruptura de seus vínculos conjugais, e, amargurados por suas frustrações afetivas encontram no sofrimento da prole a mensagem endereçada ao parceiro perdido pelo desamor, e cogenitor da prole comum, e que padece pela dor de seus filhos, a exata redenção de suas desilusões pessoais.

---

[201] CARVALHO, Filipa Daniela Ramos de. *A (síndrome de) alienação parental e o exercício das responsabilidades parentais*: algumas considerações. Coimbra: Coimbra Editora, 2011. p. 51.

A alienação parental consubstancia-se em um distúrbio caracterizado pelo conjunto de sintomas resultantes do processo pelo qual um progenitor transforma a consciência dos seus filhos mediante diferentes estratégias, com o objetivo de impedir, obstaculizar ou destruir seus vínculos com o outro genitor,[202] enquanto, para Gustavo Tepedino e Ana Carolina Brochado Teixeira, a alienação se concretiza por meio de um processo que objetiva influenciar os filhos para impactar negativamente os vínculos afetivos dos menores contra o outro genitor, e acrescentam que essas condutas se efetivam através do exercício do poder familiar, vínculo propulsor da criação e do fortalecimento de relação de confiança entre pais e filhos, a fim de neutralizar o exercício da autoridade parental do genitor não guardião, ou daquele que tem menos influência sobre os filhos.[203]

Contudo, a prática da alienação parental não é primazia dos pais ou daqueles que detém o poder familiar, conquanto também pode ser praticada por qualquer pessoa que, de alguma forma exerce sobre o infante (ou sobre uma pessoa idosa), qualquer controle ou ato de autoridade que seja capaz de influenciar sobre o modo de agir e de querer da pessoa alienada, mesmo porque, a Lei da Alienação Parental considera a ocorrência e autoria da *alienação parental* a interferência promovida por um dos genitores, pelos avós ou pelos detentores da guarda na formação psicológica da criança ou do adolescente, logo, não se restringe aos atos de alienação praticados apenas pelos progenitores, que até podem ser os mais frequentes, mas que não são os únicos, porquanto, a vontade de que uma criança ou um adolescente repudie algum dos seus genitores, pode ser motivação externada por terceiros que não somente os pais do alienado, mas cometidos por pessoas que detenham a guarda ou que atuem diretamente sobre a formação psicológica do infante (LAP, art. 2º), ou que sob algum aspecto, se ainda não exercem esta ascendência, possam vir a exercê-la, encaixando-se no rol de alienadores que manipulam a vontade da criança ou do adolescente, dissimulando sua participação direta, que faz parecer ser desejo do menor distanciar-se do outro genitor ou de algum dos seus genitores e mais pessoas, além dos pais se apresentam e podem ser os agentes ativos destes atos de alienação parental, também passíveis de serem realizados por avós, cuidadoras, madrastas e padrastos, ou de infantes criados em lares poliafetivos e seus múltiplos genitores, como assim, por vezes também sucede em ações judiciais que, em nome de uma multiparentalidade justamente desfeita com o fim traumático de uma relação amorosa buscam a declaração de uma multiparentalidade como mero prenúncio da tragédia grega *Medeia e Jasão* de Eurípedes, "na medida em que os movimentos da alma amargurada de Medéia são os mesmos de uma mulher que, na atualidade, vê ruírem seus sonhos e projetos de uma vida em comum".[204]

Embora os casos mais frequentes sejam de pais que, em razão da conjugalidade, utilizam o filho como instrumento de vingança para atingir o outro progenitor, a busca deste objetivo, que claramente confunde conjugalidade e parentalidade,[205] pode muito bem ser o objetivo de um terceiro que vive ou não uma triangulação amorosa, ou provocada por madrastas ou padrastos que se separam e, movidos por um desejo de desforra, compulsivos sentimentos de abandono, de raiva ou de um amor reprimido, externam comportamentos patológicos ou um

---

[202] CARVALHO, Filipa Daniela Ramos de. *A (síndrome de) alienação parental e o exercício das responsabilidades parentais*: algumas considerações. Coimbra: Coimbra Editora, 2011. p. 52.

[203] TEPEDINO, Gustavo; TEIXEIRA, Ana Carolina Brochado. *Fundamentos do direito civil. Direito de família*. Rio de Janeiro: Forense, 2020. v. 6, p. 325.

[204] LEITE, Eduardo de Oliveira. *Alienação parental. Do mito à realidade*. São Paulo: Revista dos Tribunais, 2015. p. 39.

[205] TEPEDINO, Gustavo; TEIXEIRA, Ana Carolina Brochado. Ob. Cit. p. 326.

ato de simples, mas calamitosa imaturidade, dado que nesta convulsão de emoções, pais, mães, padrastos e madrastas que racionalmente não pensam nos seus filhos ou enteados, os usam apenas como instrumento de manobra para destruírem psicologicamente o seu ex-parceiro, ou para obterem a sua atenção exclusiva, senão como forma de manter a figura ainda amada em permanente contato ao usurpar do ex-parceiro os vínculos afetivos do seu próprio filho, quando, por exemplo, a ex-companheira ingressa em juízo reivindicando a guarda unilateral ou até mesmo a guarda de referência do seu enteado, sob o argumento de haver criado o menor enteado como se fosse a sua própria genitora, tendo substituído em tempo, dedicação e carinho a mãe biológica do menor que se afastou do filho porque faleceu ou porque perdeu sua guarda para o pai, que depois constituiu uma nova família com a madrasta que agora ajuíza sua ação de reconhecimento de multiparentalidade e reivindica a posse do filho biológico do seu ex-companheiro, movida somente pelo claro ou dissimulado, mas único propósito de afastar a criança do(s) seu(s) progenitor(es) biológico(s), mantendo o infante sob a sua autoridade, guarda ou vigilância e assim logrando repudiar o genitor de quem se separou, ou que desta madrasta tenciona se separar.

Este genitor genético que teve a ousadia de romper sua nova convivência enfrenta extensa e exaustiva ação judicial ajuizada por esta madrasta, ou por este padrasto alienador, que usa e confunde o argumento da conjugalidade como se a sua precedente função de madrasta ou de padrasto tivesse gerado relações de parentalidade, mas, como já salientado, tem como único e verdadeiro objetivo ferir a pessoa que o alienador ainda ama, tirando-lhe a custódia do próprio filho, tal como procedeu Medéia ao punir seu marido infiel fazendo dos filhos o inocente instrumento de sua terrível vingança e para que o pai biológico sofra o vazio da distância e do isolamento.[206] Com a existência do processo de declaração de multiparentalidade e um pedido de guarda unilateral ou compartilhada, mas com residência de referência da madrasta que subitamente quer ser mãe, logra a alienadora impedir que a figura amada se afaste física e psicologicamente, eis que, ao lhe causar este profundo prejuízo no estabelecimento e na integral manutenção dos seus vínculos com o seu próprio filho, o alienador usa o filho alheio para obstar ou atrapalhar sua função paternal e assim manter o ex-parceiro não somente perto, ainda que emocionalmente distante, mas psicologicamente corroído.[207]

Afigura-se extremamente perigosa a manipulação judicial de uma guarda e convivência familiar entre dois pais ou duas mães reconhecidos em ação litigiosa declaratória de uma

---

[206] LEITE, Eduardo de Oliveira. Ob. cit. p. 40.

[207] "1. Agravo de Instrumento. Ação de guarda. Falecimento da genitora. Infante sob os cuidados do pai biológico e da companheira. Mãe socioafetiva. Exercício da guarda regular. Posterior separação. Disputa da guarda entre o genitor e a mãe socioafetiva. Preferência do genitor. Ausência de condutas desabonadoras. Estudo social e psicológico conclusivo sobre a capacidade de exercício dos deveres de pai. Princípio do melhor interesse do menor. Regulamentação da guarda unilateral provisória. Recurso provido. 1.1. A guarda dos filhos, nos termos do nosso ordenamento jurídico, é um dever dos pais de assistência educacional, material e moral, decorrente do poder familiar conforme previsão dos artigos 1.630 e 1.638 do Código Civil, a ser cumprido no interesse e em proveito do filho menor, de modo a atender o princípio constitucional de uma vida digna, insculpido no art. 1°, inciso III da Constituição Federal. 1.2. A guarda deve ser concedida em atendimento ao princípio do melhor interesse da criança, de modo a ser resguardado o seu desenvolvimento como ser humano complexo. 1.3. *In casu*, a criança está sob os cuidados do pai desde o falecimento de sua genitora e, ainda que seja um pai ocupado por estar cursando o último ano do curso de medicina, de acordo com os laudos de estudos sociais apresenta vínculo afetivo com a criança. Ademais, não há elementos que o desabonem, por isso não se mostra adequada a retirada da criança do seio familiar natural" (Agravo de Instrumento 0004286-47.2020.8.27.2700 do TJET. Relator Dr. Ricardo Ferreira Leite. Julgado em 21.10.2020).

ascendência de multiparentalidade, amplamente aceita pela relevante doutrina brasileira, como refere Ricardo Calderón, ao escrever ser factível o compartilhamento da guarda nos casos de multiparentalidade, ainda que isso implique envolver três pessoas nessa divisão, parecendo não haver impeditivo para tal compartilhamento entre três ou mais pessoas, embora isso possa importar em uma maior complexidade e demandar maior reflexão doutrinária e jurisprudencial dos familiaristas.[208]

E, com efeito, que a declaração judicial de multiparentalidade, seja ela em prol do amante que é o pai biológico de filho havido por adultério da esposa e registrado pelo marido por presunção de paternidade (Código Civil, art. 1.597), seja em decorrência de uma relação de madrastio ou de padrastio, importa perfilhar que o reconhecimento precipitado da relação de multiparentalidade pode ser alvo de infaustos efeitos jurídicos, nos quais os filhos são usados como veículos de desagravo dos pais ou de terceiros, que se deixam tomar pelo mais puro ódio e onde justamente os adultos é que deveriam ser ponderados, equilibrados e responsáveis pela saudável formação de seus filhos e enteados, mas que, de forma egoísta e infantil, acabam por corromper covardemente a inocência das crianças e adolescentes ao se utilizarem por vingança e desejos escusos da alienação parental.[209]

Acaso realmente existisse este propalado vínculo de pai e filha e não de padrasto e de enteada, seria mais lógico e coerente que ambos buscassem formalizar este vínculo durante a convivência e não durante a tramitação de um processo litigioso de divórcio ou de dissolução de uma união estável, como seria mais coerente que estes propalados vínculos transitassem pelo cartório civil de nascimentos e não em uma vara de família, e muito menos em caráter litigioso, permitindo e até obrigando a questionar se um litígio entre personagens vivos e sentimentalmente distantes verdadeiramente inspira e exterioriza uma relação de amor paterno e filial ou se apenas comprova que entre os litigantes que guardam em sua origem um parentesco de afinidade obviamente nunca pretenderam transmutá-lo em um parentesco socioafetivo, muito menos em tempos de crise e se a toda evidência assim não agiram em momentos de harmonia, nada indica e orienta que devam considerá-la quando os vínculos foram definitivamente desfeitos.

Não foi por outra razão que o Conselho Nacional de Justiça editou o Provimento 83, de 14 de agosto de 2019, para corrigir os abusos que ocorriam em razão do Provimento CNJ 63/2017, em função da possibilidade e não da obrigatoriedade de reconhecimento voluntário da paternidade perante o oficial de registro civil das pessoas naturais e ante o princípio da igualdade jurídica e de filiação de reconhecimento voluntário da paternidade ou maternidade socioafetiva, dispondo profundas modificações no Provimento CNJ 63/2017 e ordenando que a paternidade ou maternidade socioafetivas devam se originar de vínculos estáveis, que devem ser socialmente exteriorizadas, como se filhos efetivamente fossem e não como se fossem enteados ou enteadas com o obscuro desejo unilateral de ser genitor dos filhos dos outros (Provimento CNJ 83/2019, art. 10).

Nem mesmo o registrador pode atestar a existência do vínculo afetivo da paternidade ou de uma maternidade socioafetiva requerida consensualmente por ambas as partes, sem ele se certificar da efetiva existência do liame afetivo, mediante a apuração objetiva realizada pela verificação de elementos concretos que identifiquem existir uma concreta relação de filiação socioafetiva, pois que, para o registrador é necessário atestar com elementos cabais a veracidade da afirmação e não há motivo algum para que o juiz de direito opere de forma diferente, apenas

---

[208] CALDERÓN, Ricardo. *Princípio da afetividade no direito de família.* 2. ed. Rio de Janeiro: Forense, 2017. p. 230.

[209] MADALENO, Ana Carolina Carpes; MADALENO, Rolf. *Alienação parental. Importância da detecção. Aspectos legais e processuais.* 7. ed. Rio de Janeiro: Forense, 2021. p. 97.

para que uma madrasta ou um padrasto receba de cortesia a presunção de filiação no lugar da evidente relação de parentesco por afinidade existente entre padrasto/madrasta e enteada/enteado.

Prescreve o artigo 10-A do Provimento CNJ 83/2019, editado para alterar o artigo 10 do Provimento CNJ 63/2017 e acrescentar o artigo 10-A e assim evitar excessos e simulações de socioafetividade, que o requerente tem o dever de demonstrar a afetividade por todos os meios em direito admitidos, ou seja, precisa no mínimo promover uma saudável e razoável cognição probatória de alegação de filiação socioafetiva no lugar do parentesco de afinidade afim que naturalmente decorre de uma família mosaica, e complementa que, eventual dúvida referente ao registro deverá ser remetida ao juízo competente para dirimi-la, posto que uma enteada que nunca foi confundida como filha e que nunca foi querida como filha, mas que ao revés, sempre foi tratada e havida como enteada, e que tem um pai e uma mãe biológicos, com o correspondente registro biparental de filiação e ascendência, não necessita de outra progenitora em assunção multiparental, agindo em sua vida como se a criança fosse sua filha e não sua enteada. Namoros e noivados não são uniões estáveis, famílias coparentais não são famílias conjugais, tal qual como doadores anônimos de material genético não são pais, tampouco padrastos e enteados são parentes socioafetivos, pois continuam e devem continuar sendo, como a lei as enxergam, como parentes por afinidade, com suas relevantes, mas limitadas funções, onde cada um deles tem e cumpre suas diferentes funções familiares.

Não compete ao Poder Judiciário desconstruir e até talvez extinguir outras instituições jurídicas, algumas delas como a do parentesco por afinidade, expressamente previstas em lei, existindo uma brutal diferença entre titularidade e exercício da responsabilidade parental, pois um padrasto pode ter em razão da sua presença diuturna e do carinho e afeição que pode nutrir pela filha de sua companheira, sua enteada por definição legal, o exercício efetivo dos cuidados que se assemelham aos de um pai ou de uma mãe, mas, definitivamente, não têm a titularidade desta função, cuja responsabilidade compete ao progenitor genético da enteada, com independência e indiferente de que esteja fisicamente próximo ou não, vale dizer, presente ou ausente, e tanto a legislação distingue estas funções que as prevê no artigo 1.595 do Código Civil, ao tratar dos vínculos de afinidade, e que tampouco se extinguem na linha reta com a dissolução do casamento ou da união estável, que são, sim, ligações familiares, assim definidas por lei, mas que estão muito atrás dos vínculos dos pais biológicos e igualmente socioafetivos, não havendo nenhuma necessidade de acumular unilateralmente estas funções e muito menos em ações judiciais movidas durante a ruptura da família recomposta e definitivamente desfeita.

Neste mar de famílias mosaicas ou refeitas seria caótico se os tribunais passassem a viabilizar o reconhecimento investigatório unilateral e resistente de uma filiação socioafetiva e multiparental, proveniente de uma inseparável convivência do padrasto com os filhos e com seus enteados, estes filhos da sua atual esposa ou companheira, ou do seu atual marido ou companheiro, pois que, induvidosamente, geraria uma completa pandemia sociofamiliar, porque casais passariam a temer sua convivência com os filhos de seu novo parceiro, eis que a simples coabitação sob o mesmo teto seria o ponto de partida de exigência, ou o único pressuposto para reivindicar em juízo, via investigatória de filiação socioafetiva, os vínculos parentais que, em regra, somente são reservados aos pais, surgindo outros progenitores quando os verdadeiros são abruptamente destituídos do seu poder familiar.

Os fatos levariam à situações esdrúxulas e absurdas, diante da possibilidade unilateral de ser reivindicado um vínculo socioafetivo litigioso e resistido, pois um padrasto poderia, por exemplo, conviver alguns anos com dois ou três filhos de sua atual esposa ou companheira, tratá-los todos de forma equânime, sendo gentil, carinhoso, atencioso e afetivo com todos, e não há porque ser diferente o comportamento de um padrasto ou de uma madrasta, e pretender ser progenitor socioafetivo de somente um deles, deixando "órfãos" os demais irmãos. A tão-só possibilidade aberta pela multiparentalidade de que pais biológicos possam ser assediados por antigos parceiros que exerceram funções parentais de afinidade, só diante desta possibilidade já permitiria que se sentissem permanentemente ameaçados pelo circunstancial ingresso de ações judiciais de investigação de ascendência socioafetiva e com altíssima probabilidade de provimento, em completa inversão dos papéis desempenhados.

E como se descumbiria uma decisão judicial em que somente um dos três enteados promove a investigatória de filiação socioafetiva, onde este padrasto seria pai sociafetivo de apenas um dos seus três enteados, talvez daquele pelo qual guardasse mais empatia, carinho ou afinidade, continuando como padrasto dos dois outros enteados que não ingressaram no polo ativo ou passivo de uma investigatória de filiação socioafetiva.

O Poder Judiciário chegaria ao absurdo de ter de baixar algum regulamento, talvez por novo Provimento do Conselho Nacional de Justiça, ordenando que a cada família reconstituída pelo casamento também as certidões dos filhos (enteados e enteadas) teriam de passar pelo competente registro, agregando no assento da prole a figura de um novo pai ou de uma nova mãe socioafetiva, conquanto os enteados ou enteadas estivessem morando juntos com esta nova família mosaica e reconstituída, e quando terminar a relação afetiva dos adultos os vínculos se tornam irreversíveis apesar do plausível arrependimento de haver adotado como filhos socioafetivos seus enteados, sendo certo que cada vez menos os filhos biológicos convivem com seus pais, mas que convivem com terceiros ou com padrastos e madrastas, mas serão então todos eles havidos como pais socioafetivos?

O Direito de Família brasileiro ainda não está assim perigosamente tão flexível, a ponto de gerar uma profunda instabilidade para as famílias recompostas com filhos de relacionamentos anteriores e cuja prole passará a ser segregada, pois, salvo melhor juízo, não pode o Poder Judiciário transformar em parentes socioafetivos todas aquelas pessoas que foram madrastas ou padrastos de filhos dos seus companheiros ou novos cônjuges e, justamente quando desfeita a relação conjugal, ou a união estável de uma família recomposta.

Um vínculo de afinidade não pode unicamente por isto, conferir um vínculo maior do que realmente sempre existiu, de quem sendo madrasta ou padrasto mantém, obviamente, conexões mais próximas com seus enteados ou enteadas, e nem podem padrastos e madrastas ser comparados como terceiros estranhos, eis que, ainda que não tenham um vínculo de parentesco genético, não foram pessoas estranhas aos enteados, mas tampouco se trata de pessoas que detenham o poder familiar sobre os filhos biológicos de seu consorte ou companheiro, porém, também é certo que algumas destas faculdades contidas no âmbito das responsabilidades parentais terminam sendo confiadas aos padrastos e às madrastas, que são, como largamente referido, parentes por afinidade, e com expressa previsão legal prevendo suas funções e existências, e quando eles mantêm os filhos alheios no domicílio familiar, tacitamente estão aceitando uma série de responsabilidades e adquirindo faculdades inerentes à função de padrasto ou de madrasta, mas nem por isto se tornam pais ou mães de seus enteados e enteadas, tal qual o ordenamento jurídico brasileiro tampouco reconhece a possibilidade de delegação das funções parentais a terceiros,[210] com a delegação do poder familiar, afigurando-se pouco espontâneo que casais rompidos e ressentidos busquem justamente na crise e no litígio os elos paternos ou maternos e que na prática jamais exerceram

---

[210] HAYA, Silvia Tamayo. *El estatuto jurídico de los padrastros. Nuevas perspectivas jurídicas.* Madrid: Editorial Reus, 2009. p. 175.

durante a convivência amorosa e familiar, ou que jamais exercerão depois de dissolvida a família mosaica.

A ruptura familiar retira de forma automática, natural e espontânea a aura de uma relação familiar que sempre foi mantida com cada um dos seus personagens exercendo a sua função peculiar de pais biológicos, padrastos e de madrastas, não existindo espaço para que parceiros que sempre tiveram um parentesco por afinidade, se convertam em genitores socioafetivos que usurpam os filhos dos outros em nome de uma relação que se desfez e de um vínculo social e afetivo que nunca se impôs no auge harmônico da relação familiar, e neste cenário de evidências, salta aos olhos um dissimulado desejo de uma alienação parental exercida através de uma ação de declaração de investigação de paternidade ou de maternidade socioafetiva de um padrasto ou de uma madrasta que não se conforma com o fim inesperado e indesejado da sua relação de amor.

4.15. A REVOGAÇÃO DA LEI DA ALIENAÇÃO PARENTAL NO BRASIL E NO EXTERIOR

Tramita no Supremo Tribunal Federal a ação direta de inconstitucionalidade 6273, e no Senado Federal circunda o Projeto de Lei 498/2018, tendo ambos o propósito de provocar a revogação integral da Lei da Alienação Parental, assim como tramita na Câmara dos Deputados o Projeto de Lei 6.371/2019, o qual foi anexado ao Projeto de Lei 7.347/2017, que por sua vez institui medidas de promoção ao envelhecimento ativo, mas tendo aquele, igualmente o propósito de revogar a Lei 12.318/2010 (Lei da Alienação Parental), e acrescido de vários outros projetos de leis sugerindo alternativas para pontuais alterações da mesma Lei. O Projeto de Lei 498/2018, do Senado Federal, colaciona em sua justificativa o argumento de que a Lei da Alienação Parental:

> Coloca em evidência a criança e o adolescente como a causa e a consequência dos sofrimentos paterno e materno. Como se não bastasse o término da relação conjugal, a criança passou a ser usada como instrumento de vingança de um cônjuge em relação ao outro. E mais: para que se obtenha algum indício da ocorrência de algum ato de alienação parental (isto é, basta um indício, e não prova concreta da ocorrência da alienação parental), os arts. 4º, *caput*, e 6º da Lei da Alienação Parental permitem ao juiz, ouvido o Ministério Público, que decrete as medidas provisórias necessárias para preservação da integridade psicológica da criança ou do adolescente, inclusive por meio da alteração provisória da guarda, para assegurar sua convivência com genitor ou viabilizar a efetiva reaproximação entre ambos, se for o caso.

> Tais medidas SF/18179.46189-00 4243 provisórias acabaram sendo concretizadas com base no art. 6º, *caput*, da Lei da Alienação Parental, nos seguintes termos: a) declaração da ocorrência de alienação parental e advertência ao alienador; b) ampliação do regime de convivência familiar em favor do genitor alienado; c) estipulação de multa ao alienador; d) determinação de acompanhamento psicológico ou biopsicossocial; e) determinação da alteração da guarda para guarda compartilhada ou sua inversão; f) determinação da fixação cautelar do domicílio da criança ou adolescente; g) declaração da suspensão da autoridade parental.

> Enfim, não é preciso, nos termos previstos nos arts. 4º, *caput*, e 6º da Lei da Alienação Parental, que tenha ocorrido efetivamente algum ato de alienação parental para que um dos pais venha a perder, por meio de decisão liminar, a guarda compartilhada do filho, e fique proibido de tê-lo em sua companhia. Bastam, na verdade, alguns meros indícios da prática da alienação parental para que caiba a imposição de medida liminar proibitiva de companhia ou visitação.

O art. 2º, parágrafo único, VI, da Lei da Alienação Parental, prevê, especificamente, que é forma exemplificativa de alienação parental a apresentação de falsa denúncia criminal, perante a autoridade policial (isto é, a lavratura de ocorrência policial) contra genitor para que se dê ensejo a sua consequência legal e imediata, isto é, a alteração da guarda compartilhada exercida em conjunto pelo pai e pela mãe para guarda exclusiva do pai, com base no arts. 2º, parágrafo único, VI, e 6º, inciso IV, da Lei da Alienação Parental, e nos arts. 1.583, § 5º, e 1.584, inciso II, do Código Civil.

Pensamos assim, simplesmente, que essa mesma Lei não apazigua conflitos de interesse, nem estabelece normas de conduta social, nem protege as crianças e adolescentes das más condutas maternas ou paternas ao longo do processo de criação. Nesse cenário, resta apenas se compadecer dos sofrimentos daqueles que perderam a guarda judicial dos seus filhos em razão da atuação policial (que não tenha investigado adequadamente se a criança sofrera realmente alguma espécie de maus-tratos), ou da conduta do órgão do Ministério Público (que não se tenha preocupado em proteger o máximo interesse da criança), ou do julgamento proferido pelo juiz (que tenha modificado a guarda da criança como instrumento de punição contra o denunciante), propondo, nos estritos limites constitucionais e legais, a revogação, pura e simples, da Lei da Alienação Parental.

Este movimento pela singela revogação de leis ou de dispositivos legais que tratem da alienação parental não é novo e nem é privilégio de uma isolada realidade brasileira, existindo idênticas movimentações nos mais diferentes países, e talvez merecendo registro cronológico as ponderações levantadas por Maria Clara Sottomayor e suas severas críticas à propalada síndrome da alienação parental levantada por Richard Gardner, e que a doutrinadora portuguesa diz não ter nenhuma validade científica, pois sequer é reconhecida como doença pela Associação de Psiquiatria Americana e nem pela Organização Mundial de Saúde.

4.15.1 Os detratores de Richard Gardner

Maria Clara Sottomayor faz diversas digressões no sentido de a síndrome de Richard Gardner não preencher os critérios de admissibilidade científica exigidos pelos tribunais americanos, e que ele teria criado as suas teses para defender ex-combatentes acusados de violência contra as mulheres ou de cometerem abuso sexual contra seus filhos ou filhas, tendo feito sua carreira profissional como perito em processos de divórcio ou de regulação das responsabilidades parentais, a defender homens acusados de abusarem sexualmente de seus filhos através da estratégia de desacreditarem as vítimas para inverter as posições e transformar o acusado em vítima. Ademais de promover maledicências sobre a personalidade de Richard Gardner, Maria Clara Sottomayor diz que os seus estudos têm contribuído para que as alegações de abuso sexual nos processos de guarda se presumam falsas para, desta forma, diabolizar a figura da mãe que pretende proteger os seus filhos, tratando-se de estudos que nunca foram sujeitos a algum tipo de revisão crítica ou de algum teste empírico, e que tampouco fazem referência a trabalhos anteriores sobre alegações de abuso sexual em processos de divórcio.

Para Maria Clara Sottomayor, o trabalho de Richard Gardner sobre a síndrome de alienação parental põe em risco mulheres e crianças vítimas de violência e coloca as mães em uma encruzilhada sem saída: ou não denunciam o abuso e podem ser punidas por cumplicidade, ou denunciam o abuso e podem ver a guarda da criança ser entregue ao progenitor suspeito, ou, ainda, serem ordenadas visitas coercitivas. Por fim, e com idêntica ênfase, a referida autora questiona a chamada *terapia da ameaça* proposta por Richard Gardner, no sentido de ser promovida a transferência da guarda para o outro progenitor, tirando a criança do ascendente que ela ama para o progenitor que ela rejeita, concluindo que esta propalada *terapia da ameaça* viola o direito dos pais de não serem separados dos seus filhos, salvo quando não cumpram os seus deveres fundamentais.[211]

Não são poucas as vozes ecoando críticas à alienação parental desenvolvida por Richard Gardner, podendo ser encontrado nos escritos de Consuelo Barea Payueta posição igualmente contrária à alienação parental, com considerações que faz sobre o que ela denomina de *denúncias cruzadas*, presentes quando a mulher denuncia o homem e este a denuncia de praticar a síndrome de alienação parental. Toda esta prepotência masculina vem de uma ideologia patriarcal tradicional, no sentido de que tudo o que existe no convívio familiar pertence ao marido como sendo o *cabeça de família*, e, portanto, ele pode e deve controlar e corrigir a mulher e os filhos, pois todos lhe pertencem, tendo a mulher suas tarefas de cuidados e de submissão, não devendo enfrentar seu marido.[212]

Prossegue a aludida autora dizendo que este caldo de cultivo da danosa ideologia da síndrome de alienação parental criada pelo médico psicanalista Richard Alan Gardner em 1985, quando também desenvolveu a *terapia da ameaça*, a qual, como há pouco mencionado, consiste na transferência da guarda ao progenitor rechaçado, cuja teoria respeita a pensamentos misóginos e pedófilos, com um discurso que nega o problema da violência de gênero, concluindo a autora que as denúncias de abuso sexual são todas falsas, trabalhando Richard Gardner com suas teorias para despenalizar o abuso sexual e culpando o menor pelos abusos que sofria.[213]

Para Consuelo Barea Payueta a síndrome de alienação parental aparece quase que exclusivamente em disputas pela custódia dos filhos durante o divórcio e cujo processo geralmente é instigado pela mulher, concluindo ela que a apregoada síndrome não corresponde com nenhum diagnóstico psiquiátrico, mas que aparece unicamente no âmbito da luta pela guarda dos filhos com a absolvição dos pais acusados de incesto, sendo a *síndrome* usada como um instrumento especialmente desenhado para atribuir a manipulação ao progenitor guardião, que geralmente é a mãe, e destarte, atribuir-lhe a causa do rechaço do infante em relação ao outro progenitor, tornando invisíveis as reais causas desta repulsa do menor, quando em verdade são provenientes da própria conduta do progenitor rechaçado, implicando esta situação, que não foi mencionada na obra de Consuelo Barea Payueta, no que conhecemos como autoalienação que, por igual, ao fim e ao cabo, termina por provocar a inversão da guarda e por favorecer os contatos do filho com o ascendente não guardião.[214]

Em outro livro, este em coautoria, Consuelo Barea Payueta e Sonia Vaccaro atacam Richard Gardner com acesas críticas e com particular referência ao caso judicial de Louis Grieco *versus* Karen Scott, ocorrido nos Estados Unidos da América, e que teria sido o primeiro trabalho pericial forense de Richard Gardner sobre a síndrome da alienação parental, cujo histórico dos contendores revela que os litigantes Louis e Karen foram casados e tiveram três filhos, sendo um deles Nathan Grieco, e, tendo o casal se separado, de imediato surgiram problemas, primeiro com a pensão alimentícia e depois relacionados com a convivência

---

[211] SOTTOMAYOR, Maria Clara. *Regulação do exercício das responsabilidades parentais nos casos de divórcio*. 6. ed. Coimbra: Almedina, 2014. p. 165-186.

[212] PAYUETA, Consuelo Barea. *Justicia patriarcal. Violencia de género y custodia*. Reino Unido: CBP, 2013. p. 13.

[213] PAYUETA, Consuelo Barea. *Justicia patriarcal. Violencia de género y custodia*. Reino Unido: CBP, 2013. p. 28-31.

[214] Idem. Ob. cit., p. 32.

paterna dos filhos, cujas naturais dificuldades restaram agravadas quando Karen recasou com Alvin Scott.

Louis Grieco peticionava constantemente, alegando que Karen o impedia de ver os filhos, que em realidade relutavam em manter contato com o pai em razão de violência doméstica[215] que assistiram quando a mãe foi fisicamente agredida por Louis, em típica situação de *autoalienação parental*. Contudo, juízes obrigaram a convivência dos filhos com o pai, mas em seis tentativas as visitas foram frustradas porque os filhos se negaram a conviver com o pai, alegando medo de seu caráter brutal, devido ao episódio de agressão contra a mãe e de cuja cena sucedida na porta de casa eles foram testemunhas presenciais.

O novo juiz da causa agiu com maior severidade diante da negativa dos filhos visitarem o pai e ordenou que a polícia os levasse a um centro de aconselhamento, pois, caso contrário a mãe seria condenada a cumprir seis meses de prisão, sendo os rebentos levados à força e debaixo de pontapés e gritos que davam no furgão da polícia durante todo o trajeto da sua casa até o centro de orientação. Nathan Grieco sofreu um colapso nervoso, sendo hospitalizado por ansiedade, depressão e desordem de oposição, com reações de hostilidade, desobediência e dificuldade para controlar seus impulsos. Todos estes fatores incrementaram na prole os efeitos negativos dos ressentimentos presentes na batalha dos seus pais, tendo o progenitor solicitado a guarda exclusiva alegando a ocorrência de alienação parental, ingressando como seu perito assistente no processo Richard Gardner, que recomendou em seu parecer a troca da custódia dos filhos para uma guarda paterna, terminado este adolescente por cometer o suicídio aos 16 anos de idade.[216]

Dolores Padilla e Miguel Clemente também estão entre aqueles doutrinadores que defendem a ausência de arrimo empírico da síndrome de alienação parental, pronunciando que Richard Gardner nunca realizou provas de confiabilidade e de validade do seu diagnóstico, considerando estes autores que a síndrome de alienação parental é um instrumento ideológico em vez de científico, e de que esta proposição levantada por Gardner, de que não deve ser dado crédito quando acusam um pai de maus tratos, abusos ou negligências, gera a ideia de que a mãe utiliza o sistema legal para afastar os filhos do progenitor. Fazendo uso malicioso de sua natureza manipuladora, perversa, vingativa e inerente ao sexo feminino, os autores identificam na síndrome de alienação parental uma perspectiva de gênero, que deixam as mães em uma situação de desigualdade, e usam este argumento como bandeira da sua luta pela extinção do conceito de alienação parental, ou da revogação de qualquer dispositivo legal que defenda esta noção de alienação parental.

---

[215] Para GÓMEZ, Isabel Hernández. *Principio de igualdad y violencia de género. In* Estado de derecho y discriminación por razón de género, orientación e identidad sexual. Navarra: Thomson Reuters/ Aranzadi. Directores LÓPEZ, Víctor Cuesta; VEGA, Dulce M. Santana. 2014, p. 168: *El concepto de violencia de género es más amplio que el de violencia doméstica o violencia familiar o intrafamiliar, aunque, ciertamente, dentro de este ámbito la forma más destacada de violencia contra la mujer viene representada por la denominada "violencia doméstica", es decir aquella que se produce en el ámbito familiar, y que aumenta con los conflictos conyugales, la dominación masculina, las dificultades económicas y las desavenencias familiares. Esta última comprende todos aquellos actos violentos, desde el empleo de la fuerza física, hasta el acoso o la intimidación, la violencia psíquica (rechazo, insultos, amenazas, humillaciones, aislamiento), la violencia sexual, la violencia económica (desigualdad en el acceso a los recursos económicos), la corrupción (inducción a la delincuencia, explotación sexual) la explotación laboral y la mendicidad, producidas en el seno de un hogar y perpetradas, al menos, por un miembro de la familia contra algún otro.*

[216] VACCARO, Sonia; PAYUETA, Consuelo Barea. *El pretendido Síndrome de Alienación Parental. Un instrumento que perpetúa el maltrato y la violencia*. Bilbao: Desclée de Brouwer, 2009. p. 32-43.

A alienação parental seria uma manifestação de discriminação, desigualdade ou relação de poder que exercem os homens sobre as mulheres dentro da relação familiar, e citam como mostra desta violência o processo Louis Grieco *versus* Karen Scott, como se fosse um caso típico de alienação parental em que o filho rechaça e critica reiteradamente um de seus ascendentes, afirmando sentir-se unido com exclusividade ao outro progenitor e alienador. Entretanto, no caso Grieco claramente ocorreu a prática de uma autoalienação em que o próprio progenitor termina afastando os filhos da sua convivência em decorrência de suas atitudes pessoais.[217]

4.15.2 Sobre o mito da inexistência da síndrome de alienação parental

Os argumentos daqueles que negam a existência da alienação parental, especialmente por não ser reconhecida como doença pela Associação de Psiquiatria Americana e nem pela Organização Mundial de Saúde, foram rebatidos por Ramón Vilalta e Maxime Winberg Nodal, que dizem que, independentemente do debate nominalista de ser ou não a síndrome de alienação parental uma patologia, existe no contexto forense um bem jurídico superior a ser protegido, que são as crianças e os adolescentes que precisam ficar a salvo de quaisquer maus tratos de seus pais. Sobre as críticas deste corte clínico da síndrome de alienação parental não figurar em nenhuma das classificações diagnósticas internacionais sobre transtornos mentais e de comportamento, lembram os autores que o sistema DSM incluía a homossexualidade entre seus transtornos até o ano de 1973, e que foi preciso esperar 17 anos para que a Organização Mundial da Saúde (OMS) a excluísse da Classificação Estatística Internacional de Enfermidades e Outros Problemas de Saúde. Por outro lado, existem distintos problemas que não figuram entre os transtornos incluídos nestas classificações, como, por exemplo, a *adicção à internet*, sob cuja denominação se escrevem artigos científicos e se convocam congressos e jornadas, sem que ninguém se preocupe de elaborar documentos e petições para que se suspendam tais estudos. A síndrome de alienação parental pode ser classificada no DSM-5 como *um problema de relação entre pais e filhos V61.20*[218] *(Z62.820).*[219] Comentam os respectivos autores que a Associação Americana de Psiquiatria editou a revisão de seu Manual DSM-5 sem incluir o transtorno de alienação parental, porém, realizando uma notável

---

[217] PADILLA, Dolores; CLEMENTE, Miguel. *El síndrome de alienación parental. Una herramienta acientífica que desprotege a los menores en el sistema de justicia.* Valencia: Tirant Lo Blanch, 2018. p. 44-46.

[218] Consta do DSM-5 – V61-20 (Z62.80) Problemas de relacionamento entre pais e filhos. Para esta categoria, o termo *pais* é usado em referência a um dos principais cuidadores da criança, que pode ser pai biológico, adotivo ou institucional, ou, ainda, ser outro familiar (como um dos avós) que desempenha um papel de pai para a criança. Esta categoria deve ser usada quando o foco principal da atenção clínica é tratar a qualidade da relação entre pais e filhos, ou quando a qualidade dessa relação está afetando o curso, o prognóstico ou o tratamento de um transtorno mental ou outro problema médico. Comumente, o problema de relacionamento entre pais e filhos está associado a prejuízo no funcionamento nos domínios comportamental, cognitivo ou afetivo. Exemplos de problemas comportamentais incluem controle parental inadequado, supervisão e envolvimento com a criança; excesso de proteção parental; excesso de pressão parental; discussões que se tornam ameaças de violência física; esquiva sem solução dos problemas. Os problemas cognitivos podem incluir atribuições negativas das intenções dos outros, hostilidades contra ou culpabilização do outro e sentimentos injustificados de estranhamento. Os problemas afetivos podem incluir sentimentos de tristeza, apatia ou raiva relativa ao outro indivíduo na relação. Os clínicos devem levar em conta as necessidades dos desenvolvimentos infantis, bem como o contexto cultural. (Referência rápida aos critérios diagnósticos do DSM-5. American Psychiatric Association. Porto Alegre: Artmed, 2014. p. 356).

[219] VILALTA, Ramón; NODAL, Maxime Winberg. *Sobre el mito del síndrome de alienación parental (SAP) y del DSM-5.* Disponível em: <www.papelesdelpsicologo.es/pdf/2843.pdf>. Acesso em: 6 maio 2021.

atualização de sua anotação *Z63.8 Problemas paternos filiais (V61.20)* criou um apartado que denomina: Problemas relacionados com a educação familiar, introduzindo o mesmo código V61.20, e que a SAP é classificada no DSM-5 como um problema relacional ou de interação familiar desajustada, sendo que: "a quinta edição do DSM descreve os critérios diagnósticos que definem a existência de um problema de relação entre os progenitores e filhos de base psicológica, relacionada com a educação familiar; que causa uma deterioração funcional (...) Esta deterioração pode decorrer da existência de uma pressão excessiva de algum cuidador principal para que o filho ou o menor sob o seu cuidado, faça referências negativas às intenções do outro familiar (um rechaço injustificado), aparecendo um distanciamento afetivo imotivado e apatia ou raiva contra o outro membro da relação."[220]

Em verdade, as críticas à SAP se agrupam em três diferentes argumentos, que incluem: a desqualificação da personalidade de Richard Gardner e a da orientação de seu trabalho; as críticas do corte clínico sobre o consenso científico a respeito da construção SAP e, por último, as que pretendem se fundamentar em conteúdos jurisprudenciais, ou que a SAP não teria qualquer lastro empírico. Contam Ramón Vilalta e Maxime Winberg Nodal que a alienação parental foi tratada por muitos outros autores antes e depois de Gardner, como Ducan em 1978, que se referia à descrição "progenitor programador"; Wallerstein e Kelly, em 1980, que a chamaram de "Síndrome de Medeia"; ou a Síndrome SAID (*Sexual Allegations in Divorce*), de Blush e Ross em 1987; a "Síndrome da Mãe Maliciosa" de Turkat, em 1995; a "Alienação Parental" de Darnall em 1999; a expressão "Alienação Parental" de Kelly e Johnston em 2001, se afigurando necessário descrever as condutas e manifestações que definem cada caso concreto, fazendo tábula rasa deste *negacionismo fanatizado da SAP*, cuja premissa impossibilitaria qualquer análise do problema relacional, o que centraria o estudo da SAP para termos filosóficos e não como um problema de conduta de índole psicológica. O padrão relacional e contextual descrito sob o conceito da síndrome de alienação parental, ou qualquer outra das suas denominações alternativas anteriores ou posteriores a Gardner, não se tratou de nenhum recurso criado para ocultar situações de maus tratos familiares contra as mulheres ou contra os próprios filhos.[221]

Estes ataques ao trabalho de Richard Gardner partem de um Grupo de Experts que insiste em ligar o denominado SAP com a Lei de Violência de Gênero, que no sistema jurídico brasileiro encontra sua proteção na Lei Maria da Penha. Outra falácia deste Grupo de Experts afirma que a alienação parental não figura em nenhuma das classificações internacionais sobre transtornos mentais e de comportamento, não sendo reconhecida por nenhuma associação profissional nem científica, tendo sido rechaçada sua inclusão nos grandes sistemas diagnósticos de saúde mental utilizados em todo o mundo, o DSM-V da Associação Americana de Psiquiatria, e o ICE-10 da Organização Mundial de Saúde, devendo todos concordarem, em comparação com os maus tratos, que seria um verdadeiro despropósito pretender negar a existência de mulheres mal tratadas pelo mero fato de que tal síndrome não apareceria em uma classificação médica. Por fim, concluem os autores citados que, em realidade, a nova versão do DSM-5 deixa de distinguir transtornos e síndrome, e em qualquer de suas versões é basicamente uma convenção dos especialistas sobre o estado da questão em um determinado

---

[220] VILALTA, Ramón; NODAL, Maxime Winberg. *Sobre el mito del síndrome de alienación parental (SAP) y del DSM-5*. Disponível em: <www.papelesdelpsicologo.es/pdf/2843.pdf>. Acesso em: 6 maio 2021.

[221] VILALTA, Ramón; NODAL, Maxime Winberg. *Sobre el mito del síndrome de alienación parental (SAP) y del DSM-5*. Disponível em: <www.papelesdelpsicologo.es/pdf/2843.pdf>. Acesso em: 6 maio 2021.

momento, pois seus critérios variam conforme o tempo.[222] Citam neste artigo várias sentenças espanholas que reconhecem ou rechaçam a existência de problemas de alienação parental, mas que, de concreto, o próprio Código de Processo Civil espanhol prevê medidas para solucionar situações de interferência das relações paterno-filiais, como o descumprimento reiterado das obrigações derivadas do regime de visitas de qualquer dos genitores e realçam a existência de leis que abordam especificamente o fenômeno da alienação parental em outros países, como a Lei 12.318/2010 do Brasil e a adição em 2014, do artigo 323, sétimo, no Código Civil do Distrito Federal do México que tratava da alienação parental. Por último, relatam que as classificações estatísticas de transtornos mentais e de comportamento não esgotam as descrições das dinâmicas das relações e condutas humanas, sejam elas psicopatológicas ou não, e em realidade elas estão em constante revisão, tendo, portanto, um valor relativo, não servindo como argumento para impedir a definição destas dinâmicas se são detectadas em uma rigorosa avaliação forense.

4.15.3 A alienação parental em outros países

Sob a ótica doutrinária do Chile, Emilio Torrealba Jenkins narra que muitos autores sinalizam suas críticas contra Richard Gardner porque lhe faltaria a investigação empírica advinda de dados colhidos a partir de fontes diretas, ou seja, de pessoas que conhecem, vivenciam ou que têm conhecimento sobre o tema, fato ou situação e que, permitem elaborar o entendimento da abordagem levantada, e respondem que, depois do ano 2000, apareceu uma grande quantidade de estudos científicos realizados em famílias que enfrentavam processos de divórcio, efetivados por profissionais da saúde mental e que, na atualidade existem milhares de artigos publicados sobre a alienação parental.

Alertam, por fim, que deve ser descartada a crítica comumente levantada pelos detratores da alienação parental, pois que abundam sentenças em todos os recantos do mundo a ela se referindo, seja negando sua existência, seja a aceitando ou a discutindo, e colacionam exemplos do trato da alienação em alguns países, como na Argentina, que desde a edição da Lei 24.270/1993 estabeleceu a responsabilidade penal do progenitor que impede ou obstrui o contato de menores de idade com seus pais não conviventes.[223] O artigo 4º da Lei 24.270/1993 outorga ao juiz penal o dever de restabelecer o contato do filho com o genitor não convivente que tenha sido interrompido por impedimento, obstrução ou mudança de domicílio no prazo de dez dias, desde que o impedimento se apresente injustificado.[224]

Este processo de exclusão de um progenitor chamado de *síndrome*, queixa-se Mauricio Luis Mizrahi, parece referir-se à medicina, quando em realidade, o que a expressão pretende é designar uma *patologia relacional*, quer dizer, de índole social, como também neste sentido se manifesta a doutrina mexicana, que terminou revogando o artigo 323, sétimo, do Código Civil do Distrito Federal do México, o qual regulava e sancionava a alienação parental, concluindo Mizrahi ser bom esclarecer que as afirmações depreciativas de que a síndrome de alienação parental carece de consenso científico, ou seja, que não tem evidências científicas, em verdade

---

[222] VILALTA, Ramón; NODAL, Maxime Winberg. *Sobre el mito del síndrome de alienación parental (SAP) y del DSM-5*. Disponível em: <www.papelesdelpsicologo.es/pdf/2843.pdf>. Acesso em: 6 maio 2021.

[223] JENKINS, Emilio Torrealba. *El síndrome de alienación parental en la legislación y jurisprudencia de familia*. Chile: Olejnik, 2016. p. 91.

[224] JÁUREGUI, Rodolfo G. *Responsabilidad parental. Alimentos y régimen de comunicación*. Buenos Aires: Rubinzal-Culzoni, 2016. p. 197.

estaria se referindo à questões de ordem médica, sendo inquestionável que é um fato social que se apresenta em algumas famílias, independentemente dos rótulos que a ela possam ser atribuídos judicialmente, e que, portanto, seria plenamente dispensável que a síndrome de alienação parental tivesse sido incorporada ao vigente Código Civil e Comercial argentino, eis que basta conste do referido diploma a ordem de que a criança ou o adolescente tenham de ser ouvidos, e naturalmente, esta escuta tem de ser livre, pois somente terá peso quando genuína, própria e não quando o filho é um mero porta-voz que transmite a vontade do outro genitor.

Para a doutrina argentina, importa destacar que essa grave e complexa patologia social de alta malignidade, qualquer que seja o nome que se lhe queira atribuir, *existe na realidade familiar* e sem nenhuma dúvida a prática da alienação parental é uma forma de abuso que exerce o progenitor alienador sobre seu filho, com o pretexto de "protegê-lo dos males" que lhe possa causar o outro progenitor.[225]

Os Estados Unidos da América surgem como país pioneiro na análise das questões relacionadas com conflitos atinentes às responsabilidades parentais, mostrando Filipa Daniela Ramos de Carvalho a existência, inclusive, de eventuais situações de manipulação de menores no seio dos processos litigiosos de definição e atribuição da guarda física dos filhos após o divórcio.[226] Na Pensilvânia, o genitor que voluntariamente não cumpre com qualquer tipo de visitas ou de custódia parcial, pode, como regra geral, ser julgado por desacato e castigado com pena de prisão, assim como ocorre na Califórnia e Ohio. Na Alemanha, segundo a referida autora, o Código Civil faz expressa referência à síndrome da alienação parental no artigo 1626°, sob a epígrafe "Negação de convívio na relação entre progenitores", propugnando a doutrina alemã pela retirada da guarda física daquele progenitor que impossibilite ou crie de forma reiterada obstáculos e dificuldades ao contato dos menores com o progenitor não guardião ou que inculque e incentive os menores a adotar os seus motivos no conflito existente entre os progenitores.[227]

Afirmação diferente faz Sandra Inês Ferreira Feitor, ao asseverar que o BGB alemão, quando foi alterado em 2008, regulou no seu Título 5 a questão da guarda dos filhos menores e o exercício das respectivas responsabilidades parentais, aludindo, no artigo 1626°, que os pais têm o dever e o direito de cuidar dos filhos menores, incluindo o contato com a prole, e que no artigo 1627° está prescrito que o exercício da custódia deve ser comum aos pais em sintonia com o superior interesse da criança, mas que, por sua vez, a secção 1666° estipula que, estando em risco o bem-estar físico, psicológico e mental da criança, o Tribunal deve tomar as medidas necessárias para afastar este perigo, podendo tomar decisões como a de proibição de um dos progenitores ou daquele que coloca o infante em perigo, de com ele contatar durante certo lapso de tempo ou de passar algum tempo com ele; ordenar a alteração da guarda do menor, ou remover parcial ou totalmente a guarda do menor, e ressalva a mencionada autora que o Código Civil alemão não possui quaisquer outras normas que regulem o fenômeno da alienação parental, embora seja reconhecida a sua existência pelos tribunais, mas observa que o Código Penal alemão pune com pena de prisão a situação de rapto dos filhos por um dos progenitores.[228]

---

[225] MIZRAHI, Mauricio Luis. *Responsabilidad parental*. Buenos Aires: Astrea, 2016. p. 673.

[226] CARVALHO, Filipa Daniela Ramos de. *A (síndrome de) alienação parental e o exercício das responsabilidades parentais*: algumas considerações. Coimbra: Coimbra Editora, 2011. p. 58.

[227] CARVALHO, Filipa Daniela Ramos de. *A (síndrome de) alienação parental e o exercício das responsabilidades parentais*: algumas considerações. Coimbra: Coimbra Editora, 2011. p. 65.

[228] FEITOR, Sandra Inês Ferreira. *A síndrome de alienação parental e o seu tratamento à luz do direito de menores*. Coimbra: Coimbra Editora, 2012. p. 165.

Já na Espanha, a referência à síndrome da alienação parental é feita pelo artigo 94 do Código Civil, ao estabelecer que o progenitor não guardião tem não só o direito, mas também o dever de convivência, de comunicação e de ter os filhos sob sua companhia, cujos direitos poderão ser limitados ou suspensos se ocorrerem sérias circunstâncias que assim aconselhem ou se for desobedecido grave e reiteradamente o que neste sentido foi decretado pelo juiz. Portanto, diferente do passado, o descumprimento ou o impedimento do regime de comunicação ou de convivência deixou de ser algo passível de ser praticado apenas por aquele ascendente detentor da guarda física, mas factível por ambos os progenitores, posto que ao lado do direito de convivência está o dever de assegurar esta convivência como direito do filho e não como uma mera faculdade dos pais, tanto que o artigo 776.3ª do Código de Processo Civil espanhol determina que o descumprimento reiterado das obrigações derivadas do regime de visitas, tanto por parte do progenitor guardador como do não guardião, poderá dar lugar à modificação do regime de guarda e de visitas.

Mais uma vez vem à baila a irrelevância da expressão síndrome, como faz ver María Eloina González Orviz, ao referir que a chamada síndrome (conjunto de sintomas que caracterizam uma enfermidade) foi questionada por alguns setores jurídicos e médicos, até chegar ao ponto de negar sua existência, o que é defendido por quem está a favor desta posição de negação com amparo em questões formais, tais como a de que não se encontra descrito na lista de enfermidades mentais, nem na lista da Associação Americana de Psiquiatria, nem na lista da Organização Mundial da Saúde; porém, o certo é que, questões formais à parte, os sintomas descritos por quem estudou esta síndrome e a chamou para si assim a continua chamando. Esta constatação de sintomas, que em definitivo constitui uma constatação de fatos, faz que nos juizados de família se assista a uma desgraçada realidade. A palavra síndrome pode fazer pensar na existência de uma enfermidade, e de fato parece que alude a uma concepção médica na qual, portanto, deveriam ser considerados distintos sintomas médicos, originados de uma enfermidade que desencadeia a SAP, mas, sem embargo, é evidente que aqui se pretende conseguir uma utilização do termo *síndrome* que não é outra coisa que oferecer um modelo explicativo correspondente a uma situação específica, ainda que a instituição dos elementos que a configuram e sua argumentação central descanse basicamente na psicologia. Assim, falamos de síndrome porque se dá uma série de reações e consequências alteradoras do crescimento físico, psíquico e social equilibrado dos filhos, e também da percepção objetiva da realidade por parte dos pais, um dos quais realiza a provocação enquanto o outro sofre as consequências negativas. Não se trata de enfrentar a relação homem-mulher, uma questão de gênero, senão que nos movemos dentro da relação pai/mãe; mãe/mãe, pai/pai. De outra parte, o fato de que apareça em divórcios contenciosos também tem pouco de particular, posto que por igual, estatisticamente se constata um aumento de casos de violência doméstica ou de gênero no auge da crise ou ruptura matrimonial, resulta fácil entender que, quando a relação dos progenitores é boa, será altamente difícil que se produza uma SAP, salvo casos extremos de patologia.[229]

4.15.4 Uma questão de nomenclatura

O direito parece que padece sempre de uma extrema dificuldade cultural para aceitar as mudanças, ou as novas situações que antes não existiam ou que não eram identificadas, como sucede, seguramente, com a prática nefasta da alienação parental, que é um fenômeno

---

[229] ORVIZ, María Eloina González. *Modelos de guarda y custodia. Síndrome de alienación parental*. Barcelona: Bosch, 2010. p. 37-38.

social mundialmente reconhecido, posto que nem as pessoas atingidas pela *síndrome* conseguem dissimular sua existência, ainda que desviem para ataques diretos à personalidade de Richard Gardner, ou quando resolvem brandir com a pretendida falta de respaldo científico da alienação parental, chegando alguns setores ao extremo de manifestarem que "a síndrome de alienação parental não existe, nem na Espanha e nem em qualquer outro país do mundo", escreveu Juan Bernakte Benazet, eis que se trataria de "um invento profundamente danoso para a estabilidade emocional das crianças e dos adolescentes, ao qual recorrem os movimentos de varões *neo* machistas nas sociedades patriarcais, (...) por a considerar um instrumento mais de poder de manipular, controlar e dominar as mulheres, utilizando para isto, neste caso, o sistema judicial."[230]

Diante então desta resistência ou fixação com palavras, talvez Luis Zarraluqui Sánchez-Eznarriaga tenha encontrado o caminho em sua densa obra jurídica, ao suscitar da evidência de que filhos são usuais alvos de *coações afetivas*, por mágoas, por promessas ou dádivas, de maior ou de menor importância, sendo fato ser esta uma forma de influir na opinião expressada por um menor, e evidência de que se está diante de uma triste realidade, nem sempre fácil de detectar, mas que nesta área, Richard Gardner pôs em manifesto a existência do que ele denominou de *síndrome de alienação parental*, que trata simplesmente de entender o processo de uma criança ou de um adolescente que se aliena com um de seus pais frente ao outro em um contexto legal, através do qual o filho se identifica com os propósitos do progenitor atacante e participa com seu ódio contra o outro genitor.[231]

Esta caça à síndrome de alienação parental atingiu em cheio o artigo 323, sétimo,[232] do Código Civil do Distrito Federal do México, que regulava e sancionava a alienação parental, tratando o Pleno da Suprema Corte de Justiça da Nação do México, por maioria de nove votos, de validar a constitucionalidade da figura jurídica da alienação parental, jogando um balde de água fria nos negacionistas da SAP e reconhecendo a sua existência como um fenômeno social, que precisa ser regulado, uma vez que o citado artigo 323, sétimo, foi declarado inconstitucional, apenas porque, no direito mexicano, a prática da alienação parental implicava na suspensão ou perda do poder familiar dos pais sobre o filho menor.

---

[230] BENAZET, Juan Bernalte. La alienación parental. Aspectos de la evolución científica y social y visión jurisprudencial. In: MORENO, María Paz Antón (coord.). *Estudio multidisciplinar sobre interferencias parentales*. Madrid: Dykinson, 2019. p. 97.

[231] SÁNCHEZ-EZNARRIAGA, Luis Zarraluqui. *Marco jurídico paterno-filial en las rupturas de pareja*. Barcelona: Bosch, 2013. p. 1.252.

[232] Artículo 323 Séptimus – *Comete violencia familiar e integrante de la familia que transforma la conciencia de un menor con el objeto de impedir, obstaculizar o destruir sus vínculos con uno de sus progenitores. La conducta descrita en el párrafo anterior, se denomina alienación parental cuando es realizada por uno de los padres, quien, acreditada dicha conducta, será suspendido en el ejercicio de la patria potestad del menor y, en consecuencia, del régimen de visitas y convivencias en, su caso, tenga decretado. Asimismo, en caso de que el padre alienador tenga la guarda y custodia del niño, esta pasará de inmediato al otro progenitor, si se trata de un caso de alienación leve o moderada. En el supuesto de que el menor presente un grado de alienación parental severo, en ningún caso, permanecerá bajo el cuidado del progenitor alienador o de la familia de éste, se suspenderá todo el contacto con el padre alienador y el menor será sometido al tratamiento que indique el especialista que haya diagnosticado dicho trastorno. A fin de asegurar el bienestar del menor, y en caso de que, por su edad, resulte imposible que viva con el otro progenitor, el departamento de psicología del Tribunal Superior de Justicia del Distrito Federal, evaluando a los parientes más cercanos del niño, determinará que persona quedará encargada de su cuidado; mientras recibe el tratamiento respectivo que haga posible la convivencia con el progenitor no alienador. El tratamiento para el niño alienado será llevado a cabo en el Departamento de Alienación Parental del Servicio Médico Forense del Tribunal Superior de Justicia del Distrito Federal.*

Conforme narrativa de Adolfo Eduardo Cuitláhuac Montoya López e Jaqueline Rivas Duarte, o pronunciamento da Suprema Corte de Justiça da Nação do México indicou que a conduta legislada no Código Civil mexicano não reproduzia estereótipos de gênero, uma vez que não fazia nenhuma distinção de tratamento entre os pais ou algum dos familiares, já que qualquer um deles poderia figurar como sujeito ativo da conduta, entrementes, considerou a alienação parental como sendo uma violência familiar, e que dito preceito legal vulnerava os direitos dos menores de idade ao estimar que as condutas efetivadas contra eles produzissem como resultado uma transformação de consciência, transgredindo o direito dos filhos de serem considerados sujeitos com *autonomia progressiva*, ao considerarem que a sua vontade estava viciada pela influência do genitor alienador, terminando a Suprema Corte de Justiça por declarar inconstitucional o artigo 323, Sétimo, do Código Civil do Distrito Federal do México.

O fato de a alienação parental ser ou não considerada uma síndrome não tem nenhuma relevância, porque o ato existe como incontestável fenômeno social, mas, como concluiu a justiça mexicana, o seu reconhecimento não pode condicionar "ao exercício da pátria potestade", pois esta é uma sanção que vulnera o direito do menor e ocasiona um desprezo ao seu desenvolvimento, e ao seu livre direito de conviver com seus progenitores, cujos direitos restam vulnerados, uma vez que o ato da alienação parental, quando praticado por um dos genitores, implicaria, segundo a legislação mexicana, na radical suspensão do pátrio poder do alienador do menor, passando de imediato ao outro progenitor a guarda e custódia do filho no caso de alienação leve ou moderada.

Na hipótese de se tratar de alienação parental em seu grau severo, sob forma alguma o filho permaneceria sob os cuidados do progenitor alienador ou de sua família, e seria suspenso todo o contato com o ascendente alienador, sendo o menor submetido a tratamento indicado pelo especialista que tivesse diagnosticado dito transtorno. Acaso constatado ser prejudicial ao bem-estar do menor, em razão da sua idade, que o filho alienado convivesse com o outro progenitor, o departamento de psicologia do Tribunal Superior de Justiça do Distrito Federal do México avaliaria os parentes mais próximos do infante, para determinar qual pessoa ficaria encarregada de seus cuidados, enquanto recebesse o tratamento respectivo que viabilizasse a convivência com o progenitor alienado.

Neste sentido, a decisão da Suprema Corte mexicana que revogou o artigo 323, Sétimo, do Código Civil do Distrito Federal do México se aproxima das lições de Carlos López Díaz quando aduz que a síndrome de alienação parental não tem respaldo legal, porque o *princípio do interesse superior da criança e do adolescente* põe em relevo a obrigação que o Estado tem de assegurar que os filhos não sejam separados de seus pais contra a vontade deles, exceto quando esta separação for necessária em razão dos interesses superiores do infante, quando, por exemplo, o filho é vítima de maus tratos de parte de um dos seus pais. Também é direito fundamental do infante que está fisicamente separado de um dos seus progenitores manter relações pessoais e contato direto com ambos os pais, de modo regular, salvo se isso for contrário aos seus superiores interesses e, por fim, o Estado deve promover o máximo empenho para garantir o reconhecimento de que ambos os ascendentes diretos têm obrigações comuns, que devem respeitar o desenvolvimento da criança e do adolescente, cujos filhos não são despojos de guerra, mas pessoas a respeito das quais a sociedade inteira tem a responsabilidade de afiançar um adequado desenvolvimento mental, emocional, afetivo e psíquico.

Aduz o artigo 229 do Código Civil chileno que, embora dele não conste nenhum dispositivo expresso regulando a alienação parental, o pai ou a mãe que não tenha o cuidado pessoal do filho não será privado do direito e nem restará isento do dever de manterem com o ele uma relação direta e regular, e conclui Carlos López Díaz que, mesmo diante das

Cap. 4 • COMENTÁRIOS À LEI DE ALIENAÇÃO PARENTAL E SEUS ASPECTOS PROCESSUAIS | 163

afirmações de que a alienação parental não existe como *síndrome*, ela é uma conduta que claramente existe, ou, como mencionam os mexicanos, *um fenômeno social*, que se constata no cotidiano da vida e ante os tribunais, e que até mesmo por consenso social é denominada de *alienação parental*, ainda que não apareça, por ora, com esta exata denominação nas listas de transtornos patológicos, como o DSM-5 publicado pela Associação Americana de Psiquiatria, mas isto não impede que exista como fenômeno que requer a intervenção judicial, para gerar uma reprovação social e que tenha um respaldo legal que permita a sua pontual solução.[233]

Torna-se um imenso vazio a discussão eterna da propriedade ou impropriedade da expressão *alienação parental* para a conduta de exclusão de um dos genitores da vida do filho comum, porque carece de sustento científico, ou porque Richard Gardner, além de ter sido um pedófilo, nunca comprovou empiricamente sua tese, ou porque se trata de uma perspectiva de gênero e um artifício usado para atacar a mulher – todos argumentos que se mostram estéreis, pois, como dentre vários autores também assevera Luis Zarraluqui Sánchez-Eznarriaga:

> O que é fundamental nesta discussão não é se estas condutas por parte dos progenitores constituem uma síndrome singular, definida individualmente, desde o ponto de vista psiquiátrico, nem se está ou não incluída em determinada relação de enfermidades, por parte de certos organismos, senão que existem condutas ou atuações das quais são autores os pais ou outras pessoas, que influem, mediatizam, coagem e confundem de modo ilegítimo ou que lavam o cérebro de alguns infantes enquanto a seus juízos de valor ou realidades de fato. Não se pode negar a existência de influências que alguns seres humanos exercem sobre outros, de maneira que chegam a alterar a visão, que estes últimos tenham das coisas. E isto não unicamente através de ações volúveis, de premiá-los por mentiras e falsidades, ou castiga-los pelo honesto e justo, senão que de modo mais profundo, induzindo-os em um determinado sentido e mudando sua própria percepção das coisas. E isto faça quem o faça, porque estas ações não são exclusivas de um sexo ou de outro. O que estas condutas têm em comum é a utilização em apoio de seus dilemas, de seus sentimentos de amor, confiança e respeito, que o induzido sente por aquele que induz. Como pode ser visto, os tribunais detectam e resolvem tanto quando se trata de mães que alienam seus filhos, como apreciam casos de varões alienadores. SAP ou não SAP, é evidente que na hora de ponderar como fator importante para decidir sobre a custódia unilateral ou alternada ou sobre o regime de relação, de um ou outro progenitor, há que ter em muita conta se a declaração ou a opinião do menor ou incapaz está ou não influenciada de maneira fundamental e de forma ilegítima. Não podemos esquecer que ademais, estas condutas com respeito ao menor podem entrar no âmbito da violência familiar. O que pode ser inclusive delitivo é maltratar o menor, ainda que seja emocionalmente, de forma que incida em um processo de inculcação maliciosa (programação e lavagem cerebral) como uma forma de maltrato emocional do menor.[234]

O problema existe e precisa ser solucionado, não como ordenava categoricamente o direito mexicano, com a suspensão ou a perda do poder familiar e do direito de convivência, em se tratando de alienação em seu estágio grave, pois, efetivamente, esta extremada solução seria tirar

---

[233] DÍAZ, Carlos López. *Tratado de derecho de familia.* Chile: Digesto, 2016. p. 599-602.
[234] SÁNCHEZ-EZNARRIAGA, Luis Zarraluqui. *Marco jurídico paterno-filial en las rupturas de pareja.* Barcelona: Bosch, 2013. p. 1.254-1.255.

do infante o seu direito de conviver com seus pais, mas deste desvio de finalidade não padece a excelente legislação brasileira, que precisa ser preservada e posta longe do foco daqueles que negam o fenômeno da alienação parental.

A legislação brasileira de alienação parental, que pode, sim, ser alvo de circunstanciais melhoramentos, tem um conjunto harmônico e alinhado de instrumentos processuais aptos a inibir ou atenuar os efeitos da alienação parental, segundo a gravidade do caso, estando todos eles expostos no artigo 6º da Lei 12.318/2010, sendo a mais grave destas medidas a *suspensão da autoridade parental*, a qual sempre pode ser recomposta, sem guardar os efeitos irreversíveis da legislação mexicana que extinguia o pátrio poder, tal qual decidiu, em 27 de abril de 2021, o Superior Tribunal de Justiça, por meio da sua Terceira Turma, em voto da relatoria da Ministra Nancy Andrighi no REsp. 1.859.228/SP.[235]

---

[235] "Recurso especial. Civil. Infância e juventude. Modificação de guarda. Ação ajuizada por tios paternos em face de tios maternos. Modificação da guarda. Impossibilidade. Princípios da proteção integral e do melhor interesse da criança e do adolescente. Alienação parental. Não comprovação. Alteração da guarda. Providência não automática. 1. Recurso especial interposto em 10/1/2019 e concluso ao gabinete em 28/1/2020. 2. O propósito recursal consiste em dizer se a guarda da menor deve ser deferida aos tios paternos em virtude de suposta alienação parental praticada pelos tios maternos, atuais guardiões. 3. A interpretação das normas jurídicas atinentes à guarda e o exame de hipóteses como a dos autos, demandam perquirição que não olvide os princípios da proteção integral e do melhor interesse da criança e do adolescente, ambos hauridos diretamente da Constituição e do ECA e informadores do Direito da Infância e da Juventude. 4. Na hipótese dos autos, todos os Relatórios Psicossociais elaborados são unânimes ao atestar que a menor se encontra bem cuidada pelos tios maternos, atuais guardiões, com quem foi estabelecido forte vínculo de afeto que perdura por elasticado período. 5. Não bastasse o fato de que inexiste nos laudos periciais conclusão inequívoca de que estaria configurada a prática de alienação parental, é imperioso admitir que os Relatórios Psicossociais elaborados, que evidenciam a situação de cuidado e segurança de que goza a menor, abalam a afirmação de que esta seria vítima dessa prática espúria ou, ao menos, suscitam fundadas dúvidas sobre essa alegação. 6. No direito de família, notadamente quando se trata do interesse de menores, a responsabilidade do julgador é redobrada: é a vida da criança que está para ser decidida e para uma criança, muitas vezes, um simples gesto implica causar-lhe um trauma tão profundo, que se refletirá por toda a sua vida adulta. Por esse motivo, toda a mudança brusca deve ser, na medida do possível, evitada (AgRg no Ag 1121907/SP, Rel. Ministro Sidnei Beneti, Rel. p/ Acórdão Ministra Nancy Andrighi, Terceira Turma, julgado em 05/05/2009, Dje 03/06/2009). 7. Os interesses da criança ou do adolescente não devem ser enfocados apenas sob o prisma da repercussão que a eventual ausência do convívio profícuo com o pai poderia causar à sua formação, devendo-se levar em consideração, igualmente, outras circunstâncias e fatores que também merecem ser priorizados na identificação dos efetivos interesses da menor, máxime tendo em vista a sua situação peculiar de pessoa em desenvolvimento. 8. Na hipótese em apreço, retirar a criança do ambiente familiar dos atuais guardiões, com quem convive desde 2014, quando tinha apenas 5 (cinco) anos de idade, é medida que só deve ser adotada em casos verdadeiros extremos. 9. A eventual prática de alienação parental, ainda que estivesse caracterizada, não acarreta a automática e infalível alteração da guarda da criança ou do adolescente, conforme se infere da interpretação do disposto no art. 6º da Lei n. 12.318/10. 10. Em atenção aos princípios da proteção integral e do melhor interesse da criança e do adolescente, é imperiosa a manutenção da guarda da menor com os tios maternos, evitando-se que, em tão tenra idade, tenha rompido, novamente, forte vínculo socioafetivo estabelecido, sobretudo, com a guardiã, que ocupa, a rigor, a posição de verdadeira figura materna. 11. Recurso especial não provido."

REFERÊNCIAS BIBLIOGRÁFICAS

AGUILAR, José Manuel. *Síndrome de alienação parental*: filhos manipulados por um cônjuge para odiar o outro. Portugal: Caleidoscópio, 2008.

AHMAD, Roseli Borin Ramadan. *Identidade genética e exame de DNA*. Curitiba: Juruá, 2009.

AMENDOLA, Marcia Ferreira. *Crianças no labirinto das acusações*. Falsas alegações de abuso sexual. Curitiba: Juruá, 2009.

AZEVEDO, Maria Amélia; GUERRA, Viviane Nogueira de Azevedo. *Crianças vitimizadas*: a síndrome do pequeno poder: violência física e sexual contra crianças e adolescentes. São Paulo: Iglu, 1989.

BALLONE, G. J. Afetividade. Disponível em: <http://www.psiqweb.med.br>. Acesso em: 23 abr. 2009.

BARBEDO, Claudia Gay. A possibilidade de extensão da Lei da Alienação Parental ao idoso. In: COELHO, Ivone M. Candido (Coord.). *Família contemporânea*: uma visão interdisciplinar. Porto Alegre: IBDFAM e Letra & Vida, 2011.

BARBOSA, Luciana de Paula Gonçalves; CASTRO, Beatriz Chaves Ros de. *Alienação parental*. Um retrato dos processos e das famílias em situação de litígio. Brasília: Líber Livro, 2013.

BEDAQUE, José Roberto dos Santos. *Efetividade do processo e técnica processual*. 3. ed. São Paulo: Malheiros, 2010.

BLANCO, Pilar Jiménez. *Litígios sobre la custodia y sustracción internacional de menores*. Madrid: Marcial Pons, 2008.

BLIKSTEIN, Daniel. *DNA, paternidade e filiação*. Belo Horizonte: Del Rey, 2008.

BOCH-GALHAU, Wilfrid von. In: GARDNER, Richard A. *Das elterliche Entfremdungssyndrom*. Berlim: VWB Verlag, 2010.

BORDA, Guillermo A. *Manual de Derecho de Familia*. 8. ed. Buenos Aires: Perrot, 1979.

BOSCARO, Márcio Antonio. *Direito de filiação*. São Paulo: RT, 2002.

BRASIL, Constituição (1988). *Constituição da República Federativa do Brasil*. Brasília, DF: Senado Federal, 1988.

BRAZIL, Glicia. Efeitos do convívio virtual para o vínculo de afeto dos vulneráveis. In: MARZAGÃO, Silvia Felipe; XAVIER, Marília Pedroso; NEVARES, Ana Luiza Maia (coord.). Indaiatuba: Foco, 2020.

BRAZIL, Glícia Barbosa de Mattos; BARROS, Alcina Juliana Soares; ROSA, Conrado Paulino da. *Perícias psicológicas e psiquiátricas nos processos de família*. Salvador: JusPodivm, 2022.

BUOSI, Caroline de Cássia Francisco. *Alienação parental*. Uma interface do direito e da psicologia. Curitiba: Juruá, 2012.

BUSTAMANTE, Alváro de Gregorio. *Abuso sexual infantil*. Denuncias falsas y erróneas. Buenos Aires: Omar Favale Ediciones Jurídicas, 2008.

CALDERÓN, Ricardo. *Princípio da afetividade no Direito de Família*. 2. ed. Rio de Janeiro: Forense, 2017.

CAPARRÓS, Maria Belén Sáinz-Cantero; VALLEJO, Ana Maria Pérez. *Valoración y reparación de daños entre familiares*. Fundamentos para suya reclamación. Granada: Editorial Comares, 2012.

CARDIN, Valéria Silva Galdino. *Dano moral no direito de família*. São Paulo: Saraiva, 2012.

CARTUJO, Ignacio Bolaños. *Hijos alienados y padres alienados*. Mediación familiar en rupturas conflictivas. Madrid: Reus, 2008.

CARVALHO, Dimas Messias de. *Adoção, guarda e convivência familiar*. 2. ed. Belo Horizonte: Del Rey, 2013.

CARVALHO, Dimas Messias de. *Direito das famílias*. 5. ed. São Paulo: Saraiva, 2017.

CARVALHO, Filipa Daniela Ramos de. *A (síndrome de) alienação parental e o exercício das responsabilidades parentais*: algumas considerações. Coimbra: Coimbra Editora, 2011.

CASSETTARI, Christiano. *Multiparentalidade e parentalidade socioafetiva. Efeitos jurídicos*. 3. ed. São Paulo: Atlas, 2017, p. 255 e s., apud OLIVEIRA, J. M. Leoni de. *Direito civil. Família*. Rio de Janeiro: Gen/Forense, 2018.

CASTRO, Lídia Rosalina Folgueira. *Disputa de guarda e visita no interesse dos pais ou dos filhos?* Porto Alegre: Artmed, 2013.

CEZAR-FERREIRA, Verônica A. da Motta. *Família, separação e mediação* – Uma visão psicojurídica. 2. ed. São Paulo: Método, 2007.

COELHO, Fábio Ulhoa. *Curso de direito civil*. São Paulo: Saraiva, 2006. v. 5.

CORNEAU, Guy. *Pai ausente, filho carente*. São Paulo: Brasiliense, 1997.

CUENCA, José Manuel Aguilar. *Recientes modificaciones legislativas para abogados de familia*: modificaciones fiscales, el síndrome de alienación parental, previsiones capitulares. Madrid: Dykinson, 2008.

CUENCA, José Manuel Aguilar. *Síndrome de alienação parental*. Portugal: Caleidoscópio. 2008.

DARNALL, D. Uma definição mais abrangente de alienação parental. Disponível em: <www.apase.org.br>. Acesso em: 7 maio 2009.

DIAS, Maria Berenice. *Incesto e alienação parental*. São Paulo: RT, 2007.

DIAS, Maria Berenice. *Manual de direito das famílias*. 4. ed. São Paulo: RT, 2007.

DIAS, Maria Berenice. Síndrome da alienação parental, o que é isso? Disponível em: <www.mariaberenicedias.com.br>. Acesso em: 8 maio 2009.

DUARTE, Marcos. *Alienação parental*. Restituição internacional de crianças e abuso do direito de guarda. Teoria e prática. Fortaleza: Leis e Letras, 2011.

DUTTO, Ricardo J. *Daños ocasionados en las relaciones de familia*. Buenos Aires: Hammurabi, 2007.

ERIKSON, Erik H. *O ciclo de vida completo*. Trad. Maria Adriana Veríssimo Veronese. Porto Alegre: Artes Médicas, 1998.

FARIAS, Cristiano Chaves de; ROSENVALD, Nelson. *Direito das famílias*. De acordo com a Lei n. 11.441/07 – Lei da separação, divórcio e inventário extrajudiciais. Rio de Janeiro: Lumen Juris, 2008.

FIGUEIREDO, Fábio Vieira; ALEXANDRIDIS, Georgios. *Alienação parental*. São Paulo: Saraiva, 2011.

FIÚZA, César Augusto de Castro. Mudança de paradigmas: do tradicional ao contemporâneo. *Anais do II Congresso Brasileiro de Direito de Família*. A família na travessia do milênio. Belo Horizonte: Del Rey, 2000.

REFERÊNCIAS BIBLIOGRÁFICAS | 167

FONSECA, Priscilla M. P. Corrêa da. Síndrome da alienação parental. *Revista Brasileira de Direito de Família*, Porto Alegre, n. 40, p. 14, fev.-mar. 2007.

FRANKE, Ursula. *Quando fecho os olhos vejo você*: as Constelações Familiares no atendimento individual. Goiânia: Atman, 2006.

FRANKE, Ursula. *O rio nunca olha para trás*. Fundações históricas e práticas das Constelações Familiares segundo Bert Hellinger. São Paulo: Conexão Sistêmica, 2013.

FREITAS, Douglas Phillips. Alienação parental. Comentários à Lei 12.318/2010. 2. ed. Rio de Janeiro: Forense, 2012.

GALLARDO, Bernardo Cruz. *La guarda y custodia de los hijos en* las crisis matrimoniales. Madrid: La Ley, 2012.

GAMA, Guilherme Calmon Nogueira da. *A nova filiação:* o biodireito e as relações parentais. Rio de Janeiro: Renovar, 2003.

GAMA, Guilherme Calmon Nogueira da. Função social da família e jurisprudência brasileira. In: MADALENO, Rolf; MILHORANZA, Mariângela Guerreiro (Coord.). *Atualidades do direito de família e sucessões.* Sapucaia do Sul: Notadez, 2008.

GAMA, Guilherme Calmon Nogueira da. *Princípios constitucionais de direito de família:* guarda compartilhada à luz da Lei n.º 11.698/08: família, criança, adolescente e idoso. São Paulo: Atlas, 2008.

GARCEZ, Sergio Matheus. *O novo direito da criança e do adolescente*. Campinas: Alínea, 2008.

GARCIA, Edinês Maria Sormani. *Direito de família:* princípio da dignidade da pessoa humana. Leme: LED Editora de Direito, 2003.

GARDNER, Richard. *Casais separados:* a relação entre pais e filhos. São Paulo: Martins Fontes, 1980.

GARDNER, Richard. *Das elterliche Entfremdungssyndrom*. Berlin: VWB – Verlag für Wissenschaft und Bildung. 2010.

GARDNER, Richard. O DSM-IV tem equivalente para o diagnóstico de síndrome de alienação parental (SAP)? Disponível em: <http://sites.google.com/site/alienacaoparental/textos-so-bre-sap-1/o-dsm-iv-tem-equivalente>. Acesso em: 8 maio 2009.

GOMES, Jocélia Lima Puchpon. *Síndrome da alienação parental*. Leme: Imperium Editora e Distribuidora, 2013.

GROENINGA, Giselle Câmara. Generalidades do Direito de Família. Evolução histórica da família e formas atuais de constituição. In: HIRONAKA, Giselda M. F. Novaes (Orient.); BARBOSA, Águida Arruda; VIEIRA, Claudia Stein (Coord.). *Direito Civil.* Direito de Família. São Paulo: RT. 2008. v. 7.

GROSMAN, Cecilia; MESTERMANN, Silvia. *Maltrato al menor.* El lado oculto de la escena familiar. Buenos Aires: Editorial Universidad, 1998.

GUEDES, Olinda. *Além do aparente*. Um livro sobre constelações familiares. Curitiba: Appris, 2015.

HAYA, Silvia Tamayo. *El estatuto jurídico de los padrastros. Nuevas perspectivas jurídicas.* Madrid: Editorial Reus, 2009.

HELLINGER, Bert. *O amor do espírito*. 2. ed. Goiânia: Atman, 2012.

HELLINGER, Bert. *Ordens da ajuda*. Pato de Minas: Atman, 2005.

HOUAISS. *Dicionário eletrônico Houaiss de Língua Portuguesa 3.0*. Rio de Janeiro: Objetiva, 2009.

HUSNI, Alicia; RIVAS, María Fernanda. *Familias en litígio*. Perspectiva psicosocial. Buenos Aires: LexisNexis, 2008.

JENKINS, Emilio Torrealba. *El síndrome de alienación parental en la legislación y jurisprudencia de familia*. Chile: Olejnik, 2016.

JÁUREGUI, Rodolfo G. *Responsabilidad parental. Alimentos y régimen de comunicación*. Buenos Aires: Rubinzal-Culzoni, 2016.

LAGRASTA NETO, Caetano. *Direito de família*. Novas tendências e julgamentos emblemáticos. São Paulo: Atlas, 2011.

LAURIA, Flávio Guimarães. *A regulamentação de visitas e o princípio do melhor interesse da criança*. Rio de Janeiro: Lumen Juris, 2002.

LEITE, Eduardo de Oliveira. *Alienação parental*. Do mito à realidade. São Paulo: RT, 2015.

LEITE, Eduardo de Oliveira. *Famílias monoparentais:* a situação jurídica de pais e mães solteiros, de pais e mães separados e dos filhos na ruptura da vida conjugal. São Paulo: RT, 1997.

LEITE, Eduardo de Oliveira. *Tratado de direito e família*: origem e evolução do casamento. Curitiba: Juruá, 1991.

LESSONA, Carlos. *Teoría general de la prueba en Derecho Civil*. Madrid: Reus, 1942. t. IV.

LIBERATI, Wilson Donizeti. *Comentários ao Estatuto da Criança e do Adolescente*. 11. ed. São Paulo: Malheiros, 2010.

LÔBO, Paulo. *Direito civil*. Famílias. 2. ed. São Paulo: Saraiva, 2009.

LORENCINI, Beatriz Dias Braga; FERRARI, Dalka Chaves de Almeida. Oficinas de prevenção. In: FERRARI, Dalka Chaves de Almeida; VENCINA, Tereza C. C. (Org.). *O fim do silêncio na violência familiar*: Teoria e prática. 4. ed. São Paulo: Ágora, 2002.

LOUZADA, Flávio Gonçalves. *O reconhecimento da multiparentalidade pelo STF*: O interesse patrimonial em detrimento do afeto. Curitiba: CRV, 2019.

MADALENO, Ana Carolina Carpes. Indenização pela prática da alienação parental e imposição de falsas memórias. In: MADALENO, Rolf; BARBOSA, Eduardo (Coord.). *Responsabilidade civil no direito de família*. São Paulo: Atlas, 2015.

MADALENO, Ana Carolina Carpes; MADALENO, Rolf. *Alienação parental. Importância da detecção. Aspectos legais e processuais*. 7. ed. Rio de Janeiro: Forense, 2021.

MADALENO, Rolf. A guarda compartilhada pela ótica dos direitos fundamentais. In: MADALENO, Rolf; WELTER, Belmiro Pedro (Coord.). *Direitos fundamentais do direito de família*. Porto Alegre: Livraria do Advogado, 2004.

MADALENO, Rolf. *Curso de Direito de Família*. 11. ed. Rio de Janeiro: Forense, 2021.

MADALENO, Rolf. *Direito de Família*. 10. ed. Rio de Janeiro: Forense, 2020.

MADALENO, Rolf. *Curso de direito de família*. 8. ed. Rio de Janeiro: Forense, 2018.

MANONELLAS, Graciela N. *La responsabilidad penal del padre obstaculizador*. Ley 24.270. Síndrome de alienación parental (SAP). Buenos Aires: Ad-Hoc, 2005.

MARQUES, Szuzana Oliveira. *Princípios do direito de família e guarda dos filhos*. Belo Horizonte: Del Rey, 2009.

MASDEU, Luis Zanón. *Guarda y custodia de los hijos*. Barcelona: Bosch, 1996.

MILLER, Alice. *Não perceberás*: variações sobre o tema do paraíso. Trad. Inês Antônia Lohbauer. Revisão da tradução de Karina Jannini. São Paulo: Martins Fontes, 2006.

MIRANDA JÚNIOR, Hélio Cardoso de. *Um psicólogo no tribunal de família*. A prática na interface – Direito e Psicanálise. Belo Horizonte: Artesã, 2010.

MIZRAHI, Mauricio Luis. *Responsabilidad parental*. Buenos Aires: Astrea, 2016.

MOLD, Cristian Fetter. Alienação parental. A Lei n. 12.318/10 sob o enfoque jurídico. In: MOLD, Cristian Fetter; BACCARA, Sandra; MACHADO, Thalita; MENEZES, Rafaella de (Coord.). *Alienação parental*. Interlocuções entre o direito e a psicologia. Curitiba: Maresfield Gardens, 2014.

MOLINA, Maria Susana Quicios. *Determinación e impugnación de la filiación*. Navarra: Thomson Reuters/Aranzadi, 2014.

MONTEZUMA, Márcia Amaral; PEREIRA, Rodrigo da Cunha; MELO, Elza Machado de. Alienação parental, um termo controverso. *Revista do IBDFAM Família e Sucessões*, Belo Horizonte, v. 32, p. 94-149, 2019.

MOURA, Líbera Coppeti; COLOMBO, Maici Barboza dos Santos. Exercício do direito à convivência familiar em situações extremas: princípio do melhor interesse da criança e colisão de direitos fundamentais. In: MARZAGÃO, Silvia Felipe; XAVIER, Marília Pedroso; NEVARES Ana Luiza Maia (coord.). Indaiatuba: Editora Foco, 2020.

MOURA, Mário Aguiar. *Tratado prático da filiação*. Porto Alegre: Síntese, 1981. v. 3.

NICK, Sergio Eduardo. A alienação parental e a autoalienação parental compreendidas sob o vértice da parentalidade. In: MORAES, Carlos Eduardo Guerra de; RIBEIRO, Ricardo Lodi (Coord.). *Criança e adolescente*. 80 anos Direito UERJ. Rio de Janeiro: Freitas Bastos, 2015.

OLIVEIRA, Basílio de. *Das medidas cautelares nas questões de família*. Rio de Janeiro: Freitas Bastos, 1995.

OLIVEIRA, J. M. Leoni Lopes de. *Direito civil. Família*. Rio de Janeiro: Forense, 2018.

OLIVEIRA, José Sebastião de. *Fundamentos constitucionais do direito de família*. São Paulo: RT, 2002.

ORVIZ, Maria Eloina González. *Modelos de guarda y custodia*. Síndrome de alienación parental. Barcelona: Bosch, 2010.

OTERO, Mariano C. *Tenencia y régimen de visitas*. Buenos Aires: La Ley, 2012.

PADILLA, Dolores; CLEMENTE, Miguel. *El síndrome de alienación parental. Una herramienta acientífica que desprotege a los menores en el sistema de justicia*. Valencia: Tirant Lo Blanch, 2018.

PÁEZ, Emelina Santana. *Especialidades en derecho de familia*. Madrid: Dykson, 2014.

PEDROSA, Delia Susana; BOUZA, José Maria. *(SAP) Síndrome de alienación parental*. Proceso de obstrucción del vínculo entre los hijos y uno de SUS progenitores. Buenos Aires: Garcia Alonso, 2008.

PEREIRA, Rodrigo da Cunha. *Direito das famílias*. Rio de Janeiro: Forense, 2020.

PEREIRA, Sumaya Saady Morhy. *Direitos fundamentais e relações familiares*. Porto Alegre: Livraria do Advogado, 2007.

PEREIRA, Tânia da Silva. Cuidado e afetividade na velhice: a importância da convivência familiar e social para o idoso. In: PEREIRA, Tânia da Silva; OLIVEIRA, Guilherme de; COLTRO, Antônio Carlos Mathias (Coord.). *Cuidado e afetividade*. Projeto Brasil/Portugal – 2016-2017. São Paulo: Atlas, 2017.

PEREZ, Elizio Luiz. Alienação parental. *Boletim IBDFAM*, Belo Horizonte, ano 9, n. 54, p. 3-5, jan.-fev. 2009.

PINHO, Rodrigo César Rebello. *Teoria geral da Constituição e direitos fundamentais*. 5. ed. São Paulo: Saraiva, 2005.

PINTO, Luciano Haussen; PUREZA, Juliana da Rosa; FEIJÓ, Luíza Ramos. Síndrome das falsas memórias. In: STEIN, Lilian Milnitsky (Coord.). *Falsas memórias*. Fundamentos científicos e suas aplicações clínicas e jurídicas. Porto Alegre: Artmed, 2010.

PODEVYIN, François. Síndrome de alienação parental. Disponível em: <www.apase.org.br>. Acesso em: 8 maio 2009.

QUILICI, Mário. Alienação paterna e suas influências sobre a educação. Disponível em: <http://br.geocities.com/psipoint/arquivo_maternagem_alienacaopaterna.htm>. Acesso em: 7 maio 2009.

REICHERT, Evânia. *Infância, a idade sagrada* – Anos sensíveis em que nascem as virtudes e os vícios humanos. Porto Alegre: Edições Vale, 2008.

RIPOL-MILLET, Aleix. *Estrategias de mediación en asuntos familiares*. Madrid: Réus, 2011.

RIZZARDO, Arnaldo. *Direito de família* (De acordo com a Lei nº 10.406, de 10.01.2002). 2. ed. Rio de Janeiro: Forense, 2004.

ROMERO, José Alberto. *Delitos contra la familia*. Córdoba: Editorial Mediterránea, 2001.

SÁNCHEZ-EZARRIAGA, Luiz Zarraluqui. *GPS – Derecho de familia*. Valencia: Tirant Lo Blanch, 2020.

SÁNCHEZ-EZNARRIAGA, Luis Zarraluqui. *Marco jurídico paterno-filial en las rupturas de pareja*. Barcelona: Bosch, 2013.

SÁNCHEZ, Miguel Angel Asensio. *La patria potestad y la libertad de conciencia del menor*. Madrid: Tecnos, 2006.

SÁNCHEZ-LAFUENTE, Fuensanta Rabadán. *Ejercicio de la patria potestad cuando los padres no conviven*. Navarra: Thomson Reuters, 2011.

SANTI, Liliane. *Alienação parental como ela é...* Ibirité: Grupo Editorial Ferro, 2019.

SCHREIBER, Elisabeth; MANGUEIRA, Renata Torres da Costa. *A violência intrafamiliar na infância*. Porto Alegre: Arana, 2014.

SEREJO, Lourival. *Direito constitucional da família*. Belo Horizonte: Del Rey, 2004.

SILVA, Denise Maria Perissini da. *Guarda compartilhada e síndrome de alienação parental*. O que é isso? Campinas: Autores Associados, 2010.

SILVA, Juliani Leite. *Famílias marcadas pelas falsas memórias*. Londrina: Thoth, 2022.

SOTTOMAYOR, Maria Clara. *Regulação do exercício das responsabilidades parentais nos casos de divórcio*. 5. ed. Coimbra: Almedina, 2011.

SOTTOMAYOR, Maria Clara. *Regulação do exercício das responsabilidades parentais nos casos de divórcio*. 6. ed. Coimbra: Almedina, 2014.

SOUSA, Analicia Martins. *Síndrome da alienação parental*. Um novo tema nos juízos de família. São Paulo: Cortez, 2010.

STRENGER, Guilherme Gonçalves. *Guarda de filhos*. 2. ed. São Paulo: DPJ, 2006.

TARTUCE, Fernanda. *Mediação nos conflitos civis*. São Paulo: Método, 2008.

TEPEDINO, Gustavo; BARBOZA, Heloísa Helena; MORAES, Maria Celina Bodin de. *Código Civil interpretado conforme a Constituição Federal*. Rio de Janeiro: Renovar, 2004. v. I.

TEPEDINO, Gustavo; TEIXEIRA, Ana Carolina Brochado. *Fundamentos do direito civil. Direito de família*. v. 6. Rio de Janeiro: Forense, 2020.

TRINDADE, Jorge. *Manual de psicologia jurídica para operadores do Direito*. 2. ed. Porto Alegre: Livraria do Advogado, 2007.

TRINDADE, Jorge. *Manual de psicologia jurídica para operadores do Direito*. 4. ed. Porto Alegre: Livraria do Advogado, 2010.

VACCARO, Sonia; PAYUETA, Consuelo Barea. *El pretendido síndrome de alienación parental. Un instrumento que perpetúa el maltrato y la violencia*. Bilbao: Desclée de Brouwer, 2009.

VALENTE, Maria Luíza Campos da Silva. Síndrome da alienação parental: A perspectiva do serviço social. In: PAULINO, Analdino Rodrigues (Org.). *Síndrome da alienação parental e a tirania do guardião*. Aspectos psicológicos, sociais e jurídicos. São Paulo: Equilíbrio, 2008.

VENOSA, Sílvio de Salvo. *Direito civil*. Direito de família. 3. ed. São Paulo: Atlas, 2006. v. 6.

VILALTA, Ramón; NODAL, Maxime Winberg. *Sobre el mito del síndrome de alienación parental (SAP) y del DSM-5*. Disponível em: <www.papelesdelpsicologo.es/pdf/2843.pdf>.

WALLERSTEIN, Judith S.; KELLY, Joan B. *Sobrevivendo à separação*. O livro que revolucionou o pensamento sobre as crianças e o divórcio nos EUA. Trad. Maria Adriana Veríssimo Veronese. Porto Alegre: Artmed, 1998.

WAMBIER, Teresa Arruda Alvim; CONCEIÇÃO, Maria Lúcia Lins; RIBEIRO, Leonardo Ferres da Silva; MELLO, Rogerio Licastro Torres de. *Primeiros comentários ao novo Código de Processo Civil, artigo por artigo*. São Paulo: RT, 2015.

WAQUIM, Bruna. *Alienação Parental induzida*. Aprofundando o estudo da Alienação Parental. 2. ed. Rio de Janeiro: LumenJuris, 2018.

XAVIER, Rita Lobo. *Recentes alterações ao regime jurídico do divórcio e das responsabilidades parentais*. Lei n. 61/2008, de 31 de outubro. Coimbra: Almedina, 2009.

ANEXO A

PROJETO DE LEI N. 4.053, DE 2008
(Do Sr. Regis de Oliveira)

Dispõe sobre a alienação parental.

O Congresso Nacional decreta:

Art. 1.º Considera-se alienação parental a interferência promovida por um dos genitores na formação psicológica da criança para que repudie o outro, bem como atos que causem prejuízos ao estabelecimento ou à manutenção de vínculo com este.

Parágrafo único. Consideram-se formas de alienação parental, além dos atos assim declarados pelo juiz ou constatados por equipe multidisciplinar, os praticados diretamente ou com auxílio de terceiros, tais como:

I – realizar campanha de desqualificação da conduta do genitor no exercício da paternidade ou maternidade;

II – dificultar o exercício do poder familiar;

III – dificultar contato da criança com o outro genitor;

IV – dificultar o exercício do direito regulamentado de visita;

V – omitir deliberadamente ao outro genitor informações pessoais relevantes sobre a criança, inclusive escolares, médicas e alterações de endereço;

VI – apresentar falsa denúncia contra o outro genitor para obstar ou dificultar seu convívio com a criança;

VII – mudar de domicílio para locais distantes, sem justificativa, visando dificultar a convivência do outro genitor.

Art. 2.º A prática de ato de alienação parental fere o direito fundamental da criança ao convívio familiar saudável, constitui abuso moral contra a criança e descumprimento dos deveres inerentes ao poder familiar ou decorrentes de tutela ou guarda.

Art. 3.º Havendo indício da prática de ato de alienação parental, o juiz, se necessário, em ação autônoma ou incidental, determinará a realização de perícia psicológica ou biopsicossocial.

§ 1.º O laudo pericial terá base em ampla avaliação psicológica ou biopsicossocial, conforme o caso, compreendendo, inclusive, entrevista pessoal com as partes e exame de documentos.

§ 2.º A perícia será realizada por profissional ou equipe multidisciplinar habilitada, exigida, em qualquer caso, aptidão comprovada por histórico profissional ou acadêmico para diagnosticar atos de alienação parental.

§ 3.º O perito ou equipe multidisciplinar designada para verificar a ocorrência de alienação parental apresentará, no prazo de trinta dias, sem prejuízo da elaboração do laudo final, avaliação preliminar com indicação das eventuais medidas provisórias necessárias para preservação da integridade psicológica da criança.

Art. 4.º O processo terá tramitação prioritária e o juiz determinará, com urgência, ouvido o Ministério Público, as medidas provisórias necessárias para preservação da integridade psicológica da criança.

Art. 5.º Caracterizados atos típicos de alienação parental ou qualquer conduta que dificulte o convívio de criança com genitor, o juiz poderá, de pronto, sem prejuízo da posterior responsabilização civil e criminal:

I – declarar a ocorrência de alienação parental e advertir o alienador;

II – estipular multa ao alienador;

III – ampliar o regime de visitas em favor do genitor alienado;

IV – determinar intervenção psicológica monitorada;

V – alterar as disposições relativas à guarda;

VI – declarar a suspensão ou perda do poder familiar.

Art. 6.º A atribuição ou alteração da guarda dará preferência ao genitor que viabilize o efetivo convívio da criança com o outro genitor, quando inviável a guarda compartilhada.

Art. 7.º As partes, por iniciativa própria ou sugestão do juiz, do Ministério Público ou do Conselho Tutelar, poderão utilizar-se do procedimento da mediação para a solução do litígio, antes ou no curso do processo judicial.

§ 1.º O acordo que estabelecer a mediação indicará o prazo de eventual suspensão do processo e o correspondente regime provisório para regular as questões controvertidas, o qual não vinculará eventual decisão judicial superveniente.

§ 2.º O mediador será livremente escolhido pelas partes, mas o juízo competente, o Ministério Público e o Conselho Tutelar formarão cadastros de mediadores habilitados a examinar questões relacionadas a alienação parental.

§ 3.º O termo que ajustar o procedimento de mediação ou que dele resultar deverá ser submetido ao exame do Ministério Público e à homologação judicial.

Art. 8.º Esta lei entra em vigor na data de sua publicação.

JUSTIFICAÇÃO

A presente proposição tem por objetivo inibir a alienação parental e os atos que dificultem o efetivo convívio entre a criança e ambos os genitores.

A alienação parental é prática que pode se instalar no arranjo familiar, após a separação conjugal ou o divórcio, quando há filho do casal que esteja sendo manipulado por genitor para que, no extremo, sinta raiva ou ódio contra o outro genitor. É forma de abuso emocional, que pode causar à criança distúrbios psicológicos (por exemplo, depressão crônica, transtornos de identidade e de imagem, desespero, sentimento incontrolável de culpa, sentimento de isolamento, comportamento hostil, falta de organização, dupla personalidade) para o resto de sua vida.

O problema ganhou maior dimensão na década de 1980, com a escalada de conflitos decorrentes de separações conjugais, e ainda não recebeu adequada resposta legislativa.

A proporção de homens e mulheres que induzem distúrbios psicológicos relacionados à alienação parental nos filhos tende atualmente ao equilíbrio.

Deve-se coibir todo ato atentatório à perfeita formação e higidez psicológica e emocional de filhos de pais separados ou divorciados. A família moderna não pode ser vista como mera unidade de produção e procriação; devendo, ao revés, ser palco de plena realização de seus integrantes, pela exteriorização dos seus sentimentos de afeto, amor e solidariedade.

A alienação parental merece reprimenda estatal, porquanto é forma de abuso no exercício do poder familiar e de desrespeito aos direitos de personalidade da criança em formação. Envolve claramente questão de interesse público, ante a necessidade de se exigir uma paternidade e maternidade responsáveis, compromissadas com as imposições constitucionais, bem como com o dever de salvaguardar a higidez mental de nossas crianças.

O art. 227 da Constituição Federal e o art. 3.º do Estatuto da Criança e do Adolescente asseguram o desenvolvimento físico, mental, moral, espiritual e social das crianças e adolescentes, em condições de liberdade e de dignidade. Assim, exige-se postura firme do legislador no sentido de aperfeiçoar o ordenamento jurídico, a fim de que haja expressa reprimenda à alienação parental ou a qualquer conduta que obste o efetivo convívio entre criança e genitor.

A presente proposição, além de pretender introduzir uma definição legal da alienação parental no ordenamento jurídico, estabelece rol exemplificativo de condutas que dificultam o efetivo convívio entre criança e genitor, de forma a não apenas viabilizar o reconhecimento jurídico da conduta da alienação parental, mas sinalizar claramente à sociedade que a mesma merece reprimenda estatal.

A proposição não afasta qualquer norma ou instrumento de proteção à criança já existente no ordenamento, mas propõe ferramenta específica, que permita, de forma clara e ágil, a intervenção judicial para lidar com a alienação parental.

Cuida-se de normatização elaborada para, uma vez integrada ao ordenamento jurídico, facilitar a aplicação do Estatuto da Criança e do Adolescente, nos casos de alienação parental, sem prejuízo da ampla gama de instrumentos e garantias de efetividade previstos no Código de Processo Civil e no próprio Estatuto.

À luz do direito comparado, a proposição ainda estabelece critério diferencial para a atribuição ou alteração da guarda, nas hipóteses em que inviável a guarda compartilhada, sem prejuízo das disposições do Código Civil e do Estatuto da Criança e do Adolescente, tendo em vista o exame da conduta do genitor sob o aspecto do empenho para que haja efetivo convívio da criança com o outro genitor. Nesse particular, a aprovação da proposição será mais um fator inibidor da alienação parental, em clara contribuição ao processo de reconhecimento social das distintas esferas e relacionamento humano correspondentes à conjugalidade, à parentalidade e à filiação.

Cabe sublinhar que a presente justificação é elaborada com base no artigo de Rosana BarbosaCiprião Simão, publicado no livro *Síndrome da Alienação Parental e a Tirania do Guardião – Aspectos Psicológicos, Sociais e Jurídicos* (Editora Equilíbrio, 2007), em informações do site da associação "SOS – Papai e Mamãe", e no artigo "Síndrome de Alienação Parental", de François Podevyn, traduzido pela "Associação de Pais e Mães Separados" – APASE, com a colaboração da associação "Pais para Sempre". Também colaboraram com sugestões individuais membros das associações "Pais para Sempre", "Pai Legal", "Pais por Justiça" e da sociedade civil.

A ideia fundamental que levou à apresentação do projeto sobre a alienação parental consiste no fato de haver notória resistência entre os operadores do Direito no que tange ao reconhecimento da gravidade do problema em exame, bem assim a ausência de especificação de instrumentos para inibir ou atenuar sua ocorrência. São raros os julgados que examinam em profundidade a matéria, a maioria deles do Rio Grande do Sul, cujos tribunais assumiram notória postura de vanguarda na proteção do exercício pleno da paternidade. É certo, no entanto, que a alienação parental pode decorrer de conduta hostil não apenas do pai, mas também da mãe, razão pela qual o projeto adota a referência genérica a "genitor". Também não há, atualmente, definição ou previsão legal do que seja alienação parental ou síndrome da alienação parental.

Nesse sentido, é de fundamental importância que a expressão "alienação parental" passe a integrar o ordenamento jurídico, inclusive para induzir os operadores do Direito a debater e aprofundar o estudo do tema, bem como apontar instrumentos que permitam efetiva intervenção por parte do Poder Judiciário.

A opção por lei autônoma decorre do fato de que, em muitos casos de dissenso em questões de guarda e visitação de crianças, os instrumentos já existentes no ordenamento jurídico têm permitido satisfatória solução dos conflitos. Houve cuidado, portanto, em não reduzir a malha de proteções à criança ou dificultar a aplicação de qualquer instrumento já existente.

Para concluir, permito-me reproduzir, por sua importância e riqueza, artigo publicado no ano de 2006 pela Desembargadora Maria Berenice Dias, do Tribunal de Justiça do Rio Grande do Sul, intitulado "Síndrome da alienação parental, o que é isso?":

"Certamente todos que se dedicam ao estudo dos conflitos familiares e da violência no âmbito das relações interpessoais já se depararam com um fenômeno que não é novo, mas que vem sendo identificado por mais de um nome. Uns chamam de 'síndrome de alienação parental'; outros, de 'implantação de falsas memórias'.

Este tema começa a despertar a atenção, pois é prática que vem sendo denunciada de forma recorrente. Sua origem está ligada à intensificação das estruturas de convivência familiar, o que fez surgir, em consequência, maior aproximação dos pais com os filhos. Assim, quando da separação dos genitores, passou a haver entre eles uma disputa pela guarda dos filhos, algo impensável até algum tempo atrás. Antes, a naturalização da função materna levava a que os filhos ficassem sob a guarda da mãe. Ao pai restava somente o direito de visitas em dias predeterminados, normalmente em fins de semana alternados.

Como encontros impostos de modo tarifado não alimentam o estreitamento dos vínculos afetivos, a tendência é o arrefecimento da cumplicidade que só a convivência traz. Afrouxando-se os elos de afetividade, ocorre o distanciamento, tornando as visitas rarefeitas.

Com isso, os encontros acabam protocolares: uma obrigação para o pai e, muitas vezes, um suplício para os filhos.

Agora, porém, se está vivendo uma outra era. Mudou o conceito de família. O primado da afetividade na identificação das estruturas familiares levou à valoração do que se chama filiação afetiva. Graças ao tratamento interdisciplinar que vem recebendo o Direito de Família, passou-se a emprestar maior atenção às questões de ordem psíquica, permitindo o reconhecimento da presença de dano afetivo pela ausência de convívio paterno-filial.

A evolução dos costumes, que levou a mulher para fora do lar, convocou o homem a participar das tarefas domésticas e a assumir o cuidado com a prole. Assim, quando da separação, o pai passou a reivindicar a guarda da prole, o estabelecimento da guarda conjunta, a flexibilização de horários e a intensificação das visitas.

ANEXO A | 175

No entanto, muitas vezes a ruptura da vida conjugal gera na mãe sentimento de abandono, de rejeição, de traição, surgindo uma tendência vingativa muito grande. Quando não consegue elaborar adequadamente o luto da separação, desencadeia um processo de destruição, de desmoralização, de descrédito do ex-cônjuge. Ao ver o interesse do pai em preservar a convivência com o filho, quer vingar-se, afastando este do genitor.

Para isso cria uma série de situações visando a dificultar ao máximo ou a impedir a visitação. Leva o filho a rejeitar o pai, a odiá-lo. A este processo o psiquiatra americano Richard Gardner nominou de 'síndrome de alienação parental': programar uma criança para que odeie o genitor sem qualquer justificativa. Trata-se de verdadeira campanha para desmoralizar o genitor. O filho é utilizado como instrumento da agressividade direcionada ao parceiro. A mãe monitora o tempo do filho com o outro genitor e também os seus sentimentos para com ele.

A criança, que ama o seu genitor, é levada a afastar-se dele, que também a ama. Isso gera contradição de sentimentos e destruição do vínculo entre ambos. Restando órfão do genitor alienado, acaba identificando-se com o genitor patológico, passando a aceitar como verdadeiro tudo que lhe é informado.

O detentor da guarda, ao destruir a relação do filho com o outro, assume o controle total. Tornam-se unos, inseparáveis. O pai passa a ser considerado um invasor, um intruso a ser afastado a qualquer preço. Este conjunto de manobras confere prazer ao alienador em sua trajetória de promover a destruição do antigo parceiro.

Neste jogo de manipulações, todas as armas são utilizadas, inclusive a assertiva de ter sido o filho vítima de abuso sexual. A narrativa de um episódio durante o período de visitas que possa configurar indícios de tentativa de aproximação incestuosa é o que basta. Extrai-se deste fato, verdadeiro ou não, denúncia de incesto. O filho é convencido da existência de um fato e levado a repetir o que lhe é afirmado como tendo realmente acontecido. Nem sempre a criança consegue discernir que está sendo manipulada e acaba acreditando naquilo que lhes foi dito de forma insistente e repetida. Com o tempo, nem a mãe consegue distinguir a diferença entre verdade e mentira. A sua verdade passa a ser verdade para o filho, que vive com falsas personagens de uma falsa existência, implantando-se, assim, falsas memórias.

Esta notícia, comunicada a um pediatra ou a um advogado, desencadeia a pior situação com que pode um profissional defrontar-se. Aflitiva a situação de quem é informado sobre tal fato. De um lado, há o dever de tomar imediatamente uma atitude e, de outro, o receio de que, se a denúncia não for verdadeira, traumática será a situação em que a criança estará envolvida, pois ficará privada do convívio com o genitor que eventualmente não lhe causou qualquer mal e com quem mantém excelente convívio.

A tendência, de um modo geral, é imediatamente levar o fato ao Poder Judiciário, buscando a suspensão das visitas. Diante da gravidade da situação, acaba o juiz não encontrando outra saída senão a de suspender a visitação e determinar a realização de estudos sociais e psicológicos para aferir a veracidade do que lhe foi noticiado. Como esses procedimentos são demorados – aliás, fruto da responsabilidade dos profissionais envolvidos –, durante todo este período cessa a convivência do pai com o filho. Nem é preciso declinar as sequelas que a abrupta cessação das visitas pode trazer, bem como os constrangimentos que as inúmeras entrevistas e testes a que é submetida a vítima na busca da identificação da verdade.

No máximo, são estabelecidas visitas de forma monitorada, na companhia de terceiros, ou no recinto do fórum, lugar que não pode ser mais inadequado. E tudo em nome da preservação da criança. Como a intenção da mãe é fazer cessar a convivência, os encontros são boicotados, sendo utilizado todo o tipo de artifícios para que não se concretizem as visitas. O mais doloroso – e ocorre quase sempre – é que o resultado da série de avaliações, testes e entrevistas que se sucedem durante anos acaba não sendo conclusivo. Mais uma vez depara-se o juiz diante de um dilema:

manter ou não as visitas, autorizar somente visitas acompanhadas ou extinguir o poder familiar; enfim, manter o vínculo de filiação ou condenar o filho à condição de órfão de pai vivo cujo único crime eventualmente pode ter sido amar demais o filho e querer tê-lo em sua companhia. Talvez, se ele não tivesse manifestado o interesse em estreitar os vínculos de convívio, não estivesse sujeito à falsa imputação da prática de crime que não cometeu.

Diante da dificuldade de identificação da existência ou não dos episódios denunciados, mister que o juiz tome cautelas redobradas.

Não há outra saída senão buscar identificar a presença de outros sintomas que permitam reconhecer que se está frente à síndrome da alienação parental e que a denúncia do abuso foi levada a efeito por espírito de vingança, como instrumento para acabar com o relacionamento do filho com o genitor. Para isso, é indispensável não só a participação de psicólogos, psiquiatras e assistentes sociais, com seus laudos, estudos e testes, mas também que o juiz se capacite para poder distinguir o sentimento de ódio exacerbado que leva ao desejo de vingança a ponto de programar o filho para reproduzir falsas denúncias com o só intuito de afastá-lo do genitor.

Em face da imediata suspensão das visitas ou determinação do monitoramento dos encontros, o sentimento do guardião é de que saiu vitorioso, conseguiu o seu intento: rompeu o vínculo de convívio. Nem atenta ao mal que ocasionou ao filho, aos danos psíquicos que lhe infringiu.

É preciso ter presente que esta também é uma forma de abuso que põe em risco a saúde emocional de uma criança. Ela acaba passando por uma crise de lealdade, pois a lealdade para com um dos pais implica deslealdade para com o outro, o que gera um sentimento de culpa quando, na fase adulta, constatar que foi cúmplice de uma grande injustiça.

A estas questões devem todos estar mais atentos. Não mais cabe ficar silente diante destas maquiavélicas estratégias que vêm ganhando popularidade e que estão crescendo de forma alarmante.

A falsa denúncia de abuso sexual não pode merecer o beneplácito da Justiça, que, em nome da proteção integral, de forma muitas vezes precipitada ou sem atentar ao que realmente possa ter acontecido, vem rompendo vínculo de convivência tão indispensável ao desenvolvimento saudável e integral de crianças em desenvolvimento.

Flagrada a presença da síndrome da alienação parental, é indispensável a responsabilização do genitor que age desta forma por ser sabedor da dificuldade de aferir a veracidade dos fatos e usa o filho com finalidade vingativa. Mister que sinta que há o risco, por exemplo, de perda da guarda, caso reste evidenciada a falsidade da denúncia levada a efeito. Sem haver punição a posturas que comprometem o sadio desenvolvimento do filho e colocam em risco seu equilíbrio emocional, certamente continuará aumentando esta onda de denúncias levadas a efeito de forma irresponsável."

Por todo o exposto, contamos com o endosso dos ilustres Pares para a aprovação deste importante projeto de lei.

Sala das Sessões, em 07 de outubro de 2008.

Deputado REGIS DE OLIVEIRA

ANEXO B

COMISSÃO DE SEGURIDADE SOCIAL E FAMÍLIA

EMENDA MODIFICATIVA AO PROJETO DE LEI N.º 4.053/2008

Acrescente-se ao art. 1.º, *caput* e seu parágrafo único incisos III, IV, V, VI, VII, art. 2.º, art. 3.º, *caput* e seu parágrafo 3.º, art. 4.º, art. 5.º, art. 6.º, as seguintes expressões na forma abaixo:

O Congresso Nacional decreta:

Art. 1.º Considera-se alienação parental a interferência promovida por um dos genitores, *pelos avós ou pelos detentores da guarda na formação psicológica da criança ou do adolescente* para que repudie o outro, bem como atos que causem prejuízos ao estabelecimento ou à manutenção de vínculo com este.

Parágrafo único. (...)

III – dificultar contato da criança *ou do adolescente* com o outro genitor; com familiares deste ou com avós;

(...)

V – omitir deliberadamente ao outro genitor informações pessoais relevantes sobre a criança, *ou o adolescente*, inclusive escolares, médicas e alterações de endereço;

VI – apresentar falsa denúncia contra o outro genitor, *contra familiares deste ou contra avós*, para obstar ou dificultar seu convívio com a criança ou o adolescente;

VII – mudar de domicílio para locais distantes, sem justificativa, visando dificultar a convivência do outro genitor, *de familiares deste ou de avós com a criança ou o adolescente*.

Art. 2.º A prática de ato de alienação parental fere o direito fundamental da criança *ou do adolescente* ao convívio familiar saudável, constitui abuso moral contra a criança *ou o adolescente* e descumprimento dos deveres inerentes ao poder familiar ou decorrentes de tutela ou guarda.

Art. 3.º (...)

§ 3.º O perito ou equipe multidisciplinar designada para verificar a ocorrência de alienação parental apresentará, no prazo de trinta dias, sem prejuízo da elaboração do laudo final, avaliação preliminar com indicação das eventuais medidas provisórias necessárias para preservação da integridade psicológica da criança *ou do adolescente*.

Art. 4.º O processo terá tramitação prioritária e o juiz determinará, com urgência, ouvido o Ministério Público, as medidas provisórias necessárias para preservação da integridade psicológica da criança *ou do adolescente*.

Art. 5.º Caracterizados atos típicos de alienação parental ou qualquer conduta que dificulte o convívio de criança *ou adolescente* com genitor, o juiz poderá, de pronto, sem prejuízo da posterior responsabilização civil e criminal:

(…)

Art. 6.º A atribuição ou alteração da guarda dará preferência ao genitor que viabilize o efetivo convívio da criança *ou do adolescente* com o outro genitor, quando inviável a guarda compartilhada.

(…)

Art. 8.º Esta lei entra em vigor na data de sua publicação.

JUSTIFICATIVA

A presente emenda modificativa visa a aprimorar esta importante proposição, promovendo nela as seguintes alterações:

1.ª) estabelecer que a alienação parental compreende também o adolescente, e não somente a criança;

2.ª) estabelecer, no art. 1.º, *caput*, que a interferência na formação psicológica da criança ou do adolescente pode ser promovida, além de um dos genitores, pelos avós ou pelos detentores da guarda;

3.ª) estabelecer, no inciso III do art. 1.º, que caracteriza igualmente a alienação parental dificultar o contato da criança ou do adolescente com familiares do outro genitor ou com avós;

4.ª) estabelecer, no inciso VI do art. 1.º, que caracteriza, ainda, alienação parental obstar ou dificultar o convívio da criança ou do adolescente com os familiares do outro genitor ou com avós;

5.ª) no inciso VII do art. 1.º, caracterizará alienação parental, também, mudar de domicílio visando dificultar a convivência de familiares do outro genitor ou de avós com a criança ou o adolescente.

Sala da Comissão, em 05 de novembro 2008.

Deputado PASTOR PEDRO RIBEIRO
PMDB – CE

ANEXO C

LEI DE ALIENAÇÃO PARENTAL

LEI N.º 12.318, DE 26 DE AGOSTO DE 2010

O PRESIDENTE DA REPÚBLICA Faço saber que o Congresso Nacional decreta e eu sanciono a seguinte Lei:

Art. 1.º Esta Lei dispõe sobre a alienação parental.

Art. 2.º Considera-se ato de alienação parental a interferência na formação psicológica da criança ou do adolescente promovida ou induzida por um dos genitores, pelos avós ou pelos que tenham a criança ou adolescente sob a sua autoridade, guarda ou vigilância para que repudie genitor ou que cause prejuízo ao estabelecimento ou à manutenção de vínculos com este.

Parágrafo único. São formas exemplificativas de alienação parental, além dos atos assim declarados pelo juiz ou constatados por perícia, praticados diretamente ou com auxílio de terceiros:

I – realizar campanha de desqualificação da conduta do genitor no exercício da paternidade ou maternidade;

II – dificultar o exercício da autoridade parental;

III – dificultar contato de criança ou adolescente com genitor;

IV – dificultar o exercício do direito regulamentado de convivência familiar;

V – omitir deliberadamente a genitor informações pessoais relevantes sobre a criança ou adolescente, inclusive escolares, médicas e alterações de endereço;

VI – apresentar falsa denúncia contra genitor, contra familiares deste ou contra avós, para obstar ou dificultar a convivência deles com a criança ou adolescente;

VII – mudar o domicílio para local distante, sem justificativa, visando a dificultar a convivência da criança ou adolescente com o outro genitor, com familiares deste ou com avós.

Art. 3.º A prática de ato de alienação parental fere direito fundamental da criança ou do adolescente de convivência familiar saudável, prejudica a realização de afeto nas relações com genitor e com o grupo familiar, constitui abuso moral contra a criança ou o adolescente e descumprimento dos deveres inerentes à autoridade parental ou decorrentes de tutela ou guarda.

Art. 4.º Declarado indício de ato de alienação parental, a requerimento ou de ofício, em qualquer momento processual, em ação autônoma ou incidentalmente, o processo terá tramitação prioritária, e o juiz determinará, com urgência, ouvido o Ministério Público, as medidas provisórias necessárias para preservação da integridade psicológica da criança ou do adolescente, inclusive para assegurar sua convivência com genitor ou viabilizar a efetiva reaproximação entre ambos, se for o caso.

Parágrafo único. Assegurar-se-á à criança ou ao adolescente e ao genitor garantia mínima de visitação assistida no fórum em que tramita a ação ou em entidades conveniadas com a Justiça, ressalvados os casos em que há iminente risco de prejuízo à integridade física ou psicológica da criança ou do adolescente, atestado por profissional eventualmente designado pelo juiz para acompanhamento das visitas. (Redação dada pela Lei nº 14.340, de 2022).

Art. 5.º Havendo indício da prática de ato de alienação parental, em ação autônoma ou incidental, o juiz, se necessário, determinará perícia psicológica ou biopsicossocial.

§ 1.º O laudo pericial terá base em ampla avaliação psicológica ou biopsicossocial, conforme o caso, compreendendo, inclusive, entrevista pessoal com as partes, exame de documentos dos autos, histórico do relacionamento do casal e da separação, cronologia de incidentes, avaliação da personalidade dos envolvidos e exame da forma como a criança ou adolescente se manifesta acerca de eventual acusação contra genitor.

§ 2.º A perícia será realizada por profissional ou equipe multidisciplinar habilitados, exigido, em qualquer caso, aptidão comprovada por histórico profissional ou acadêmico para diagnosticar atos de alienação parental.

§ 3.º O perito ou equipe multidisciplinar designada para verificar a ocorrência de alienação parental terá prazo de 90 (noventa) dias para apresentação do laudo, prorrogável exclusivamente por autorização judicial baseada em justificativa circunstanciada.

§ 4.º Na ausência ou insuficiência de serventuários responsáveis pela realização de estudo psicológico, biopsicossocial ou qualquer outra espécie de avaliação técnica exigida por esta Lei ou por determinação judicial, a autoridade judiciária poderá proceder à nomeação de perito com qualificação e experiência pertinentes ao tema, nos termos dos arts. 156 e 465 da Lei nº 13.105, de 16 de março de 2015 (Código de Processo Civil). (Incluído pela Lei nº 14.340, de 2022).

Art. 6.º Caracterizados atos típicos de alienação parental ou qualquer conduta que dificulte a convivência de criança ou adolescente com genitor, em ação autônoma ou incidental, o juiz poderá, cumulativamente ou não, sem prejuízo da decorrente responsabilidade civil ou criminal e da ampla utilização de instrumentos processuais aptos a inibir ou atenuar seus efeitos, segundo a gravidade do caso:

I – declarar a ocorrência de alienação parental e advertir o alienador;

II – ampliar o regime de convivência familiar em favor do genitor alienado;

III – estipular multa ao alienador;

IV – determinar acompanhamento psicológico e/ou biopsicossocial;

V – determinar a alteração da guarda para guarda compartilhada ou sua inversão;

VI – determinar a fixação cautelar do domicílio da criança ou adolescente;

VII – (revogado). (Redação dada pela Lei nº 14.340, de 2022)

§ 1.º Caracterizado mudança abusiva de endereço, inviabilização ou obstrução à convivência familiar, o juiz também poderá inverter a obrigação de levar para ou retirar a criança ou adolescente da residência do genitor, por ocasião das alternâncias dos períodos de convivência familiar. (Incluído pela Lei nº 14.340, de 2022)

§ 2.º O acompanhamento psicológico ou o biopsicossocial deve ser submetido a avaliações periódicas, com a emissão, pelo menos, de um laudo inicial, que contenha a avaliação do caso e o indicativo da metodologia a ser empregada, e de um laudo final, ao término do acompanhamento. (Incluído pela Lei nº 14.340, de 2022)

Art. 7.º A atribuição ou alteração da guarda dar-se-á por preferência ao genitor que viabiliza a efetiva convivência da criança ou adolescente com o outro genitor nas hipóteses em que seja inviável a guarda compartilhada.

Art. 8.º A alteração de domicílio da criança ou adolescente é irrelevante para a determinação da competência relacionada às ações fundadas em direito de convivência familiar, salvo se decorrente de consenso entre os genitores ou de decisão judicial.

Art. 8.º-A. Sempre que necessário o depoimento ou a oitiva de crianças e de adolescentes em casos de alienação parental, eles serão realizados obrigatoriamente nos termos da Lei nº 13.431, de 4 de abril de 2017, sob pena de nulidade processual. (Incluído pela Lei nº 14.340, de 2022)

Art. 9.º (VETADO)

Art. 10. (VETADO)

Art. 11. Esta Lei entra em vigor na data de sua publicação.

Brasília, 26 de agosto de 2010; 189.º da Independência e 122.º da República.

LUIZ INÁCIO LULA DA SILVA
Luiz Paulo Teles Ferreira Barreto
Paulo de Tarso Vannuchi
José Gomes Temporão

ANEXO D

RAZÕES DE VETO

MENSAGEM N.º 513, DE 26 DE AGOSTO DE 2010

Senhor Presidente do Senado Federal,

Comunico a Vossa Excelência que, nos termos do § 1.º do art. 66 da Constituição, decidi vetar parcialmente, por contrariedade ao interesse público, o Projeto de Lei n.º 20, de 2010 (n.º 4.053/2008 na Câmara dos Deputados), que "Dispõe sobre a alienação parental e altera o art. 236 da Lei n.º 8.069, de 13 de julho de 1990".

Ouvido, o Ministério da Justiça manifestou-se pelo veto aos seguintes dispositivos:

Art. 9.º

"Art. 9.º As partes, por iniciativa própria ou sugestão do juiz, do Ministério Público ou do Conselho Tutelar, poderão utilizar-se do procedimento da mediação para a solução do litígio, antes ou no curso do processo judicial.

§ 1.º O acordo que estabelecer a mediação indicará o prazo de eventual suspensão do processo e o correspondente regime provisório para regular as questões controvertidas, o qual não vinculará eventual decisão judicial superveniente.

§ 2.º O mediador será livremente escolhido pelas partes, mas o juízo competente, o Ministério Público e o Conselho Tutelar formarão cadastros de mediadores habilitados a examinar questões relacionadas à alienação parental.

§ 3.º O termo que ajustar o procedimento de mediação ou o que dele resultar deverá ser submetido ao exame do Ministério Público e à homologação judicial."

Razões do veto

"O direito da criança e do adolescente à convivência familiar é indisponível, nos termos do art. 227 da Constituição Federal, não cabendo sua apreciação por mecanismos extrajudiciais de solução de conflitos.

Ademais, o dispositivo contraria a Lei n.º 8.069, de 13 de julho de 1990, que prevê a aplicação do princípio da intervenção mínima, segundo o qual eventual medida para a proteção da criança e do adolescente deve ser exercida exclusivamente pelas autoridades e instituições cuja ação seja indispensável."

Art. 10.

"Art. 10. O art. 236 da Seção II do Capítulo I do Título VII da Lei n.º 8.069, de 13 de julho de 1990 – Estatuto da Criança e do Adolescente, passa a vigorar acrescido do seguinte parágrafo único:

'Art. 236. ....

Parágrafo único. Incorre na mesma pena quem apresenta relato falso ao agente indicado no *caput* ou à autoridade policial cujo teor possa ensejar restrição à convivência de criança ou adolescente com genitor.' (NR)"

Razões do veto

"O Estatuto da Criança e do Adolescente já contempla mecanismos de punição suficientes para inibir os efeitos da alienação parental, como a inversão da guarda, multa e até mesmo a suspensão da autoridade parental. Assim, não se mostra necessária a inclusão de sanção de natureza penal, cujos efeitos poderão ser prejudiciais à criança ou ao adolescente, detentores dos direitos que se pretende assegurar com o projeto."

Essas, Senhor Presidente, as razões que me levaram a vetar os dispositivos acima mencionados do projeto em causa, as quais ora submeto à elevada apreciação dos Senhores Membros do Congresso Nacional.

ANEXO E

LEI Nº 14.340, DE 18 DE MAIO DE 2022

Altera a Lei nº 12.318, de 26 de agosto de 2010, para modificar procedimentos relativos à alienação parental, e a Lei nº 8.069, de 13 de julho de 1990 (Estatuto da Criança e do Adolescente), para estabelecer procedimentos adicionais para a suspensão do poder familiar.

O PRESIDENTE DA REPÚBLICA Faço saber que o Congresso Nacional decreta e eu sanciono a seguinte Lei:

Art. 1º Esta Lei altera a Lei nº 12.318, de 26 de agosto de 2010, para modificar procedimentos relativos à alienação parental, e a Lei nº 8.069, de 13 de julho de 1990 (Estatuto da Criança e do Adolescente), para estabelecer procedimentos adicionais para a suspensão do poder familiar.

Art. 2º A Lei nº 12.318, de 26 de agosto de 2010, passa a vigorar com as seguintes alterações:

"Art. 4º (...)

Parágrafo único. Assegurar-se-á à criança ou ao adolescente e ao genitor garantia mínima de visitação assistida no fórum em que tramita a ação ou em entidades conveniadas com a Justiça, ressalvados os casos em que há iminente risco de prejuízo à integridade física ou psicológica da criança ou do adolescente, atestado por profissional eventualmente designado pelo juiz para acompanhamento das visitas." (NR)

"Art. 5º (...)

§ 4º Na ausência ou insuficiência de serventuários responsáveis pela realização de estudo psicológico, biopsicossocial ou qualquer outra espécie de avaliação técnica exigida por esta Lei ou por determinação judicial, a autoridade judiciária poderá proceder à nomeação de perito com qualificação e experiência pertinentes ao tema, nos termos dos arts. 156 e 465 da Lei nº 13.105, de 16 de março de 2015 (Código de Processo Civil)." (NR)

"Art. 6º (...)

VII – (revogado).

§ 1º (...)

§ 2º O acompanhamento psicológico ou o biopsicossocial deve ser submetido a avaliações periódicas, com a emissão, pelo menos, de um laudo inicial, que contenha a avaliação do caso e o indicativo da metodologia a ser empregada, e de um laudo final, ao término do acompanhamento." (NR)

Art. 3º A Lei nº 12.318, de 26 de agosto de 2010, passa a vigorar acrescida do seguinte art. 8º-A:

"Art. 8º-A. Sempre que necessário o depoimento ou a oitiva de crianças e de adolescentes em casos de alienação parental, eles serão realizados obrigatoriamente nos termos da Lei nº 13.431, de 4 de abril de 2017, sob pena de nulidade processual."

Art. 4º O art. 157 da Lei nº 8.069, de 13 de julho de 1990 (Estatuto da Criança e do Adolescente), passa a vigorar acrescido dos seguintes §§ 3º e 4º:

"Art. 157. (...)

§ 3º A concessão da liminar será, preferencialmente, precedida de entrevista da criança ou do adolescente perante equipe multidisciplinar e de oitiva da outra parte, nos termos da Lei nº 13.431, de 4 de abril de 2017.

§ 4º Se houver indícios de ato de violação de direitos de criança ou de adolescente, o juiz comunicará o fato ao Ministério Público e encaminhará os documentos pertinentes." (NR)

Art. 5º Os processos em curso a que se refere a Lei nº 12.318, de 26 de agosto de 2010, que estejam pendentes de laudo psicológico ou biopsicossocial há mais de 6 (seis) meses, quando da publicação desta Lei, terão prazo de 3 (três) meses para a apresentação da avaliação requisitada.

Art. 6º Revoga-se o inciso VII do caput do art. 6º da Lei nº 12.318, de 26 de agosto de 2010.

Art. 7º Esta Lei entra em vigor na data de sua publicação.

Brasília, 18 de maio de 2022; 201º da Independência e 134º da República.

JAIR MESSIAS BOLSONARO
Anderson Gustavo Torres
Cristiane Rodrigues Britto